일본영화 일본문화

김영심 지음

보고사
BOGOSA

일본영화 일본문화

2006년 3월 6일 초판 1쇄 발행
2008년 1월 30일 초판 2쇄 발행
2014년 8월 29일 2판 1쇄 발행
2021년 7월 30일 2판 2쇄 발행

지은이 김영심
펴낸이 김흥국
펴낸곳 도서출판 보고사

책임편집 황효은
표지디자인 안현숙

등록 1990년 12월 13일 제6-0429호
주소 경기도 파주시 회동길 337-15 보고사
전화 031-955-9797(대표), 02-922-5120~1(편집), 02-922-2246(영업)
팩스 02-922-6990
메일 kanapub3@naver.com/bogosabooks@naver.com
http://www.bogosabooks.co.kr

ISBN 979-11-5516-283-5 03300
정가 16,000원

일본에서의 유학을 마치고 한국에 들어와 대학 강단에 선 것은 1998년인데, 이 해는 '제1차 일본문화개방'이 있었던 해이기도 하다.

해방 후부터 반세기가 넘도록 반입 금지되었던 일본문화에 일종의 해금조치가 내려지자 세간의 관심은 온통 일본문화에 집중되었다. 일본문화에 한국문화가 점령되고 말 것이라는 비관론에서 한국문화의 글로벌화를 위한 필수단계로 보는 현실론까지 다양했는데 이 모든 입장이 종국에 가서 내린 결론은 '일본을 알아야 한다'였다.

따라서 서점에는 일본문화에 대한 개론서와 전문서가 봇물처럼 쏟아져 나왔고, 대학에서는 일본문화론 관련 강좌가 인기를 끌었다. 그런데 서적의 경우, 독자층 대부분은 주로 영상매체에 길든 세대들이었기 때문에 그림이나 사진이 많이 들어가는 것이 선호되었다. 강의도 마찬가지였다. 딱딱한 문자정보보다는 영상콘텐츠를 이용하는 수업에 학생이 몰렸다. 그래서 각 대학에서는 영상과 문화를 결합한 형태의 강좌를 앞다투어 개발하기에 이른다.

필자가 강의했던 모교에서도 2000년부터 영화 속의 문화적 코드를 끌어내고 그것을 심화시키는 '영상과 문화'라는 교양강좌가 개설되었다. 강의는 동서양 문화를 골고루 접할 수 있도록 팀티칭 형식으로 이루어졌는데 그 안에 일본영화도 들어갔던 것이다. 그 후 기회가 닿아 2005년부터는 사이버외대의 '영상으로 본 일본문화'도 담당하게 되었다.

두 수업 모두 학생들의 반응이 좋았고 관심도 높았다. 학생들의 관심과 호응이 좋았던 것은 영화도 보고 문화도 알 수 있다는, 즉 일거양득에 대한 기대 때문이었을 것이다. 그 기대는 필자로 하여금 좋은

영화를 선택하고 또 그 영화를 소재로 일본의 역사와 문화를 쉽고 재미있게 풀어 나아가야 한다는 과제를 부여해 주었다.

『일본영화 일본문화』는 그 과제의 중간보고서쯤 되는 것으로서, 그동안 모아 둔 강의 자료와 사이버 외대의 강의록, 그리고 한국과 일본에 발표했던 글들을 정리해 놓은 것이다. 정리가 매끄럽지 못해 장에 따라 글의 깊이가 다르다는 것을 느낄 수 있을 것이다. 그 점에 대해서는 독자의 양해를 구하고 싶다.

내용은 한마디로 '일본영화를 통해 본 일본문화'이다. 1998년 한국에서 개봉된 영화(애니메이션 포함) 중에서 작품성이 있는 것을 선정하여 그 영화를 개괄한 다음, 영화 안에 그려져 있는 일본의 역사, 문화, 문학, 종교, 지리 등에 대해 폭넓은 해설을 덧붙였다.

구성은 크게 13장으로 이루어지는데, 각 장의 영화는 드라마, 코미디, 호러, 판타지, SF 등으로 가급적 다양한 장르의 것을 안배했다. 제1장에서는 일본영화사를 개관하였는데 이는 타 장의 영화 해설의 이해를 돕기 위함이었다. 2장부터 13장까지는 작품들을 통해 한일관계사(재일한국인 문제), 온천의 역사와 문화, 민속학(유령과 요괴), 가족문제, 직업정신, 사랑과 성(性), 샤머니즘, 대화의 특징, 근대화, 고전에서 근대에 이르는 문학작품, 전쟁사, 신앙과 종교와 같은 다양한 문제를 두루두루 조감할 수 있도록 했다.

그리고 부록에는 본문 중에 나온 일본영화의 원제를 단 「일본영화 원제」, 1998년부터 2005년까지 한국에서 개봉된 「한국개봉 일본영화 일람」과 「참고문헌」을 첨부해두었다.

이 책은 결코 전문적인 영화비평서가 아니다. 물론 전문 문화평론서도 아니다. 그러나 전문적인 영화비평이나 문화평론과는 다른 시각으로 일본영화의 이면에 감춰져 있는 일본문화를 읽어내고자 했기에 여타의 '일본영화'나 '일본문화' 서적과는 차별화되어 있을 것으로 믿는다. 이 책은 일본의 영화나 문화에 관심이 있는 대학생들, 일본에 대한 교양수준 이상의 지식을 원하는 일반인, 문화콘텐츠 구상을 위해 일본의 문화원형에 관심을 두고 있는 일본문화 비전공자들에게 작으나마 도움이 되길 희망한다. 그 독자분들의 호기심을 충족시키지는 못하더라도 호기심을 자극하는 촉진제가 된다면 더 이상의 바람은 없겠다.

끝으로 이 책이 나오기까지 여러분의 도움이 있었다. 출간의 계기를 만들어 주신 사이버외대의 윤호숙 교수님과 관계자 여러분들, 자료와 조언을 아끼지 않고 해 주신 박용구 교수님, 그리고 늘 곁에서 격려해 준 동기와 후배님들, 훌륭한 튜터 유승은 학생에게 이 지면을 빌어 다시 한 번 진심 어린 감사의 인사를 드린다. 아울러 성심껏 출판해 주신 보고사 여러분께도 감사의 말씀을 올린다.

2006년 2월
김영심

차례

제1절 일본영화사

1 초창기 : 서양기술과 전통극의 융합

　에디슨이 발명한 키네토스코프가 일본에 들어온 것은 1896년 11월이었다. 상자 속에서 전개되는 영상을 한 사람씩 들여다보는 키네토스코프를 상영한 것이 일본영화사의 시발이 된다. 그로부터 1년 후인 1897년 2월에는 뤼미에르 형제가 발명한, 관객 뒤쪽에서 앞쪽 스크린을 향해 영상을 투사하는 시네마토그라프라는 장치가 수입되어 공개되었다. 이어 3월에는 키네토스코프를 개량한 비타스코프가 사용되었다. 1800년대 후반의 일본사회에 있어서 영화는 최첨단 서양문화의 상징이었다. 따라서 영화는 지식인들 사이에서도 최대의 관심거리가 되었다. 일본근대문학자들이 영화감독을 맡거나 자신의 원작을 영화에 제공하거나 했던 것은 그러한 사실을 잘 이야기해 주고 있는 것 중의 하나이다.

에디슨이 발명한
키네토스코프

　일본인이 최초로 촬영한 영화는 1898년 도쿄의 어느 사진관에서 근무하던 사람에 의해 제작된 단편

영화인데 일본적인 전통예술요소가 그대로 녹아 들어가 있는 것들이었다. 그러한 경향은 몇 년간 지속되었는데 크게 신파극(新派劇) 계통의 현대극과 일본의 전통극인 가부키(歌舞伎) 계통의 시대극으로 양분되어 있었다.

현대극에서는 주로 세속적 멜로물이, 시대극에서는 무사(사무라이)물이 주를 이루었다. 사무라이 중에는 권세가도 있지만 몰락하여 일본열도를 떠돌며 날강도질을 일삼는 낭인도 있었다. 시대극의 주인공이 된 것은 주로 후자인 낭인들이었다. 시대극은 내용에 따라 관료 사무라이가 등장하는 '수사극', 〈주신구라〉로 대표되는 '복수극', 낭인들의 방랑을 그린 '유랑극'의 세 가지로 나뉜다. 이 가운데 일반 대중에게 인기 있었던 것은 낭인들이 나오는 '유랑극'이었다. 그러나 그 표현기법은 유치한 단계로서 촬영기를 고정시킨 채 무대극을 그대로 복사하는 정도의 작품이 대부분이었다.

2 1920~30년대

1) 대중예술로서의 발전

일본영화가 무대극의 복사단계를 벗어나 본격적인 대중예술로 자리잡기 시작한 것은 1912년 '닛카쓰'(日活)가 발족한 데 이어 1920년에 '쇼치쿠'(松竹) 키네마사'가 설립되어 영화산업의 주축을 이루게 되면서부터였다. 닛카쓰는 주로 모자의 이별이나 신분의 차이가 있는 남녀 간의 사랑, 정조를 잃은 소녀의 타락 등 눈물을 유도하는 멜로드라마가 중심이었다. 반면 쇼치쿠는 명랑하고 활발한 도시풍의 현대극이나 소시민적 행복을 주제로 한 영화를 제작했다.

쇼치쿠를 대표하는 감독으로는 단연 오즈 야스지로(小津安二郎) 감독을 꼽을 수 있다. 그는 1927년 〈참회의 칼〉로 데뷔한 이래 소시민의 소박한 행복을 그려 일본적 리얼리즘을 확립한 일본의 대표적인 감독 중의 한 사람이 된다. 오즈 야스지로 감독의 영화에는 몇 가지 정형화된 패턴이 있다. 다타미 위의 사물을 부감으로 촬영하는 다타미 쇼트, 이동 촬영이나

카메라의 이동을 극단적으로 피하고 고정된 카메라로 찍는 롱 테이크, 인물과 배경을 조화있게 배치하는 예술성, 안정감 있는 정적인 구도, 자연스러운 컷의 연결 등이다. 이러한 기법은 초기의 〈육체미〉(1928), 〈회사원 생활〉(1929), 〈대학은 나왔지만〉(1929), 〈낙제는 하였지만〉(1930)에서 모색되다 〈맥추〉(1951), 〈도쿄 이야기〉(1953), 〈도쿄모색〉(1957), 〈부초〉(1959), 〈화창한 가을날〉(1961), 〈꽁치의 맛〉(1962)에서 확립되었고 이후에도 지속적으로 고수된다.

2) 경향영화의 대두

1923년의 관동대지진, 그리고 그 후의 경제공황은 이른바 경향영화(傾向映畵)라는 사회주의 풍조의 영화를 출현시켰는데 정부의 엄격한 검열로 곧 자취를 감추고 만다. 1931년에는 일본 최초의 발성(토키)영화인 고쇼 헤이노스케(五所平之助) 감독의 〈마담과 아내〉가 제작되었다. 토키영화시대의 개막 이후 다사카 도모타카(田坂具隆), 나루세 미키오(成瀨巳喜男) 등의 감독이 등장했고, 변사 대신 배우가 본격적인 직업으로서 대두되었으며 순수문학을 영화로 만든 문예영화가 유행했다.

3) 3대 영화사 정립

1937년에는 '도호'(東宝)영화사가 새로이 출범하여 '닛카쓰'(日活), '쇼치쿠'(松竹)와 더불어 3사 정립시대가 열렸다. 도호는 '공공질서와 미풍양속에 어긋나는 소재는 다루지 않는다'는 보수주의적 회사 PCL을 개칭해서 만든 회사이다. 회사 이름의 변경과 함께 기존의 가족적, 봉건적, 인맥 위주의 영화에서 탈피하여 오페레타풍의 영화나 사회를 비판하는 영화를 제작했다. '닛카쓰', '쇼치쿠', '도호'의 3대 영화사 정립으로 일본영화계는 첫 황금기를 맞이한다.

3 1940~50년대

1) 전쟁과 영화

일본의 군국주의자들이 중국 침략전쟁을 도발하고(1937), 이어서 태평양전쟁을 일으키자(1941), 일본영화는 정부의 철저한 통제 아래 들어가 침략전을 합리화하고 전의(戦意)를 고취하는 도구로 전락하였다. 이와 같은 암흑기를 통해서도 패전 후 크게 빛을 보게 되는 구로사와 아키라(黒沢明), 기노시타 게이스케(木下惠介)가 신진감독으로 등장하였다.

〈라쇼몬〉을 세계에 알림으로써 국제적인 명망을 얻게 된 구로사와 감독은 〈삶〉(1952)을 통해 삶과 죽음의 문제, 관료주의 문제, 부모 자식 간의 갈등 등의 패전 후 일본사회가 안고 있는 문제를 다룬 작품을 발표하기도 했다. 한편 기노시타 감독은 일본의 토속적인 소재를 발굴하여 재해석하는 작업을 했다. 대표적인 것으로 〈나라야마부시코〉(1958)가 있다.

2) 일본영화의 황금기

제2차 세계대전에서 패전한 뒤 일본영화는 연합군 사령부(GHQ)의 검열의 대상이 되었지만 그러한 침체기를 지나 1950년대에 이르러서는 황금기를 맞이하게 된다. 구로사와 아키라의 〈라쇼몬〉이 1951년 베니스영화제에서 작품상을 수상했고 같은 해에는 기노시타 게이스케에 의해 첫 컬러영화 〈카르멘, 고향에 돌아오다〉가 제작되었다. 또한 비극에 처한 여인의 슬품과 분노를 그린 미조구치 겐지(溝口健二)의 〈사이카쿠 일대녀〉(1952), 〈우게쓰 이야기〉(1953)와 독일 표현주의적 작품을 만들어 일본영화를 세계적 수준으로 끌어올린 기누가사 데이노스케(衣笠貞之助)의 〈지옥문〉(1954) 등이 해외영화제에서 잇달아 입상하자 일본영화는 활기를 띠기 시작하였다.

일본영화가 세계적으로 주목받게 된 이유는,

첫째, 이 시기에 만들어진 일본영화는 주로 근대화 이전의 일본을 무대로 했기 때문에 기모노와 사무라이의 등장이 필연적이었다. 그러한 것이 서양인들의 오리엔탈리즘을 부추겼던 것이다.

둘째, 당시 유럽의 국제영화제의 비평가 사이에서는 작가주의를 중시하는 풍조가 강했다. 그 결과 그때까지는 빛을 보지 못했던 할리우드의 B급 감독에서부터 동양의 신인 감독이 공평하게 작가주의 감독의 칭호를 부여받았다. 이러한 풍조에서 독자적이면서도 세련된 스타일을 추구해 왔던 미조구치 감독은 뛰어난 수준에 달하는 감독으로 인식되었던 것이다.

셋째, 일부 감독과 다이에이(大映)의 제작자 나가타 마사이치(永田雅一)처럼 아예 국제영화제 수상을 목표로 하여 어떻게든 서양인들의 흥미를 끄는 작품을 많이 제작했기 때문이다. 기누가사 데이노스케의 〈지옥문〉(1953)은 그 전형적인 예이다. 그리고 나가타는 동남아시아를 시장으로 삼기 위해 미조구치에게 홍콩과의 합작영화인 〈양귀비〉를 제작게 하기도 했다.

4 1960년대

1) 텔레비전의 보급과 영화산업의 사양화

그러나 일본영화는 1953년부터 실시된 텔레비전 방송에 밀려 차차 퇴조의 조짐을 보이기 시작하였다. 그러다 1959년의 황태자의 결혼과 1964년의 도쿄올림픽을 보기 위해 텔레비전을 구입한 가정이 많았고 텔레비전의 보급 확대는 영화산업의 사양화로 이어졌다.

하지만 이에 굴하지 않고 각 영화사는 계속해서 영화사업을 위해 분발했다. 도시 대학생이나 샐러리맨의 밝고도 소시민적인 세계를 영화한 '도

1952년부터 발매하기 시작한
마쓰시타17인치 흑백TV

호'(東宝), 지방출신 주인공의 성공담 중심의 '다이에이'(大映), 인정미 넘치는 도쿄 서민들의 삶을 주로 제작한 '쇼치쿠'(松竹), 전통적 지방도시를 그린 '도에이'(東映), 국제적 항구도시나 말을 타고 돌아다닐 수 있는 시골을 주 무대로 한 '닛카쓰'(日活)와 같은 제작회사의 분발이 그것이다.

한편, 1960년대는 쇼치쿠의 조감독이었던 오시마 나기사(大島渚)의 등장으로 영화의 누벨바그, 즉 새로운 물결이 인 시기이기도 했다. 오시마는 학창시절부터 좌익사상에 눈을 떴고 전후 학생운동에도 적극 참여하였다. 그러한 경험들은 그의 작품에도 커다란 영향을 미쳐 사회문제를 고발하는 작품을 감독하는 것으로 이어졌다. 재일동포 소년의 살인사건 실화를 영화화한 〈교사형〉(1968) 등은 '차별'이라는 문제를 화두로 내건 문제작으로서 영화사상 화제로 남는 작품이기도 하다.

2) 야쿠자영화의 전성시대

1950,60년대의 또 하나의 특징이 있다면 그것은 각 영화사들이 활로를 찾기 위해 '야쿠자영화'를 양산했다는 점이다. 당시의 야쿠자영화는 시대극 영화의 내용과 형식을 그대로 답습한 형태를 보였다. 약간의 변화를 준 것은 등장하는 사무라이들의 헤어스타일을 바꿔 야쿠자로 만든 것뿐이었다.

하지만 여러 번의 변신을 통해 일본고유의 영화형식으로 자리 잡게 된다. 야쿠자 범죄조직을 선한 악당과 악한 악당이라는 이분법으로 설정하여 선한 야쿠자가 악한 야쿠자의 비열한 행위를 잡아낸다는 기본 패턴이 반복되었다. 거기에 의리의 세계를 살아가는 야쿠자, 그 야쿠자에게 연모의 정을 느끼는 여인, 여인의 유혹을 뿌리치고 정의와 의리를 위해 말없이 사라지는 주인공, 잔잔히 흐르는 일본의 전통가요인 엔카는 필수적 요소였다.

야쿠자영화가 인기를 끈 것은 일본학생운동이 전국적으로 확산된 1960년대 후반이었다. 체재에 대한 불만과 답답한 현실로부터 탈피하고자 했던 학생들은 야쿠자영화를 보면서 대리만족을 느꼈다. 일반 대중들 또한 급속한 경제개발과 학원사태 등, 시대적 혼란 속에서 의협심 강한 야쿠자의 활약을 삶의 활력소로 여겼던 것이다. 야쿠자영화의 주역은 〈철도원〉으로 한국에서도 이름이 나 있는 다카쿠라 겐(高倉健)이 주로 맡았다. 수려한 용모, 무뚝뚝한 성격, 정의와 의리를 위해 미모의 여인까지도 저버리는 남자다움에 수많은 여성들이 극장가로 몰렸다.

5 1970~80년대

1) 핑크영화에 의한 활로 모색

1970년대에 접어들면서 학생운동의 위축과 함께 야쿠자영화도 매너리즘에 빠져 그 위력을 상실해 갔다. 이러한 시기에 새로운 야쿠자영화를 가지고 나타난 것이 후카사쿠 긴지(深作欣二) 감독인데 그의 〈인의 없는 싸움〉시리즈는 당대를 풍미했다. 기존의 야쿠자영화에 조직에 대한 반발과 배신을 둘러싼 인정사정없는 격투와 살의를 가미했다. '폭력의 미학'을 추구한 기타노 다케시(北野武) 감독은 후카사쿠 감독의 영향을 받은 것으로 유명하다.

닛카쓰 로망 포르노 영화관

한편, 1970년대는 일본영화사에 있어 '에로영화'(핑크영화)가 많이 제작되기 시작한 시기이기도 하다. '신도호'(新東宝)나 '오쿠라'(大藏), '와카마쓰'(若松) 영화사 등은 남녀의 섹스장면을 넣은 에로영화를 만들기 시작했다. 경영난에 봉착한 대기업의 제작사들도 기구를 축소하고 '핑크영화' 제작에 나섰다. 닛카쓰는 다년간 쌓아온 노하우와 기술진을 토대로 종래의 핑크영화와는 다른 고품격의 작품을 만들었다. 새로이 '로망 포르노'라는 이름을 붙여 차별화를 꾀한 것이 성공하였고 그로써 닛카쓰는 재기하게 된다. 한때 일본영화를 주름잡았던 제작사들마저 로망 포르노 영화를 생산하기 시작한 것은 몰락하는 일본 영화산업의 모습을 상징하는 충격적인 사건이었다.

2) 일본애니메이션의 태동

1980년대에는 메이저 영화사들의 경영악화, 젊은층들의 타문화(스포츠, 음악 등) 선호, 비디오의 보급 등으로 일본영화계는 침체 일로에 서게 된다. 그러나 일본영화인의 저변은 확대되었다. 다양한 직종의 다양한 인물이 영화계에 입문하였고 일본영화는 다른 면모를 보이게 된다. 가령 CF감독 출신인 이치가와 준(市川準) 감독의 〈BU·SU〉(1987), 소설가 출신인 오사베 히데오(長部日出雄) 감독의 〈꿈의 축제〉(1989), 1997년 칸느영화제에서 그랑프리를 수상해 화제를 불러 모은 코미디언 출신인 기타노 다케시(北野武) 감독의 〈그 남자 흉폭함에 대하여〉(1989) 등을 들 수 있다. 내용에 있어서도 파격적인 소재나 참신한 주제의 작품이 많이 제작되어, 1980년대는 '절망의 시대'임과 동시에 '기회의 시대'라는 양면성을 띠게 되었다.

그리고 미야자키 하야오(宮崎駿)의 등장으로 애니메이션의 역사는 새로운 장을 맞이하게 된다. 〈바람계곡의 나우시카〉(1984), 〈천공의 성 라퓨타〉(1986), 〈이웃집 토토로〉(1988), 〈마녀의 택배편〉(1989) 등은 애니메이션이 어린이들의 전용물이 아니라 어른들까지 공유할 수 있는 예술임을 보여주고 있다. 에콜로

미야자키 하야오의 〈천공의 성 라퓨타〉

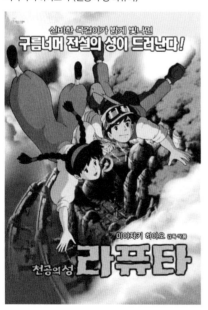

신비한 목걸이가 밝게 빛나면
구름너머 전설의 성이 드러난다!

미야자키 하야오 감독 작품
천공의 성 라퓨타

지(ecology)와 노스탤지어를 불러일으키고 실사영화에서는 촬영하기 힘든 '비행'장면을 자주 넣어 유토피아적인 감각을 만들어내었다.

미야자키라는 거장의 출현에는 데쓰카 오사무(手塚治虫)와 같은 걸출한 만화작가가 있었기에 가능했다. 그는 한국에서도 널리 알려져 있는 〈철완 아톰〉이나 〈밀림의 왕자 레오〉 등과 같은 난해하지 않으면서도 메시지성 강한 만화작품을 선보였는데 그로 인해 구축된 두터운 만화 애호가가 그 대로 애니메이션 관객으로 이어졌기 때문이다.

3) 구로사와 아키라의 저력

또한 1980년대에는 1960년대에 눈부신 활약을 하다 1970년대에 침체기를 맞이했던 감독들이 재기하기 시작했다. 가령 구로사와 아키라와 같은 거장은 〈가게무샤〉(1980), 〈난〉(1985)과 같은 스펙터클 대서사시를 다시 만들어 냈다. 구로사와 같은 노장이 노익장을 발휘하는 가운데 이타미 주조(伊丹十三)와 같은 젊은 신인 감독들의 활약도 엿보인다.

1984년에 데뷔작인 〈장례식〉이 성공하면서 이타미 감독은 일약 스타덤에 올랐다. 『키네마 준포(キネマ旬報)』 베스트 원, 일본 아카데미 작품상을 비롯하여 마이니치 콩쿠르, 블루 리본상 등 4대 타이틀의 감독상을 석권했다. 어두운 이미지를 주는 영화제목과는 달리 배우 출신인 상주가 우왕좌왕하는 가운데 장례식을 마치는 것을 코믹하게 다룬 영화이다. 이어서 서부극 〈셰인〉을 연상시키는 1985년의 〈민들레〉도 뉴욕, 파리 등지에서 호평을 받았다.

이 시기에 가장 두드러진 활약을 한 배우는 마쓰다 유사쿠(松田優作)이다. 그는 1970년대 후반에 가도카와(角川) 프로덕션에서 제작

1980년대를 풍미했던 마쓰다 유사쿠 출연 영화 〈아지랑이좌〉

한 대작영화를 통해 등장했는데 주로 액션영화에서 금욕적이면서도 이중인격의 살인자를 잘 연기해내 주목을 받게 되었다. 또 스즈키 세이준(鈴木淸順)의 〈아지랑이좌〉(1981)에서는 특정한 직업 없이 건성으로 사는 부유층 젊은이들의 삶을 자연스럽게 연기하기도 했다. 그리고 직접 액션영화 〈아! 호만스〉(1986)를 만들기도 했다. 1989년에 39세의 일기로 세상을 뜨자 일본의 젊은 영화팬들은 제임스 딘의 죽음에 버금가는 충격적인 일이라고들 했다.

6 1990~2000년대

1) 국제영화제에서의 주목

1990년대 일본경제는 장기적인 불황에 돌입하게 된다. 끝이 없어 보이는 불황, 고베 대지진, 오움진리교와 같은 신흥종교단체의 무차별 살인계획 사건, 급증하는 불법체류자의 문제와 같은 어두운 사건이 많은 시기였다. 영화계도 그 여파는 있었다. 대형 배급, 제작회사가 도산하여 문화사업을 포기하는가 하면 영화관수도 감소일로를 걷기 시작해야만 했다. 그러나 그러한 냉혹한 현실 속에서도 회복의 조짐을 보이는 좋은 일도 있었다.

그 시발이 된 것이, 1950년대의 일본영화 황금기를 회상케 해 주기라도 하듯 국제영화제에서 일본영화가 다시금 주목받은 일이다. 이마무라 쇼헤이(今村昌平) 감독의 〈우나기〉가 칸느영화제에서 그랑프리를, 센도 나오미(仙頭直美) 감독의 〈움트는 주작〉이 신인 감독상을, 기타노 다케시 감독의 〈HANA-BI〉가 베니스 영화제에서 황금상을 받았다.

1950년대에 일본영화가 해외의 주목을 받은 것은 '작품성'과 당시 유럽에서 일어난 '오리엔탈리즘'에 의해서였다. 그런데 1990년대의 주목은 순수히 '작품성'을 인정받은 것이라고 할 수 있다. 그도 그럴 것이 영화제에서 성과를 얻기 전에 이미 〈철도원〉이나 〈원더풀 라이프〉의 고레에다 히로카즈(是枝裕和), 아오야마 신지(靑山真治) 등 신세대 인디감독이 잇따라 해외 영화제에서 인정받거나 스오 마사유키의 〈쉘 위 댄스?〉와 오시이 마모루의 〈공각기동대〉가 미국을 비롯한 여러 나라에서 성공을 거두어 해외에서의 일본영화에 대한 관심을 고조시키는 데 일조했기 때문이다.

2) 저패니메이션이라는 문화권력

그 중에서도 애니메이션의 해외진출은 획기적인 것이었다. 일본애니메이션은 단순한 일본의 문화가 아니라 다른 나라의 문화까지 바꿀 수 있는 '문화권력'이 되었다. 미국과 유럽에서는 일본애니메이션이 TV애니메이션 시장을 독점해 버렸고 일본애니메이션(저패니메이션)을 숭배하는 오타쿠족들이 속출했으며 비디오시장을 석권했다. 일본애니메이션 전용 극장까지 출현한 것은 물론 애니메이션에 관한 단행본과 월간지들이 경쟁적으로 출간되고 있다.

게다가 팬클럽이 결성되거나 OTAKON과 같은 애니메이션과 만화 팬들의 국제회의도 자주 개최될 정도이다. 뿐만 아니라 일본의 애니메이션을 이해하기 위해 일본어나 일본문화 워크숍에 참여하는 젊은이들도 많다. 한국 일부에서도 이러한 현상이 일어나고 있는데 아시아와 유럽, 미국에서 일본의 애니메이션이 커다란 영향력을 끼칠 수 있는 것은 '작품성' 때문이다.

3) 거듭나기 위한 재충전기

야쿠쇼 고지

인디영화, 장르영화, 애니메이션의 전성 등, 다양화된 영화계에 비해 배우층은 두텁지 못한 것이 사실이다. 〈우나기〉, 〈쉘 위 댄스?〉, 〈로렐라이〉, 〈게이샤의 추억〉에서 열연한, 한국의 안성기라 불리는 야쿠쇼 고지(役所広司)의 활약이 있긴 하지만 1970년대부터 일본영화계를 짊어졌던 아이돌 스타는 발굴되지 못했다. 90년대에는 영화 자체의 스타가 대중문화 전반의 주역이 되지 못한 채, TV탤런트나 스타 가수가 인기를 끄는 시대가 되었다.

영화는 시대의 문명 진보에 따라 흥행하기도 하고 퇴색하기도 한다. 2000년대는 인터넷, 홈시어터의 보급으로 영화계를 긴장시키고 있는 것은 세계적인 추세이다. 일본도 결코 예외일 수는 없다. 하지만 위기 때마다 그것을 극복해 온 일본영화인 만큼 현재도 끊임없이 활로를 모색하며 새로운 영화사를 써 갈 것이다.

제2절 일본애니메이션사

1 애니메이션의 유래

1) 세계애니메이션사의 입장

애니메이션이란 말 그대로 움직이지 않는 것에 움직임을 부여해서 생명력을 불어넣는다는 의미를 갖는다. 그 기원은 매우 오래전으로 거슬러 올라간다. 고대 인간이 동굴벽화에 움직이는 동물을 그려 넣은 것들은 그러한 의식의 발로일 것이다. 이러한 인간의 욕망은 오랜 역사 속에서 다양한 기법과 기술의 발달을 가져오게 했고 현재 우리는 실사(實寫)에 버금가는 애니메이션을 향유하고 있다.

현재 우리가 애니메이션이라고 부르고 있는 기술이 시도된 것은 1900년대 프랑스와 미국에서부터이다. 아시아 지역에서 발표된 최초의 애니메이션은 1917년 일본의 시모카와 헤코텐(下川凹天)이 발표한 〈문지기 이모가와 게이쇼〉인데 이는 당시 일본에 수입된 서양의 애니메이션에 자극을 받아 제작된 것이다.

2) 일본애니메이션사의 입장

그러나 영화평론가 이마무라 다이헤이(今村太平)는 저서 『만화영화론(漫画映画論)』(1941)에서 일본애니메이션의 기원은 일본의 두루마리 그림책인

두루마리 그림책인
일본의 에마키의 모양

'에마키'(繪卷)에 있다고 주장하고 있다. 에마키란 폭이 좁고 긴 종이에 글과 그림을 그려 넣어 둘둘 말아 놓은 것을 말한다. 읽을 때에는 오른쪽에서 왼쪽으로 펴 가며 읽는다. 9세기 헤이안시대에는 주로 불전이나 중국고사를 제재로 한 것이 그려졌으나 점차 국풍문화화가 진행되면서 일본 고유의 모노가타리(物語)나 설화가 그려졌다. 모노가타리나 설화 에마키는 주로 귀족의 아녀자들이 즐겼는데 그들이 직접 읽는 것이 아니라 시중드는 여인들이 옆에서 낭독하며 읽어주는 형식이었다. 그림도 보고 귀로 이야기도 들을 수 있으니 현재 우리가 즐기는 애니메이션의 기본 성격을 갖추고 있는 셈이다. 따라서 이마무라의 주장도 크게 이상한 것은 아닐 것이다.

2 일본애니메이션의 역사

1) 1940년대 : 전쟁의 시대

일본애니메이션의 창시는 시모카와 헤코텐(下川凹天), 기타야마 세이타로(北山清太郞)에 의해서인데 이들은 모두 만화가였다. 제2차 세계대전 이전까지는 아메리카의 애니메이션이나 일본의 옛날이야기나 우화에서 소재를 따온 것, 계몽적인 것들이 주종을 이루었다.

일본 최초의
장편 애니메이션
〈모모타로 바다의
신병〉

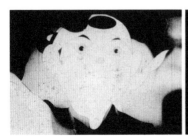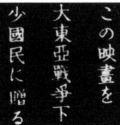

〈거미와 튜울립〉

제2차 세계대전 바로 직전이나 전쟁 중의 작품에는 온통 전쟁색이 짙은 것 일색이었다. 이 시기에 일본 최초의 장편 애니메이션이 두 편 제작되었는데 하나는 〈모모타로 바다의 신병〉(1945)이고, 또 하나는 전쟁색이라고는 전혀 없는 판타지 애니메이션 〈거미와 튜울립〉(1943)이다. 〈모모타로 바다의 신병〉은 모모타로라는 꼬마가 귀신을 퇴치한다는 「모모타로 이야기」를 빌어 일본의 낙하산부대가 연합군을 물리친다는 이야기로 되어 있다. 하지만 전투적인 장면의 묘사보다는 서정적인 면을 강조한 섬세한 작품이다. 당시 고등학생으로서 이후 일본 만화계의 거장이 된 데쓰카 오사무가 이 작품을 보고 만화가를 결심했다는 후문과 함께 걸작이라는 평을 얻고 있는 작품이다.

〈거미와 튜울립〉은 비오는 어느 날 한 마리의 귀여운 무당벌레가 거미 아저씨에게 괴롭힘을 당하자 튜울립 아줌마가 살짝 보듬어 주어 비와 거미로부터 살아났다는 단순한 스토리로 되어 있다. 전쟁색이 하나도 없어 군부로부터 비난을 받기도 했으나 많은 이들로부터 사랑을 받은 명작이다.

전쟁이 끝나자 애니메이션계에도 변화가 생겼다. 모든 작품들이 전쟁이라는 테마를 벗어 던지고 보다 밝은 성향으로 바뀌어 간 것이다. 또한 그때까지는 없었던 인형애니메이션이 제작되기도 했다.

2) 1950년대 : '도에이 동화' 스튜디오시대

전후 최대의 사건은 1956년에 '도에이 동화'(東映動画)라는 회사가 발족된 일이다. "나는 동양의 디즈니가 되겠다"라고 한 이 회사 사장은 자신의 꿈을 실현하기 위해 그 이듬해 도쿄에 철근콘크리트로 된 3층의 건물, 그것도 건물 전체에 에어컨이 나오는, 당시로는 상당히 호화스럽고 첨단을 걷는 스튜디오를 준공했다. 거기에 수많은 애니메이션계의 인재들이 모여들었는데 오늘날 세계적인 애니메이션 스튜디오가 된 '지브리 스튜디오'의 다카하타 이사오(高畑勳)나 미야자키 하야오도 이 스튜디오에 종사했었다.

최초의 컬러 애니메이션 〈백사전〉

'도에이 동화'는 〈새끼 고양이의 낙서〉(1957)와 최초의 컬러 애니메이션인 〈백사전〉(1958)을 비롯하여 수많은 작품을 제작하는 중심축이 된다. 〈새끼 고양이의 낙서〉는 제목대로 새끼고양이가 벽에 낙서를 하면서 벌어지는 자그마한 판타지 애니메이션이다. 남의 집 벽에 자동차와 기차를 그려 넣는 고양이와 그걸 바라보는 쥐, 그리고 집주인 곰이 등장하는 13분짜리 단편이다. 지극히 짧은 작품이지만 고양이가 너무 많은 차와 기차를 그려 교통이 혼잡해지자 그림 속에 경찰이 불쑥 나와 교통정리를 하는가 하면, 구경하던 쥐가 고양이에게 잡히지 않으려고 그림 속의 기차를 타고 사라지는 등, 고양이가 그린 이차원의 그림이 사차원으로 변하고 현실과 상상의 세계가 교차하는 흥미로운 작품이다. 이러한 상상력은 훗날 일본애니메이션의 기초가 된다.

한편, 〈백사전〉은 중국의 민화 『백사전(白蛇伝)』을 제재로 한 러브스토리 애니메이션이다. 중국 송나라 허선과 과거 허선이 귀여워했던 백사가 아리따운 여인 백랑으로 환생하여 만나게 되는데 이 둘의 파란만장한 인연이 박진감 넘치게 진행된다. 베네치아 아동영화제 그랑프리 수상작으로서 일본애니메이션의 마니아들 사이에서는 고전 중의 고전으로 꼽히는 작품이다.

3) 1960년대 : TV만화와 극장영화의 시작

1960년대부터는 그야말로 TV만화시대가 열린다. 그 서막을 알린 것은

데쓰카 오사무의 만화 「철완 아톰」

1963년부터 시작된 〈철완 아톰〉이다. 이 작품은 만화가 데쓰카 오사무가 월간 잡지 『소년(少年)』에 14년간 연재하던 만화였는데 데쓰카가 애니메이션 업계 진출을 목표로 '무시 프로덕션'을 만들게 되어 그곳에서 애니메이션으로 재탄생하게 된 것이다. 1963년부터 1966년까지 후지TV에서 방영되어 평균 시청률 40% 이상을 올리는 대히트 시리즈애니메이션이 되었다.

인간의 감수성을 지닌 코마 로봇 아톰의 활약상을 그린 이 작품은 일본 어린이들에게 꿈과 희망을 안겨 주었고 인종차별과 과학기술문명의 문제도 함께 제시해 일본의 어린이들로 하여금 인류의 근미래에 대해서도 생각하게 하였다.

어린이들에게 폭발적 인기를 끈 통쾌한 공상과학물 〈철완 아톰〉은 다방면에 영향을 끼치게 되었다. 우선 캐릭터 산업을 불러일으켰고, 프로덕션 체제를 출판 만화 중심에서 TV나 극장용 애니메이션으로 변하게 하였다. 이때 일어난 캐릭터 산업과 프로덕션의 체제변화는 오늘날 일본애니메이션계의 기초가 되었다.

〈철완 아톰〉의 인기가 높자 극장용 애니메이션도 다수 제작 발표되었다. 이 시대의 극장용은 1968년 '도에이 동화' 촬영소에서 시작한 다카하타 이사오 감독의 〈태양의 왕자 호루스의 대모험〉이다. 소년 호루스가 거인 모그로부터 '태양의 검'을 받아 사람을 괴롭히는 마수와 대결하는 이야기이다. 일본 고대 원주민인 아이누족의 전설을 모티브로 하면서 무대는 북유럽으로 바꾸어 놓았다. 악마 여동생 힐다의 복잡한 심경과 갈등을 치밀하게 그려내고 있다. '동양의 디즈니'가 되려던 '도에이 동화'는 그것을 능가할 수 있는 저력을 이 작품을 통해 보여 주었다. 그것이 가능했던 것은 다카하타 이사오와 미야자키 하야오가 손을 잡고 3년이라는 제작 기간을 들여, 일본애니메이션 사상 최초의 '작가주의 애니메이션'을 목표로 하여 매진했기 때문이다. 감독의 특유한 스타일, 독창성과 창의성,

작품에 공통적으로 보이는 특징과 메시지가 있어야 하는 '작가주의 애니메이션'은 이후 오시이 마모루(押井守)로 이어진다.

4) 1970~80년대 : 다카하타 이사오 VS 미야자키 하야오

1968년 '도에이 동화'의 제1탄 〈태양의 왕자 호루스의 대모험〉을 연출한 다카하타와 미야자키는 '도에이 동화'를 나와 여러 회사를 옮겨 다니게 된다. 그러다 '스튜디오 지브리'로 독립하게 되는데 그 사이 두 사람은 수많은 TV용, 극장용 애니메이션을 만들게 된다.

먼저 다카하타의 경우를 보자.

〈알프스 소녀 하이디〉(1974), 〈엄마찾아 삼만리〉(1976), 〈빨간 머리 앤〉(1979) 등의 TV용 시리즈물과 〈팬더와 아기 팬더〉(1972), 〈치린코 치에〉(1981), 〈반딧불이의 묘〉(1988) 등의 극장용 애니메이션 등이 그의 작품이다. 이러한 여세는 도시에서 회사 다니던 어느 여자가 휴가 때 시골에 내려갔다가 그곳에서 살게 된다는 〈추억은 방울방울〉(1991), 삶의 터를 잃은 너구리들이 요술을 부려 인간 사회에 도전하는 〈폼포코 너구리 대작전〉(1994), 이시이 히사이치(石井ひさいち)의 4컷 만화를 애니메이션으로 만든 〈홋케쿄 옆집의 야마다군〉(1999) 등의 90년대의 작품으로도 이어진다.

'지브리 스튜디오'의 양맥인 다카하타와 미야자키 가운데 다카하타는 미야자키의 그늘에 가려 잘 알려지지 않은 것이 사실이다. 그것은 기자회견장의 인터뷰나 해외로 수출될 때 주로 미야자키가 대표로 나가기 때문이다. 하지만 다카하타는 '지브리 스튜디오'의 2대감독은 물론이고 70~80년대 일본애니메이션계를 짊어진 거장으로서 고유한 작품세계를 확고히 구축하고 있다.

'도에이 동화' 작품인 〈태양의 왕자 호루스의 대모험〉

숲의 요정 토토로와 놀고 있는 두 자매. 〈이웃집 토토로〉

　미야자키의 작품이 인류애나 환경문제를 비롯하여 '지구 전체를 생각하는 장대한 테마' '기상천외한 모험극' '초인간적 능력을 지닌 주인공' 등의 설명이 필요하다면, 다카하타의 그것은 '바로 내 이웃의 이야기' '일본적인 정서' '판타지의 거부' 등의 설명이 필요하다. '바로 내 이웃의 이야기'의 경우는 〈홋케쿄 옆집의 야마다군〉과 같은 작품이며, '일본적인 정서'는 전쟁고아가 되어 굶어 죽은 남매의 생애를 통절한 내용으로 그린 〈반딧불이의 묘〉에서 엿볼 수 있다. 〈반딧불이의 묘〉는 일본인이라면 누구나 공감하며 함께 눈물을 흘릴 수 있는 애니메이션으로서 요즘에도 8월 15일 패전기념일이 되면 TV에서 늘 방영되곤 한다. '판타지의 거부'는 거의 전 작품에 흐르고 있는데 다카하타의 지론은 "현재 우리들 주변에는 게임이나 TV, 영화 등 판타지가 일상에 너무도 근접해 있다. 너무 판타지에 휩싸여 있는 것은 인간에게 해가 된다. 판타지에 심취하여 그 세계로부터 사랑과 용기 그리고 감동을 받거나 곤란한 문제를 해결한 뒤 쾌감을 맛보는 것은 작품을 보면서 얻는 것이지 현실세계와는 다른 차원의 이야기이다"라는 식이다. 판타지는 오히려 현실의 감각을 상실케 한다는 입장이다.

　70, 80년대 일본의 애니메이션계를 선도했던 또 다른 거장은 두말할 필요도 없이 미야자키 하야오이다. 일본 만화의 원조가 데쓰카 오사무라면 애니메이션의 원조는 미야자키이다. 앞서 서술했듯이 미야자키는 '도에이

동화'에 입사하여 다카하타 감독의 〈태양의 왕자 호루스의 대모험〉을 도왔고, 1978년 TV용 시리즈인 〈미래소년 코난〉으로 감독 데뷔한 이래 극장용 장편 애니메이션 제작에 진출한다. 첫 작품은 〈루팡3세-카리오스트로의 성〉(1979)이며 두 번째 작품인 〈바람계곡의 나우시카〉(1984)의 대히트로 '미야자키 아니메'라는 장르를 구축하게 된다. 다카하타와 '스튜디오 지브리'를 설립한 것은 〈바람계곡의 나우시카〉가 성공을 거둔 그 다음해(1985년)이다. 제3탄은 〈천공의 성 라퓨타〉(1986)이고 제4탄은 중년들로 하여금 고향에 대한 향수를 느끼게 했던 〈이웃집 토토로〉(1988)이다. 이 작품이 성인들로부터도 호응을 얻게 되면서 미야자키는 국민적 애니메이션 영화 작가로 추대된다. 바로 이듬해에는 마녀 소녀의 성장기를 다룬 제5탄 〈마녀의 택배편〉을 발표했고, 이후 제6탄 〈붉은 돼지〉(1992), 제7탄 〈귀를 기울이면〉(1995), 제8탄 〈Chage & Aska On Your Mark〉(1995), 제8탄 〈원령공주〉(1997), 제9탄 〈센과 치히로의 행방불명〉(2001), 제10탄 〈하울의 움직이는 성〉(2004) 등 왕성한 활동을 하고 있다.

다카하타와 미야자키는 분명 자신의 고유한 영역을 형성해 나가면서 일본애니메이션계를 이끌어 나갔다. 하지만, 서로에게 좋은 비판가이자 응원자였다. 흔히 다카하타는 이론적이고 비판적인데 반해 미야자키는 이론보다는 감성과 실력으로 작품을 그려 나아간다고들 하지만 사실은 서로 영향을 주고받았다. 가령, 다카하타의 〈폼포코 너구리 대작전〉(1994)과 미야자키의 〈이웃집 토토로〉(1988)의 '숲'의 묘사를 보면 그 사실을 알 수 있다. 두 작품 모두 인간과 이웃해 있는 숲을 축으로 스토리가 전개되는데 미야자키의 〈이웃집 토토로〉가 1950년대 일본 시골의 정겨운 숲으로 묘사되어 있다면 다카하타의 〈폼

〈폼포코 너구리 대작전〉의 포스터

포코 너구리 대작전〉의 숲은 아름답지만 현대의 환경문제를 안고 있다. 이러한 다카하타의 작법은 미야자키에게 영향을 미쳐 〈폼포코 너구리 대작전〉과 같이 숲과 환경을 다룬 〈원령공주〉에 의식적으로 반영되게 된다. 이처럼 70년대와 80년대의 일본애니메이션계는 두 거장의 쌍두마차에 의해 역사적 진전을 이루면서 90년대까지 그 힘을 과시하게 되는 것이다.

5) 90년대 이후 : 안노 히데아키와 오시이 마모루

90년대에 들어서면서 차세대 신인감독의 화려한 데뷔와 함께 일본애니메이션계는 새로운 지평을 열게 된다. 차세대 주자는 바로 〈신세기 에반게리온〉(1995~1997)의 안노 히데아키(庵野秀明) 감독과 〈공각기동대〉(1995)의 오시이 마모루(押井守) 감독이다.

안노 히데아키의 〈신세기 에반게리온〉은 '에바현상'이라는 신조어가 나올 만큼 일본열도를 열광의 도가니로 만든 대작이다. '에반게리온'은 독일어로 '복음'(福音) 또는 '절대 진리'를 뜻하는 말로 작품 중에 나오는 인간의 모습을 한 생체로봇인데 '에바'라는 약칭으로 불리고 있다. 에바는 일본을 침략한 '사도'라는 정체불명의 거대한 몬스터와 싸운다. 에바는 여러 의미에서 기존의 로봇과는 다른 메커니즘을 지닌다. 전술한 대로 인간의 생체 메커니즘을 지닌 로봇이라는 점과 릴리쓰(유태 신비주의자에 의하면 릴리쓰는 아담의 첫 번째 부인으로 아담에게 버림을 받자 홍해로 날아가 사탄의 네 번째 처가 되었다고 함)를 복제한 점이다. 그리고 내부에는 조종사의 어머니의 혼이 내장되어 있어 조종사와 이 어머니의 혼이 동화될 때 인간의 혼을 지닌 로봇으로 탄생된다는 점도 특이하다.

이 작품이 인기를 끈 것은 이 에바가 구사할 수 있는 로봇으로서의 기술이나 전투력이 아니라 에바를 조종해야만 했던 14세의 내성적인 소년 신지의 내면심리와 정신세계를 치밀하게 묘사했기 때문이다. 그리고 신지는 늘 혼자 세상과 맞선다. 고독하며 우울하다. 모든 것들이 그를 고립으로 몬다. 인류를 살릴 수도 죽일 수도 있다는 어마어마한 결정이 이 어린 소년에게 주어지고 신지는 그 선택의 기로에서 불안한 개체로 남게 된다.

신지의 나약하고 우유부단한, 그리고 현실을 회피하고 있는 모습은 20,30대의 오타쿠 문화를 추구하는 마니아층에 깊이 파고들었다.

〈신세기 에반게리온〉의 신지

〈신세기 에반게리온〉에서 일본애니메이션의 이야기 구조는 1980년대부터 차용하기 시작한 '심리학적 변수'를 완성시켰다고 해도 과언이 아니다. 아버지를 경계하고 어머니의 혼=모성을 부각시키는 '오이디푸스 콤플렉스'를 극대화한 것이 바로 그것이다. 90년대 이후 일본의 애니메이션계에서는 이러한 '심리학적 변수'를 캐릭터에 적용시켜 상품화하는 경향이 짙어졌고 그것에 수용자들도 중독되어 가고 있다.

한편, 오시이 마모루 감독은 주로 기계의 반란, 컴퓨터의 반항 또는 새로운 권력의 통제를 화두로 삼는다. 바꿔 말하면 사이버 문명의 공격성과 그것을 만든 인간의 욕망을 연관시켜 사이버문명의 폐해를 비판하지만 미래권력은 어쩔 수 없이 사이버문명일 수밖에 없다는 이야기이다. 안노 히데아키처럼 그 또한 구체적인 설명방식을 회피하고 다양하게 해석될 수 있는 열린 이야기 구조를 선호한다. 작품에 깊이가 있으며 철학적이다. 그의 애니메이션, 영화, 만화 모두 오락보다는 진지한 철학적 질문에 경도된다. 인간이란 무엇인가, 인간의 진화란 무엇인가, 인간이란 구원받을 수 있는 존재인가 등등. 오시이는 우리가 결코 안전하지 않고, 결코 평화롭지도 않고, 결코 선하지도 않은 인간과 야수의 중간쯤이라고 생각한다.

그런 그이지만 초기의 작품은 현실과 꿈 사이의 부조리한 융합을 자주 묘사했었다. 거대한 물고기 그림자가 벽을 기어다니는 폐허의 거리, 그 거리에서 방황하는 어느 소년과 소녀의 만남, 그리고 그 소녀가 안고 있는 알을 둘러싼 작은 사건을 그리고 있는 〈천사의 알〉(1995)이 그것인데 상대적으로 느린 템포에 우울한 분위기를 자아내고 있고 매우 관념적이다. 이러한 작품 경향은 그의 작품 전체에 해당하는 것이라고 볼 수 있다.

오시이 마모루 감독

이후 오시이 마모루를 일약 스타덤에 올려놓은 〈기동경찰 패트레이버〉(1989)를 시작으로, 인기만화가 시로 마사무네의 원작 중 일부분을 발췌하여 만든, 일본 사이버펑크물의 대명사 〈공각기동대〉(1995) 등은 개인의 정체성이 모호해지는 근미래를 배경으로 인간과 기계의 융합 분열을 잘 그리고 있다.

안노 히데아키가 일본에서 선풍적인 인기를 끌었다면 오시이 마모루는 유럽과 미국, 그리고 한국에서 주목받고 있는 세계적인 애니메이션 감독이다. 1995년 도쿄국제영화제의 판타스틱 영화제 부문에서 입상한 〈공각기동대〉는 오시이의 본격적인 국제진출의 교두보가 되었는데 이미 전작들로 주목받던 그는 〈공각기동대〉의 제작비 중 3분의 1을 영국의 애니메이션 배급사인 '만가 엔터테인먼트'(Manga Entertainment)의 자본으로 충당했고, 미국과 영국 등 세계 각국에서 동시 개봉하여 화제를 모았다.

오시이의 독특한 연출스타일은 아기자기한, 혹은 뮤지컬 타입의 디즈니 애니메이션에 익숙했던 서구인들에게는 낯설고 경이로울 수밖에 없었고, 이로써 그는 단번에 세계적으로 주목받는 애니메이션 감독이 되었던 것이다. 지금까지 어떤 애니메이션에서도 볼 수 없었던 사실적이고도 환상적인 배경묘사는 자체 개발한 DGA(Digital Generated Animation) 기법으로 제작된 것으로, 홍콩 현지 로케이션을 통해 배경지역을 작품에서의 카메라 앵글과 움직임에 맞춰 촬영된 후 이를 데이터화하여 멀티플랜 카메라 효과를 응용해 셀과 합성, 필름으로 출력한 뒤 AVID 편집기로 편집한 결과이다.

완성도 높은 내용과 참신한 기술은 〈인랑〉, 〈아바론〉으로 이어져 호평을 받았다. 〈공각기동대〉 속편으로, 전편에서 다뤘던 인간과 로봇 사이의 경계에 관한 질문과 자아의 정체성에 관한 철학적 주제를 그린 〈이노센스〉(2004)도 칸느영화제에 출품되어 '미래에 대한 무겁고 철학적인 주제를 탁월한 그래픽으로 표현했다'는 평을 받았으며 미국의 평론가들에 의해서도 2004년 최고의 애니메이션에 뽑혔다.

제1세대 데쓰카 오사무와 제2세대 미야자키 하야오와 다카하타 이사오, 그리고 제3세대의 안노 히데아키, 오시이 마모루라는 산맥을 이루어내고 있는 일본애니메이션계는 하나의 예술로서, 문화산업으로서 앞으로도 막강한 영향력을 발휘하는 일본 문화콘텐츠의 대표물이 될 것이다.

③ 일본애니메이션의 장르

일본의 애니메이션이 널리 수용되고 발달할 수밖에 없는 것은 장르의 다양성 때문이라고 볼 수 있다. 현재도 많은 장르가 존재하며 또 장르와 장르가 섞여 새로운 장르를 만들어 나아가고 있다.

1) 순정물

아직 순정물에 대한 개념은 확실히 서 있지 않지만 대개 청소년기의 순수하고도 풋풋한 사랑과 역경을 이겨내고 꿋꿋하게 살아가는 것을 주제로 하는 것들이 중심을 이룬다. 잘 생긴 남자주인공, 귀엽고 씩씩한 여자 주인공, 여자 주인공을 괴롭히는 악역의 출현, 해피엔딩과 같은 요소가 기본적으로 들어가 있다.

초기에는 〈들장미 소녀 캔디〉(1976), 〈베르사이유의 장미〉(1979)처럼 순정만화를 애니메이션화하는 경우가 많았는데 그 수는 그리 많지 않다. 그 이유는 원작만화의 섬세한 감정 묘사와 암시적인 컷을 동적이며 설명적인 애니메이션에는 충실히 담아내기 힘들기 때문이다.

그러다 1980년대 들어서면서 좀 더 폭넓은 변화를 시도하게 된다. 〈들장미 소녀 캔디〉와

〈거인의 별〉의 인기에 의해 다량 생산되고 있는 게임기

같은 '순종적인 소녀'에서 〈세일러문〉의 '여전사'로 캐릭터도 변하고, 〈베르사이유의 장미〉와 같은 '러브스토리'에서 〈내일의 조〉, 〈사무라이 자이언트〉, 〈어테크 No.1〉, 〈거인의 별〉, 〈푸른 전설의 슛〉, 〈메탈파이터〉와 같은 '스포츠 스토리'로 표현 영역도 확대되었다. 그리고 주인공의 설정도 단독에서 팀을 이루는 집단으로 전환된다. 〈세일러 문〉에 등장하는 각개 전사들은 각각의 독립된 이미지와 의상을 보여주며 차별적인 특기와 무기체계를 갖춘다. 〈슬램덩크〉의 주인공도 혼자 경기를 할 수 없고 다양한 캐릭터와의 깊은 관계 속에서 그 존재성을 발휘하고 있다.

이러한 전환은 일본의 집단주의의 일면이기도 한데 이 점을 캐릭터 산업과 연관지어 생각해 보면, 캐릭터 산업을 확대 발전시키기 위해 주인공을 복수로 설정한다는 주장도 나오고 있다. 셀 수 없을 정도의 캐릭터 출현과 캐릭터 산업에서 성공을 거두고 있는 〈포켓 몬스터〉의 경우를 생각해 본다면 그러한 주장도 매우 설득력 있다.

2) 로봇물

일본에서만 개발되어 특화된 장르는 순정 애니메이션과 로봇 애니메이션이다. 로봇물의 효시는 〈철인28〉(1963)이다. 이 당시의 로봇은 무선 자동차처럼 조종 레버가 둘 달린 로봇을 리모컨으로 조작하는 단순한 것이었다. 그 후 〈마징가Z〉(1972)에서는 팔다리가 분해되어 공격할 수 있는 '사지절단형'으로 발전되었고 1980년대부터는 〈건담 시리즈〉(1988~)에서처럼 분해와 결합이라는 더욱 진보된 형태를 보이게 된다.

로봇 애니메이션의 효시작 〈철인28〉

로봇물에 등장하는 주인공 로봇의 외형적 특색 중의 하나는 '칼'이라는 무기를 필수 무기화시키는 것이었는데 이러한 외형은 외형의 문제로 그치는 것이 아니라 애니메이션에서 일종의 사무라이식 담론을 형성하는 역할을 하기도 했다. 즉 로봇의 과도한 폭력을 정당화, 미화만 할뿐 로봇의 기계적인 속성은 감춰지고 마는 것이다. 〈마징가Z〉에서 일보 진화된 〈그레이트 마징가〉(1974)에서는 로봇의 외형에 아예 사무라이의 갑옷 형태를 실루엣에 적용하여 더욱더 일본적인 색채를 강하게 내고 있다.

그러다 〈기동경찰 패트레이버 89〉에서는 로봇을 중장비의 개념으로 설정하여 현실적인 면을 부각하게 되었고 이어 90년대의 〈신세기 에반게리온〉에서는 인간이 기계를 조종한다는 기존의 개념을 없애고 조종사의 '생각'만으로도 움직일 수 있거나, 부상을 입으면 인간처럼 피를 흘린다는 식으로 인간과 로봇의 일체화를 꾀하고 있다.

3) 하드고어(hard gore)물와 하드코어(hard core)물

하드고어(hard gore)란 '매우 끈적끈적한 핏덩어리'란 뜻으로 말 그대로 '사지절단', '외형파괴', '내장파열' 등의 잔인한 정서를 보여주는 애니메이션이다. 로봇물 애니메이션에서 파생된 장르로 보는 입장과 할리우드의 오락영화에서 근원을 찾는 입장으로 나뉜다. 한국에서도 널리 알려진 가와지리 요시아키의 〈무사쥬베이〉(1993) 등을 꼽을 수 있다. 전자이건 후자이건 소재나 표현에 있어서 매너리즘에 빠지지 않고 새로운 시도를 하는 동안 강도는 점점 강해지기 마련이다. 눈에 못을 박는 장면, 창자를 먹는 장면, 손톱을 뽑는 장면 등을 통해 엽기적인 것을 보여줌으로써 일종의 해방감을 맛보게 하는 것인데 앞으로도 더욱더 심화될 것이다. 주요 작품으로는 아시다 도요의 〈북두권〉(1986) 부터 미즈타니 다카야의 〈인어의 숲〉(1990), 아사카 모리오의 〈인어의 상처〉(1993) 등이 있다.

〈무사쥬베이〉

하드고어가 로봇물과 상관이 있다면 하드코어는 순정물에서 나왔다고 봐도 좋다. 하드코어(hard core)란 일종의 포르노그라피 애니메이

〈우주전함 야마토〉

선, 즉 성인용 순정물을 말한다. 순정물에는 애정표현 자체가 수수하고 단조로운 것이었다. 그러나 그윽한 눈빛만으로 사랑을 표현하는 시대는 끝났다. 과감한 베드신과 키스신이 들어가게 되었고 농도가 짙어질수록 독자들은 좀 더 강력한 성적 장치를 요구하게 되었다. 현재 일본의 하드 고어에는 동성애라는 특수한 장르가 자리잡혀 있으며 더 나아가 여성동성애와 남성동성애까지 분화되어 있을 정도이다. 주요 작품으로는 구니 도시로의 〈로리타 아니메〉(1984), 후쿠다 준의 〈요수교실〉(1990), 기타카와 덴조의 〈음수학원〉(1993) 등이 있다.

4) 공상과학물과 사이버펑크물

공상과학물은 주로 인간과 우주와의 관계를 소재로 한 것을 말하는데 이것은 마스다 도시오의 〈우주전함 야마토〉(1977)부터 시작된다. 〈우주전함 야마토〉는 서기 2199년의 미래를 그린다. 마젤란 성운에 있는 가미라스는 지구에 유성폭탄을 발사하여 방사능으로 지구를 오염시킨다. 가미라스에 맞서는 우주전함 야마토, 지구멸망까지 365일밖에 남지 않은 긴박한 상황을 짜임새 있게 풀어낸 수작으로 일본애니메이션의 흐름을 로봇물에서 공상과학물로 바꾸어 놓은 기념비적인 작품이다. 그 밖에 오시이 마모루의 〈달로스〉(1983), 야마자키 가즈오의 〈파이브스타 스토리즈〉(1989) 등이 있고 안노 히데아키의 출생지도 경력도 알 수 없는 소녀 나디아가 백년 전 파리에서 펼치는 해양모험이야기 〈이상한 바다의 나디아〉(1990)도 이 장르에 속한다.

90년대 서구를 중심으로 컴퓨터와 기계문명이 문화의 중심이 되자 사이버펑크라는 장르가 대두된다. 전자 통신망에 의한 가상현실 'cyber'와 무정부주의 혹은 허무주의를 내포하는 'punk'가 결합해서 나온 사이버펑크물로는 세리카와 유고의 〈사이보그 009〉(1966)를 비롯하여, 마쓰모토 레이지 원작 린 타로 감독의 〈은하철도 999〉(1979), 오토모 가쓰히로의 〈아키라〉(1982), 오시이 마모루의 〈천사의 알〉(1985), 그리고 린 타로, 가와지리 요시아키, 오토모 가쓰히로가 공동 감독한 〈미궁이야기〉(1987), 기타쿠보 쓰토무의 〈노인Z〉(1991) 등 비판의식이 넘치는 일련의 작품이 발표되었다. 특히 오토모 감독의 〈아키라〉는 완성도 높은 작품으로 해외로까지 그 명성이 알려져 후에 '저패니메이션'이라고 불리는 일본제 애니메이션이 해외진출의 물꼬를 튼 계기를 만들어 주었다.

사이버펑크물의 대부는 역시 오시이 마모루이다. 그는 〈기동경찰 페트레이버〉(1988)에서 일본사회의 집단주의를 꼬집으며 불안에 빠질 미래사회를 경고하고 있다. 〈공각기동대〉는 그의 대표작으로서 세계시장에서도 성공을 거두고 있다.

공상과학물과 사이버펑크물은 기계화 문명이 급속도로 전진되고 있는 현사회에서 인간의 존재를 생각게 하는, 현재 일본애니메이션에서는 빼놓을 수 없는 중요한 장르로 자리매김하고 있다.

이 밖에도 〈드래곤 볼〉(1986), 〈꼬마 마루코짱〉(1990), 〈짱구는 못말려〉(1992)와 같은 아동용 드라마물과 '지브리 스튜디오'에서 생산해내고 있는 미야자키 다카하타 아니메물 등이 일본애니메이션계의 주축을 이루고 있다.

〈꼬마 마루코짱〉에 나오는 주인공 가족

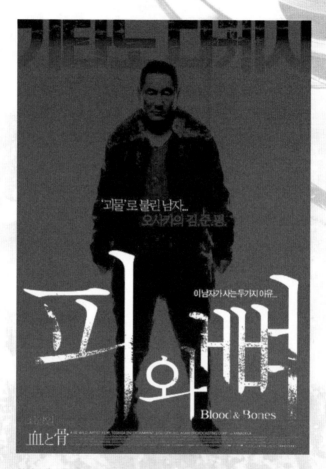

원제 : 血と骨
감독 : 최양일
주연 : 기타노 다케시, 스즈키 교카, 아라이 히로부미, 다바타 도모코
제작사 : 비와일드
상영시간 : 142분
장르 : 드라마
제작년도 : 2004년
개봉일 : 2005년 2월 25일
등급 : 18세 이상

'재일한국인'의 어제와 오늘

제1절 최양일과 영화 〈피와 뼈〉

1 재일한국인 감독 최양일

　1990년대 일본 영화계에 커다란 파문을 일으킨 영화감독을 꼽으라면 단연 최양일을 들 수 있다. 영화 〈달은 어디에 떠 있는가〉(1993)가 일본의 중요한 영화상을 휩쓸자 세간은 '사이 요이치'(최양일의 일본명)라는 재일한국인 감독을 주목하기 시작했다.

　물론 그전까지 재일한국인 감독이 없었던 것은 아니다. 히나쓰 에이타로(日夏英太郎)라는 일본이름을 쓰면서, 재일한국인 감독 중 최초로 재일한국인의 문제를 다룬 〈그대와 나〉(1941)의 허영 감독, 일반인에게는 공개되지 않았지만 재일한국인 2세 이사례가 동포 소녀 방순홍을 사랑하면서 민족의식을 깨달아 가는 과정을 그린 〈이방인의 강〉(1975)의 이학인 감독, 재일한국인 3세 소녀 신윤자와 일본인 청년 유지와의 사랑을 축으로 재일한국인들이 처한 현실적 문제를 그린 〈윤의 거리〉(1989)의 김우선 감독, 한일 고교생의 교류를 통해 한일관계

재일한국인 감독
최양일(사이 요이치)

〈달은 어디에 떠 있는가〉의 포스터

사를 새로이 정립해야 한다는 목적에서 만들어진 다큐멘터리 〈건너야 할 강〉(1994)의 김덕철 감독, 재일한국인 50년사를 3시간이 넘는 대작으로 정리하여 재일한국인의 아이덴티티를 영상으로 표현한 〈재일〉(1997)의 오덕수 감독 등 여러 명이 있었다.

그러나 최양일 감독이 주목받게 된 것은 재일한국인에 대한 표현 방식이 다른 감독들과는 약간 달랐기 때문이다. 그는 이제까지 어둡고 무식하고 가난한 집단의 표상으로서 존재하던 재일한국인의 모습을 180도 다르게 표현했기 때문이다. 재일한국인을 주인공으로 내세우지만, 역사적 고민이나 정체성 문제를 적극적으로 내세우지는 않는다. 가령 〈달은 어디에 떠 있는가〉는 재일한국인이 일본사회에서 받는 차별을 고발하는 대신 유년기에 일본으로 건너간 카바레 여주인과 그 아들, 그리고 필리핀 호스티스가 벌이는 갈등과 사랑을 코믹하게 그린 것인데 재일한국인들도 뭇일본인과 똑같이 사랑에 울고 웃는 존재로 그렸던 것이다.

이 영화의 제목은 길을 몰라 회사로 돌아오지 못하는 기사에게 달이 떠 있는 쪽으로 달려오라는 경리부 직원의 대사에서 기인한다. 그런데 왜 하필 '달'일까? 국명부터가 '태양'(日)의 '근원'(本)이듯 일본이라는 나라는 신화시대부터 '태양'을 숭상해 왔다. 지금도 일본인들이 가장 많이 숭상하는 것은 아마테라스 오미카미라는 '태양의 신'이다. 태양이 우주의 중심이요, 세계의 근원이라면 달은 늘 어둠과 공존하는 음성적 세계의 상징물이다. 따라서 제목 〈달은 어디에 떠 있는가〉라는 물음은 곧 방향감각을 잃고 일본의 음지에서 부유하고 있는 마이너리티로서의 재일한국인의 현재를 묻는 것과도 같은 것이다. 그러나 과거의 암울일변도로 그려진 재일한국인의 이미지가 최양일에 의해 많이 탈각된 덕분에, 이 영화를 통해 일본인들은 재일한국인을 배제의 대상이 아니라 이해의 대상으로 달리 인식하게 되었던 것이다.

1949년 일본 나가노에서 출생한 최양일은 〈감각의 제국〉으로 한국에서도 알려져 있는 오시마 나기사 감독 밑에서 조감독을 하며 자신의 영화세계를 구축해 나아간다. 오시마 나기사 감독은 1960년대의 일본 영화계의 누벨바그라 불린 사람으

〈개 달리다〉의 한 장면

로 그의 작품은 대개 사회를 고발하는 것들이다. 한편 한국이나 재일한국인에 대한 문제를 영화화한 보기 드문 감독이기도 하다. 1965년 한국을 여행하며 찍은 〈윤복이의 일기〉, 재일한국인 소년이 살인범으로 몰려 형을 받는 과정을 그린 〈교사형〉(1968), 이마무라 쇼헤이 감독과 칸느영화제 그랑프리를 놓고 마지막까지 경합을 벌였던 〈전장의 크리스마스〉(1983)에서는 연합군 포로 감시원으로 징용된 한국인 청년을 그리고 있다. 최양일이 〈달은 어디에 떠 있는가〉와 같은 재일한국인을 소재로 한 영화나 사회 고발성 영화를 만들게 된 것에는 감독 자신이 재일한국인이라는 정체성에 기인하는 바도 크지만 오시마 나기사 감독의 영향도 컸던 것으로 보인다.

최양일 감독의 데뷔작은 〈10층의 모기〉(1983)이다. 이혼한 현직 경관이 위자료와 양육비 때문에 사채업자로부터 돈을 빌린다. 그러나 연체가 되어 사채업자로부터 빚독촉을 받게 되자 경관은 우체국으로 들어가 강도짓을 하게 된다. 경관의 타락한 모습은 1998년의 〈개 달리다〉로 이어진다.

〈개 달리다〉는 일본 도쿄에서도 무국적지대의 대명사가 된 신주쿠 가부키초에서 살아가는 밑바닥 인생들의 일상을 대담, 유쾌하게 그려내고 있다. 비밀 도박장, 폭력과 공갈, 사기와 매춘 그리고 마약 등. 그야말로 현대 일본사회가 안고 있는 치부를 고발하는 영화이다. 야쿠자에게 정보를 흘린 대가로 돈을 갈취한 다음 다시 그 야쿠자를 쫓는 나카야마 형사와 쫓기는 야쿠자들. 그들은 입에 침을 흘리며 헉헉대고 달리는 개로 비유된다. 개들의 천국, 개같은 인생들의 질주를 허용하는 신주쿠의 뒷거

리. 〈달은 어디에 떠 있는가〉에 이어 내놓은 마이너리티를 다룬 야심작이었다.

'달'이나 '개'로 표상되는 세계가 '부유'(浮游)와 '질주'라면 그런 세계에서 탈피하여 '폐쇄'와 '고착'의 세계로 앵글을 맞춰 만들어낸 작품이 〈형무소 안〉(2002)이다. 사회에서는 망나니처럼 죄나 지으며 돌아다니던 자들이 수감되자마자 우스울 정도로 모범 죄수가 되어 규율에 따른다. 작은 옥방에 갇힌 죄수들의 최대 관심사는 콩밥뿐이다. 2002년도 제45회 블루 리본상(감독상), 일본영화평론가 대상(감독상)을 받는 등, 화제를 모은 작품으로 어느 음식점에서는 이 콩밥 식단을 메뉴로 내놓기까지 했다고 한다.

재일한국인 최양일이 일본 영화계의 귀재라는 타이틀을 지키도록 옆에서 조력한 자가 있었다면 바로 그들 또한 재일한국인인 제작자 이봉우와 각색가 정의신일 것이다. 이들과의 공조체제는 〈달은 어디에 떠 있는가〉와 〈형무소 안〉에서 빛나고 있는데 앞으로도 이들의 밀월관계는 계속될 것이다.

〈A사인디즈〉(1989), 〈마크스의 산〉(1995), 〈돼지의 보답〉(1999) 등, 왕성한 활동을 보이고 있는 최양일. 일본사회에서는 마이너리티 계층에 속하는 재일한국인이라는 정체성을 재일한국인과 일본사회를 동시에 객관화시킬 수 있는 장점으로 승화시킨 그의 파워는 앞으로도 그의 영화에서 분출될 것이며 그 작품들은 계속해서 일본사회를 경각시킬 것이다.

② 영화 〈피와 뼈〉 읽기

1) 원작자 양석일과 재일한국인 작가들

영화 〈피와 뼈〉는 1988년에 출간된 재일한국인 작가인 양석일(梁石日)의 동명소설 『피와 뼈(血と骨)』를 바탕으로 한 것이다. 원작소설은 양석일의 아버지를 모델로 하고 있으며 재일한국인 1세와 2세들의 이야기를 담는다. 작가 양석일은 1936년에 재일한국인 2세로 일본 오사카에서 태어났다. 29세 때 사업에 실패하여 막대한 부채를 안고 각지를 방랑하게 된다.

여러 직업을 거쳐 택시운전을 하게 되었고 짬짬이 소설을 썼는데 10여 년 동안의 택시 운전을 하며 겪은 경험을 바탕으로 쓴 자서전적 소설이 『택시광조곡(タクシー狂躁曲)』(일본지쿠마문고, 1981)이다. 이 작품은 〈달은 어디에 떠 있는가〉의 원작이기도 하다. 그는 주로 자전적 가족사를 소재로 한 소설을 많이 썼다. 따라서 『피와 뼈』와 『택시광조곡』을 읽으면 양석일이라는 작가의 가족사는 물론이거니와 재일한국인의 삶의 모습이나 정체성에 대한 고민을 잘 알 수 있다.

〈피와 뼈〉의 원작자인 양석일

　양석일처럼 재일한국인 작가들은 재일한국인들의 정체성에 대한 문제를 주요 소재로 썼다. 특히 재일한국인 '가족'으로 태어난 숙명적인 부하를 어떻게 수용하고 초극해 나아가는가를 많이 다루었다. 차별과 가난과 굴욕감과의 상존, 부정하고 싶은 하나의 현실로서의 재일한국인 가족. 재일한국인 작가의 글에는 가족문제와 자신의 정체성을 고착적 관계로 설정하고 그 안에서 고군분투하는 젊은이의 모습이 많이 보인다. 여기서 잠깐 재일한국인 작가의 세대구분과 작품 성향에 대해 알아보자. 시대에 따라 다음과 같이 나뉘고 있다.

(1) 제1세대 작가

　해방 전 한국에서 출생하여 어린 시절을 보낸 뒤, 일본으로 이주한 작가들이다. 김사량, 김석범, 허남기가 대표적인 작가들이다. 제1세대 작가들은 개인사보다는 조선의 식민화와 황국화에 대한 민족사적 입장의 글을 많이 썼다.

(2) 제2세대 작가

　제2세대 작가들은 일본에서 태어나 부모님의 한국어와 일본어를 모어로 쓰며 자란 세대이다. 주요작가로는 김태생, 이회성, 김학영, 고사명, 양석일을 들 수 있다. 이들은 '가족'의 문제를 본격적으로 다루기 시작했다.

돼지 같은 생활이다. 나는 몸서리를 치며 마음속으로 외쳤다. 돼지는 돼지죽이 적으면 불만을 외친다. 죽을 안 주면 찢어지게 비명을 질러댄다. 그렇듯 아버지는 불만을 토로하며 화내고 있는 것이 아닌가. 게다가 **가족 은 돼지 이하이다**. 불만을 토해낼 곳도 없이 묵묵히 살아갈 수밖에 없다. (『사람 얼굴을 한 큰바위』)

'아,…'라고 哲午는 소리나지 않게 신음을 했다. 이 맹렬한 집착은 어디 에서 오는 것일까. **흩어진 일족, 머나먼 조국, 무너져 가는 조씨 집안.** 그 걸 느끼기에 아버지는, 그 총구 속의 아버지는, '아이고, 이 한을 어떻게 **풀거나'하며 아들에게 애원한 것은 아니었는지.** (『다시 또 그 길을』)

라고 가족내부를 그리고 있는 위의 글은 이회성의 작품이다. 돼지우리 같 은 집안, 일본 가정과의 생활차에서 오는 극빈감, 조선인의 한과 서러움의 대표적인 감탄사 '아이고', 한국성 조씨. 그리고 아버지와 아들 즉 재일1세 대와 2세대의 갈등구조 등, 등장인물들의 이름이나 생활환경 묘사에 조 선인 이름과 조선어를 직설적으로 사용함으로써 일본가족의 문제와는 다 른 고유한 문제로서 재일한국인의 가족을 부각시키고 있다.

양석일의 경우를 그의 대표작인 『택시광조곡』을 통해 접해보자. 이 소 설은 「도주」-「신주쿠에서」-「공동생활」-「제사」-「운하」-「크레이지 호스 Ⅰ」-「크레이지 호스Ⅱ」의 7부로 구성되어 있는데, 재일한국인 택시운전수 의 눈으로 본 도시의 낮과 밤, 천태만상의 승객 등, 택시라는 작은 공간 안 과 택시업계에서 벌어지는 인간의 욕망과 현재 일본의 실상이 철저하리만 큼 냉정한 비판력과 여유로운 유머로 그려져 있다.

주인공 양정우의 삶은 힘이 없고 어둡기 그지없다. 그의 극단적인 무기 력감은 그의 가족, 특히 '아버지'에게 있었다. 주인공이 소년이었을 때, 아 버지는 주기적으로 집을 나가 도박을 일삼았으며 헤아릴 수 없는 많은 여 자와 동거를 했다. 돈이 다 떨어지면 집으로 돌아와 어머니를 폭행했고 겨 우 도망친 어머니는 골목길 구석에서 오열했다. 아들에게 칼을 들이대고, 화덕에서 타고 있는 숯을 맨손으로 집어 올리며 아버지라고 부르라고 윽 박질렀고, 자식을 경찰에 넘기면서까지 돈을 손에 넣으려 했던 아버지였다. 이러한 아버지 밑에서 고생하다 어두운 방에서 어머니는 혼자 죽어갔다. 작가의 '조센진'이라는 자기정체성을 확인시켜주는 데에 그의 '가족'은 불가결한 환경이었고 그 중에서도 아버지는 생각만 해도 강한 거부반응을 일으키는 존재였다. 주인공은 아버지에 대해 다음과 같이 회상한다.

> 나에게는 아직도 아버지에 대한 증오가 남아 있다. 소년시절 나는 아버지의 강인한 면을 경외했지만 동시에 세속적인 의미에서 아버지를 아버지라고 생각한 적이 없다. 나의 일상 속에서 아버지라는 말은 완전히 빠져 있었다. **내게 아버지란 알 수 없는 업보였다.** 찬 바람이 불고 지나가는 공동과 같았다. 절대적인 영역 —그 암흑의 바닥에는 증오가, 지옥의 거센 불처럼 타오르고 있었다.　　　　　　　　　　　　　　　（「운하」）

그러기에 20여 년 만에 조우한 아버지임에도 불구하고 '이내 사고가 정지되고 전신의 감각이 마비되고 두근거리는 심장소리로 귀의 고막이 찢어질 것 같았다'고 양정우는 회술한다.

사회의 하층에서 근근이 살아가던 재일한국인 아버지들의 난폭성과 그런 아버지로부터의 탈출과 가족으로의 회귀거부 등, 지우려 해도 지워지지 않는 재일한국인 '가족'에 대한 기억과 그로 인한 자유롭지 못한 호흡은 양정우의 현재의 삶을 지배하고 있고 또 앞으로도 지배할 것이다. 소설의 대단원에서 양정우가,

> 내가 저 노인네처럼 되지 말라는 보장이 어디 있겠는가. **하물며 고립되어 있는 재일조선인은 더 비참할지도 모른다. 누구도 도와주지 않는다. 또 누구에게 도움을 청할 필요가 있겠는가?**　　　（「크레이지 호스Ⅱ」）

라고 말했듯이 말이다.

재일한국인1세대 작가들이 재일한국인의 문제를 민족의 문제와 결부시켰다면 이회성, 양석일로 대표되는 제2세대들 작가들은 재일한국인의 '가족'으로 태어난 이들의 아이덴티티의 불안과 현실문제를 그려내고 있

다. 이러한 태도는 김학영, 김태생 등에서도 흔히 볼 수 있다. 그 자신 재일한국인 비평가인 다케다 세이지(竹田靑嗣)도 지적했듯이 재일한국인 작가에게 조센진 가족이 느껴야 하는 빈곤과 차별, 고독은 공유되는 주요 소재였던 것이다.

(3) 제3세대 작가

제2세대의 경향은 8, 90년대의 제3세대 작가를 거치면서 서서히 개인지향으로 바뀐다. 이 세대들은 주로 2, 3세대로서 부모님의 나라나 부모님과의 관계보다는 자신이 태어나고 자란 일본 안에서의 자신들의 문제를 많이 다루었다.

대표적인 작가로 이양지, 이기승, 유미리, 원수일을 꼽을 수 있다. 이양지는 주로 언어의 문제를 다루었다. 제100회 아쿠타가와상을 받은 『유희(由熙)』는 서울의 대학으로 모국어를 배우러 온 주인공 유희가 일본어와 한국어 사이에서 방황하는 모습을 그리고 있는데 한 개인에게 있어서 진정한 모국어란 무엇이냐는 화두를 던지고 있다.

한편, 유미리는 가족의 파탄과 해체를 리얼하고도 명쾌한 문체로 그려낸 작가이다. 가족을 다루었지만 제2세대 작가들이 고민했던 가족의 본질주의적인 민족공동체로의 회귀는 사색권외의 문제로 도외시하고 일본사회 안에서의 개인적인 자립이라는 차원에서 가족문제를 고민했다. 주요작품으로 묵직한 문학상을 받은 『풀 하우스(フルハウス)』, 『가족시네마(家族シネマ)』 등을 들 수 있는데 『가족시네마』는 한국에서 일본대중문화개방의 담론이 무르익어 가던 1998년, 박철수 감독에 의해 자칭 한일관계 전환을 위한 교두보적인 영화 〈가족시네마〉로 재탄생된다.

그리고 최근에는 『GO』(2000)로 나오키상을 받은, 민족보다는 연애라는 명제를 우선시하고 있는 가네시로 가즈키(金城一紀) 등이 활약하고 있다.

2) 〈피와 뼈〉가 그리는 '가족'과 '아버지'

소설 『피와 뼈』는 양석일에게 나오키상과 쌍벽을 이루는 야마모토 슈

고로상(山本周五郎賞)을 안겼다. 양석일이 자신의
아버지를 모델로 써내려간 1,500매가량의 원작소
설을 바탕으로 최양일은 시나리오 수정만 20여
번, 준비기간만 6년 넘게 잡아 영화 〈피와 뼈〉를
완성시켰다.

양석일의 소설 『피와 뼈』

　영화는 1923년 제주도에서 일본 오사카로 향
하는 배 위에 오른 청년 김준평의 모습에서 시작
된다. 김준평의 표정은 밝고 희망차 있었다. 오사
카는 자신에게 희망과 행복을 줄 것이라며 한껏
기대에 부풀어 올라 있었다. 김준평이 가진 건 맨
몸뿐이었다. 혈혈단신 제주도에서 오사카로 건너
올 때부터 생존만을 생각했다. 오사카에 정착해
공장에 취직한 준평은 김영희라는 여자를 겁탈한
뒤 강제로 아내로 삼는다. 준평은 강인한 체력과 타고난 근성으로 어묵
공장을 성공시켜 돈을 모았고, 고리대금업으로 다시 그 돈을 불렸다. 그는
사람들의 노동을 착취했고 돈을 빌린 자에게는 악착같이 뜯어냈다. 그 사
이 김준평은 끊임없이 여자를 탐했고 자신의 아들을 원했다. 끌어들인 여
자와 낳아놓은 자식들 모두가 그를 원망하고 증오해도 아랑곳하지 않으면
서 말이다. 김준평은 대가족을 이루고 막대한 부를 쌓았지만 평생 누구
에게도 존경받지 못하며 자신만을 위해 살았다. 머리가 하얗게 세고 거동
이 불편해진 노년까지도 그런 태도는 변함없었다.

　한 마디로 영화 〈피와 뼈〉는 강간으로 맞이한 아내를 저버리고, 친지
의 피와 땀을 쥐어짜 돈을 모으고, 가족과 이웃을 무자비한 폭력으로 굴
복시킨 한 남자의 이야기이다. 영화제목 〈피와 뼈〉만큼 그의 일생을 압축
한 명사는 없을 것이다. '피'도 눈물도 없는 배금주의, '피'를 이어줄 아들
에 대한 욕망, 그리고 강인한 육체를 상징하는 '뼈', 그 외에도 '피'와 '뼈'
가 지니는 상징을 통해 이 영화는 다양하게 분석될 수 있다.

　하지만 여기서는 앞서 말한 제2세대 재일한국인 작가들의 관심 부분이
었던 '가족'과 '아버지'라는 것에 시좌를 맞춰 보기로 하자.

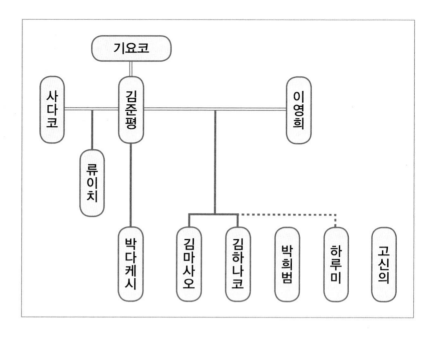

우선, 시놉시스의 흐름에 맞춰 위의 가족관계를 간략히 정리해 보면 다음과 같다.

⑴ 김준평은 싫다는 이영희와 결혼한다 → 겁탈과 강제 결혼
⑵ 두 사람 사이에서 아들 마사오가 태어난다 → 마사오의 부친에 대한 부정적 시각
⑶ 김준평은 이영희가 데리고 들어온 딸 하루미를 자신의 남동생인 고신의(노부요시)와 결혼시킨다 → 근친상간
⑷ 어묵공장이 성공을 하자 김준평은 거금을 거머쥐게 된다 → 친인척에 대한 노동력 착취
⑸ 그때쯤 김준평의 아들이라고 자칭하는 젊은이(다케시)가 갑자기 나타난다. 다케시는 김준평이 15살 때 제주도에서 유부녀를 범해서 생긴 아들이다 → 강간
⑹ 다케시는 여자까지 끌여들이고 김준평에게 거금을 요구하며 몸싸움까지 벌이지만 한 푼도 못 받고 쫓겨난다 → 부자지간의 위계질서 붕괴

(7) 일 년 후 거부가 된 준평은 자기 가족을 버리고 바로 집 앞에다 기요코라는 여자와 신접살림을 꾸린다. → 가족의 해체

(8) 준평은 고리대금업에 손을 대기 시작하고 돈의 노예가 된다. 돈을 위해서라면 그 어떠한 잔혹한 행위라도 서슴지 않고 행하다. → 폭력의 수단화

(9) 한편 19살이 된 딸 하나코는 아버지의 폭력을 혐오하여 쥐약을 먹고 죽기로 결심하나 그 뜻을 이루지 못한다. 결혼에 있어서도 아버지 공장에서 일하던 장찬명을 사랑하지만 그가 비합법적 조직인 '조국방위대'에서 활동했다는 이유로 체포당하자 할 수 없이 박희범과 결혼한다 → 딸의 불행. 애정없는 결혼

(10) 애첩인 기요코가 뇌종양으로 쓰러지자 준평은 애꿎은 가족에게 화풀이를 한다. → 폭력의 극대화

(11) 준평은 새 애인 사다코를 데리고 와 기요코의 병간호를 시킬 뿐만 아니라 자신의 성욕을 푸는 대상으로 삼는다 → 파행적 관계

(12) 드디어 이영희가 쓰러진다. 냉정한 김준평은 치료비조차 내주지 않는다. → 비정한 남편

(13) 세월은 흘러 김준평은 늙고 초라해진다. 그의 곁에 남은 건 그가 일생동안 끊임없이 욕망해 왔던 아들뿐이었다. 준평은 사다코와의 사이에서 태어난 류이치를 데리고 오사카를 떠나 북조선으로 향한다 → 불행한 인생의 말로

이상에서 보았듯이 김준평의 가족은 한 마디로 '폭력'과 '파행적 행동'으로 점철되어 있는 카오스(무질서)의 세계이다. 그 안에서 남편, 아버지는 혐오의 대상이자 공포의 대상이었던 것이다.

이 영화는 아들 마사오의 시선과 내레이션으로 진행되는데, 마사오가 바라보는 아버지에 대한 시선은 편한 것이 아니었다. 그것은 그가 직접 '아버지는 내 인생을 가로막는 장벽이었다'고 단언한 말에서도 분명하게 드러나는 사실이다. 이러한 아버지의 모습을 보면서 우리는 앞서 소개한 양석일의 소설을 읽는 듯한 인상을 지울 수 없다. 그리고 실제 모델이었다고

부친의 폭력과 억압으로 늘 불행했던 김준평의 가족

하는 양석일의 부친을 상상하게 된다.

〈피와 뼈〉는 재일한국인 1세대의 파란만장한 일본 정착에 관한 이야기지만, 초점은 '시대'가 아니라 '인간'이다. 김준평은 민족과 사상이 대두됐던 시대의 물결과는 상관없이 살아간 인물로, 가장 가까운 사람들인 가족에서 주변 사람에 이르기까지, '강간'과 '폭력'과 '착취'를 통해 그들을 지배하고 군림했다.

김준평에게는 희생이나 절망, 고난 같은 것으로 고정되어 있는 재일한국인의 이미지가 없다. 돈과 섹스, 그리고 핏줄에 병적으로 집착하는 인간의 욕망만이 보일 뿐이다. 최양일 감독 스스로가 "재일한국인 1세들이 처한 희망과 절망 속에서도 다양한 인간관계들이 존재했고 정치나 역사를 초월한 삶의 형태들과 각기 다른 생의 욕망들이 있었다"면서 "단순하게 이데올로기적 이분법으로 역사와 인간을 바라보는 건 영화적으로 그다지 매력을 못 느끼겠다"고 고백했듯이 말이다.

따라서 이 영화를 앞서 말한 재일한국인 작가들의 작품경향에 빗대어 말한다면 표층은 제2세대 작가들이 즐겨 다룬 재일한국인 가족의 굴레를 소재로 하고 있지만 그 심층에는 제3세대 작가들처럼 인간 객체의 문제가 내포되어 있는 것이다. 이 영화는 재일한국인을 주인공으로 내세우지만, 역사적 고민이나 정체성 문제를 적극적으로 내세우지는 않고 인간 누구에게나 볼 수 있는 돈에 대한 '집착'과 '폭력'을 다루었기에 일본사회에서도 큰 반향을 불러일으킬 수 있었다.

그 사실은 2005년 일본 닛간스포츠 영화대상, 남우주연, 여우조연, 신인상 등 4개 부문 수상. 일본 아카데미상 감독, 여우주연, 남우조연상 등 3개 부문을 수상한 것에서도 알 수 있다.

제2절 재일한국인의 어제와 오늘

1 재일한국인의 역사와 문화

김준평의 재일한국인으로서의 삶보다는 한 인간으로서의 삶에 앵글이 맞추어진 작품이기에, 재일한국인이라는 배경을 애써 탈색시킨 것이 사실이지만 이 영화에는 철저한 고증과 함께 재일한국인의 모습을 생생히 재현한 것으로 유명하다. 따라서 이 영화는 우리 민족이 일본으로 건너가 살게 된 배경과 그들의 삶에 대한 영상적 역사자료로서도 참고할 만하다. 따라서 영화의 장면을 토대로 재일한국인의 과거와 현재를 짚어 보는 것도 의미 있는 일이다.

1) '재일한국인'이란?

식민지와 내전, 분단과 독재, 이민에 의해 한반도를 빠져나가 외국에서 살고 있는 재외동포들은 줄잡아 500만 명에 이른다고 한다. 중국 연변의 조선인 자치주에는 약 200만 명, 구소련에는 약 40만 명, 미국에는 100만 명이 훨씬 넘고 일본에는 거의 100만 명에 이르고 있는데 이들 재외동포들은 자신의 조국과 현지국을 놓고 정체성 확립에 갈등을 느끼며 '코리안 디아스포라'(diaspora:유랑, 유랑인)를 형성하고 있다.

이 중 일본에서 거주하고 있는 사람들을 요즘에는 '재일한국인'이라고 한다. 일본사회에서는 남한 사람과 북한 사람을 각각 '재일한국인', '재일한국인', 혹은 이 두 가지를 합쳐 '재일한국조선인'이나 '재일코리안'이라는 호칭으로 불렀는데, 요즘엔 남한과 북한의 교포를 포괄성있게 표현한 '재일코리안'의 직역어인 '재일한국인'이 많이 쓰이고 있다. 교포사회에서는 줄여서 '자이니치'(在日)라는 호칭이 보편적으로 쓰이고 있다.

재일한국인 사회는 여타의 이민사나 소수민족 사회의 형성사와는 다른 배경을 가진다. 왜냐하면 그것은 구성원들의 자의에 의해 만들어진 사회가 아니라 그 사회의 형성 배경이 주로 외적 강제에 의한 것이기 때문이다. 재일한국인은 일본의 식민지 지배의 산물이다. 물론 식민지기간 동안 한국인은 일본뿐 아니라 중국, 소련, 미국 지역에도 대규모로 이주했고 지금까지도 그곳에 살고 있는 사람들이 다수 있다. 그러나 여타의 지역과 달리 재일한국인의 경우에는 억압의 당사국이었던 나라에 정착했으면서도 가장 많은 문제를 안고 있다는 특징이 있다.

2) 김준평은 왜 일본으로 간 걸까? : 조선인들이 일본으로 간 배경

영화는 제주도 사람인 김준평이 오사카로 향하는 배를 위에서 찍은 장면부터 시작된다. 그 배 안에는 흰 옷을 입은 조선인들로 가득 차 있다. 그들은 북과 장구에 맞춰 민요를 부르고 있다. 최양일 감독은 재일한국인을 그릴 때 그들이 춤과 노래를 부르는 장면을 자주 넣는다. 〈달은 어디에 떠 있는가〉에서도 결혼식장에서 어깨춤을 추며 하나가 되어 노는 장면으로 시작된다. 푸르른 바다와 흰 옷의 콘트라스트(대조)가 이루는 색감은 희망적 정서를 풍기고 있다. 그 희망의 이미지는 배 안에서 조선인들이 북과 장구에 맞춰 부르는 흥겨운 민요와 어우러져 배가된다. 이 화면은 매우 상징적이다. 왜냐하면 조선땅을 등지고 새로운 삶을 찾아 일본으로 떠나는 그들에게는 불안과 희망이 교차했을 터인데 그 두 가지 심정 중에서 '희망'을 표면에 드러낸 것은, 이후 일본땅에서 그들이 맛볼 '절망'이라는 이면이 함수관계에 있다는 것을 말하고자 했기 때문이다.

오사카로 향하는 배와 희망에 찬 김준평

재일한국인(조선시대에 건너간 사람들은 '재일조선인'이라고 해야 옳으나 본고에서는 편의상 '재일한국인'으로 통일한다)들이 일본으로 건너간 것은 일본이 한국을 강제로 합병한 1910년 전후이다. 한일합병 전해인 1909년에는 불과 수 백 명의 조선인이 일본에 거주하고 있었고 그 중 대부분은 유학생이었다. 따라서 재일한국인 형성사는 통상적으로 일본이 조선을 본격적으로 식민지화한 1910년을 기점으로 보고 있다. 도항의 시기와 성격에 따라 크게 다음과 같이 나눌 수 있다.

(1) 제1기(1910~1920)

1910년대부터 시작된 일본의 토지조사 사업(1910~1918)으로 대부분의 토지가 동양척식주식회사와 일본인, 그리고 지주에게 넘어감으로써 농민은 더더욱 영세화 되었고 이러한 농민들은 일본으로 도항하게 된다. 그 수는 수천 명에 달했다고 한다.

(2) 제2기(1920~1930)

제1차 세계대전 중 계속해서 호황을 누렸던 일본경제는 1920년부터 불황에 직면하여 무역 수지가 악화되었다. 그러나 일본경제의 불황에도 불구하고 재일한국인의 수는 계속 증가하여 1930년대에는 30만 명에 달했다고 한다. 일본은 만성적 불경기로 실업자 수가 계속 증가하자 1925년 8월에는 일본 내무성에서 조선 총독부에 도항제한 요구를 하기까지 했다. 그럼에도 불구하고 도항자의 수는 계속 증가했는데 그 이유는 조선 농촌은 계속 피폐했기 때문이다.

김준평이 일본으로 건너간 시기는 1923년이므로 이 시기에 해당한다. 이때의 사람들이 그러했듯이 그 또한 조선땅에서의 빈곤을 버리고 풍요를 찾아 일본으로 향했던 것이다.

(3) 제3기(1930~1938)

세계경제공황은 일본에도 파급되어 일본은 심각한 실업난에 허덕이게 된다. 이러한 실업문제가 사회문제로 심각하게 대두되자 대륙침략으로 그 탈출구를 구하고자 하였다. 조선의 병참기지화 정책에 따라 조선에서는 중화학공업을 비롯한 공업화정책이 적극적으로 진행되었고 농촌으로부터 과잉인구를 흡수하여 노동자수도 급증했으나 재일한국인수는 1934년 50

만 명이었고, 1938년에는 약 80만 명에 이르렀다. 주로 경상도와 전라도에서 가는 사람들이 많았다.

(4) 강제 연행기(1938~1945)

만주사변에 이어 대륙침략을 계속해 온 일본은 마침내 1937년 중일 전쟁을 시작하게 되었고 전선이 점점 확대됨에 따른 병력과 일본 본토의 전시산업을 지탱할 노동력을 확보할 필요가 더욱 커지게 되었다. 이에 따라 일본은 인적 자원이 풍부한 조선을 주목하게 되었고 자유로운 모집이 아닌 강제적인 방법을 선택하게 되었다.

1939년부터 1945년까지 강제적인 방법으로 많은 사람들이 일본으로 끌려갔는데 그 수는 약 72만 명이었다고 한다. 주로 탄광지대인 후쿠오카, 야마구치, 홋카이도로 끌려갔고 이때 연행된 조선인 노동자는 주로 노동력 부족이 심각하고 전쟁 수행을 위해 반드시 필요한 석탄광산, 금속광산, 토목공사 부문에 배치되었다.

(5) 귀환 잔재기(1945~)

1945년 8월 15일 해방이 되었을 때 일본에 남은 조선인 수는 2백 30여만 명이었다. 해방이 되자 이들은 서둘러 귀국을 시도했다.

한편 일단 귀국했다가 다시 일본으로 밀항하는 자들이 있었는데 이들은 본국의 실정을 알려온 사람들이었다. 그리고 이들로부터 고국의 경제난과 한국전쟁으로 인한 폐허 등, 고국 사정이 전해지자 귀국을 단념하는 사람들이 늘어나게 되었다. 1946년 3월 이후에도 계속 귀국하는 사람이 있었으나 기본적으로는 1946년 말에 끝났다고 할 수 있다. 약 60만 명에 이르는 조선인이 그대로 일본에 남아서 살게 되었는데 이들이 오늘날의 재일한국인이라고 불리는 동포사회를 이루게 된 시점인 것이다.

3) 오사카라는 곳 : 재일한국인들의 정착지

일본으로 도항한 사람들은 지리적 조건 때문에 남부 조선에 집중되었

다. 1923년에 경상남도, 제주도를 포함
한 전라남도, 경상북도 3개도에서 일본
으로 도항한 인원은 전체 인원 중에서
79.8%를 차지한다. 1938년에는 재일한국
인의 수가 10배 정도로 증가했으나 남부
조선 지역의 집중도는 81.2%를 차지했다
고 한다.

김준평이 터를 잡았던 오사카

　조선인들의 정착지는 주로 도쿄, 오사
카, 교토, 나고야, 고베, 요코하마, 후쿠
오카처럼 대도시를 낀 지역에 집중되었다. 특히 오사카가 인기가 높았다.
왜냐하면 오사카의 기업주는 일본전체의 경제 공황이나 실업자문제가 발
생하고 있는 상황 속에서도 값싼 조선인 노동자가 필요했고 또한 국내에
서 생존기반을 잃었거나 가계보충을 원했던 농민은 대규모 노동시장이 필
요했기 때문이다. 이러한 배경으로 인해 조선인들은 일본당국의 저지 방
침에도 불구하고 일본에서 가장 많은 일자리를 보유하던 오사카로 집중
하게 되었던 것이다.

　오사카에서도 이쿠노(生野)는 재일동포 밀집지역으로 유명하다. 1920년
대 당시 인구 20여만 명 가운데 조선인은 4만 명이 넘었다. 이유는 일본
정부가 히라노강 개척공사에 조선인 노무자를 끌어 들였고, 그곳에 한국
인들이 정착하면서 조선촌을 형성했기 때문이다. 영화에서 제주도인 김준
평이 오사카에, 그것도 이쿠노에 정착한 것은 이러한 역사적 사실과 일치
한다.

　이들 조선인들이 조선촌을 형성하고 살게 된 이유는 첫째 일본인 거주
지역에서는 주택을 얻을 수 없었고, 둘째 조선인들의 대다수가 일본어에
능숙하지 못했으며, 셋째 대부분이 자유노동자였기에 밀집해 사는 편이
취업에 좋았고, 넷째 조선인들의 수입으로는 일본인 거주지역에서 생활할
수가 없었기 때문이다. 이는 모두 저임금과 격심한 민족차별 속에서 생계
를 유지해 나가기 위한 방편이었다.

　이쿠노에는 현재 '이카이노(猪飼野) 코리안타운'이라는 곳이 있다. 이카

이노는 JR환장선 쓰루하시(鶴橋)역이나 모모다니(桃谷)역에서 도보 15분 거리에 있었던 동네로 지금은 사라진 지명이다. 하지만 그곳은 재일한국인이 모여 살았던 중심지이자 거리였고 아직도 그곳에 가면 불고기와 한복, 김치를 파는 '조선시장'이 있다. 이곳을 중심으로 재일한국인들은 고국의 문화와 세시풍습을 보존 향유하고 있다.

4) 김준평과 그 다음 세대 : 재일한국인의 세대

식민지시대 일본으로 자발적 내지는 강제적으로 도항한 사람들이 형성하게 된 재일한국인은 현재까지 100여 년간 제1, 2, 3, 4세대를 이루게 되었고 그 동안 이들은 일본사회와 단절 혹은 연동하면서 자신들의 정체성을 확립해 나아간다. 그들의 자기찾기 혹은 자기확립을 위한 태도는 성향과 세대에 따라 크게 조국지향·공생지향·개인지향·귀화지향·동포지향으로 분류될 수 있다.

'조국지향'은 조국의 발전과 조국통일에 기여하려는 의지가 강하기 때문에 일본에 동화하려 하지 않고 재일한국인 사회를 지속시키려는 사람들에게서 흔히 볼 수 있다. 제1세대들에게서 많이 보이는 경향이다.

김준평은 제1세대인데 '인간' 김준평에 초점이 맞추어져 있기 때문에 조국이나 일본인들과의 관계는 전혀 묘사되어 있지 않다. 물론 일본 여자를 끌어 들이기는 하지만 말이다. 조국은 그렇다 치더라도 영화에서 사업상에 있어서 일본인과의 관계가 묘사되지 않은 것은 그가 얼마나 일본사회에서 고립되어 있는가를 역으로 읽을 수 있는 부분이다. 그리고 어느 날 갑자기 김준평 집으로 쳐들어 온 아들 다케시 또한 제1세대에 속하는 인물이다. 그는 스스로 김준평이 제주도에서 어느 여염집 여자를 건드려서 낳게 된 아들이라고 자처했다. 몸에 새겨진 문신으로 보아 폭력배(야쿠자) 노릇을 한 것으로 보인다. 그 또한 불우한 죽음을 맞이하는데, 영화처럼 제1세대 재일한국인들은 경제 기반 다지기가 힘들어 도시의 노동자나 야쿠자처럼 일본사회의 하층에 머무는 경우가 많았다.

'공생지향형'은 일본사회에서의 차별을 없애고 사회를 변혁시키면서 문제를 해결해 공생적인 관계를 이끌어 내려는 사람들로 제2세대에서 엿보인다. 영화에서 제2세대는 김준평의 아들과 딸인데 그들의 존재는 주로 아버지인 김준평을 중심축으로 이루어지기 때문에 일본사회와의 공생지향은 읽을 수 없다.

다음의 '개인지향형'은 개인주의에 입각해서 민족과 이데올로기보다는 개인적인 문제에 관심을 갖고 있는 타입이다. 일류대학에 들어가거나 유학을 다녀와 외국계 기업이나 일본의 일류 기업에 취직하려는 젊은 세대에서 많이 보인다. 그러기 위해서 철저히 자기관리를 하며 자신의 능력배양에 힘쓴다. 주로 제3세대이다.

'귀화지향형'은 일본인이 되어야만 차별을 받지 않고 살아 갈 수 있다고 생각해서 귀화를 하는 사람들로, 세대 간의 추이와는 상관없이 북한이나 한국에 대해 일본인이 갖는 부정적인 이미지가 이들에게도 내화된 경우가 많다.

마지막으로 '동포지향형'은 자기와 같은 재일한국인의 권익옹호와 처우개선을 중시하는 타입이다. 이 타입에는 자신이 태어난 조국을 사랑하고 자신이 자란 일본에도 애착을 지닌다.

이상과 같은 타입에 해당되는 영화 속 등장인물은 거의 없다. 반복해서 말하자면 사회와의 관계성이 배제되어 있기 때문이다. 하지만 굳이 주인공의 타입을 위의 분류를 모방해서 재정의 한다면, '조국무시형'(제주출신인 김준평은 노년에 북조선으로 간다), '독생지향'(철저히 자신만이 살아남고자 한다), '동포학대지향'(어묵공장과 고리대금업을 하면서 친지를 철저히 괴롭힌다)이라고 할 수 있겠다.

5) 일본인 이름을 쓰는 아이들 : 본명과 통명

이 영화에서 부모세대들은 김준평(金俊平), 이영희(李英姬)처럼 조선식 이름을 쓰지만 아이들은 '김 마사오'(金正雄)나 '김 하나코'(金花子)처럼 성은 조선식으로 이름은 일본식이름을 쓰고 있다. 현재 재일한국인들은 주로 아래와 같은 방식으로 이름을 사용하고 있다.

(1) 본명(本名)

조선식 이름을 뜻한다. 조선에서 건너 간 제1세대들은 주로 평생 본명을 썼다. 하지만 2, 3세대 중에도 재일한국인 중에는 본명을 쓰는 사람이 있다. 재일한국인 제2세로서 와세다대 법대를 졸업하고 일본 사법고시에 합격한 뒤 법정투쟁 끝에 1979년 일본의 첫 외국인 변호사가 된 고(故) 김경득 변호사는 대학시절 한국인으로서의 자신과 한국인으로서 떳떳하게 살 수 없는 일본사회와의 모순 사이에서 갈등을 했다. 그 후 일본의 차별정책과 투쟁하며 민족적 소양을 길렀다. 일본으로 귀화해야만 변호사가 될 수 있다는 일본의 회유를 물리치고 투쟁 끝에 당당히 한국이름을 쓰는 변호사가 되었다. 재일한국인 2세인 최양일 감독 또한 본명을 쓰고 있다. 다만 일본에서는 최양일의 일본식 발음인 '사이 요이치'로 불리우고 있다. 한국에서도 개봉된 〈캐산〉을 감독한 재일한국인 3세 영화감독인 이상일(李相日)도 기억할 만하다. 재일한국인 2세로 역경 끝에 도쿄대학 교수가 된 강상중(姜尙中) 교수 또한 일본식 이름을 버리고 한국식 이름 '강상중'을 쓰면서 재일한국인의 정체성 문제를 일본사회에 던지고 있다.

재일한국인3세 감독 이상일

(2) 통명(通名)

아예 성과 이름 자체를 일본식으로 바꾸는 경우도 있다. 이를 통명(通名)이라고 한다. 가령 본명은 '김 아무개'인데 재일한국인이라는 사실을 감추기 위해 '다나카 아무개'로 바꾸는 것을 말한다. 집에서는 본명으로 부르고 밖에서는 통명으로 부르는 경우가 많다. 아예 집에서도 통명으로 부르는 경우도 많다. 그래서 재일한국인 청소년들 중에는 16세가 되어 외국인등록을 할 때 비로소 자신이 한국국적을 가지고 있었다는 사실이나 본명과 통명의 두 가지 이름이 있다는 사실을 알게 되는 경우가 많다. 그때 자신의 현실과 정체성에 혼란을 느끼며 갈등을 겪게 된다. 부모들이 통명을 지어주는 이유는 자식에게만은 일본사회에서 재일한국인이기 때문에 받는 차별과 멸시의 상처를 남겨주지 않으려 했기 때문이다.

(3) 본명과 통명의 혼재

본명을 쓰되 이름은 일본식으로 한다든가, 통명을 쓰되 이름은 한국적인 것을 붙이는 경우이다. 전자의 예로서는 『재일이라는 근거(在日という根拠)』로 유명한 다케다 세이지(竹田靑嗣)를 들 수 있다. 본명은 강수차(姜修次)인데 이름 '수차'는 '슈지'로 읽히는 일본식 이름이다. 그는 문예평론과 철학평론을 하면서 다케다 세이지라는 필명을 사용하게 된다. 후자의 예로는 김준평의 아들 이름 '김 마사오'(金正雄)와 딸 '김 하나코'(金花子)를 들 수 있다. 그리고 어느 날 김준평의 집으로 찾아든 아들 '박 다케시'(朴武)도 그에 속한다. 이들 이름을 한글로 읽으면 '김정웅'이나 '김화자', '박무'가 된다. 그리고 김준평과 일본여자 사다코 사이에서 태어난 아들 이름은 '류이치'(龍一)이다. '용일'로 읽히는데, 이처럼 하나같이 한국적이면서도 일본적인 이름, 일본적이면서도 한국적인 이름들이다. 반대로 성은 일본식으로 하고 이름은 한국이름을 남겨두는 경우이다. 가령 '김 아무개'가 '다나카 아무개'로 되는 식으로 말이다.

6) 하나코의 첫사랑과 그 좌절 :
일본에서 조차 남북으로 나뉜 재일한국인들

이 영화에서 유일하게 재일한국인을 둘러 싼 정치적인 장면이 있다. 바로 하나코가 남몰래 좋아 했던, 아버지 공장에서 일하던 장찬명이 비합법적 조직인 '조국방위대'에서 활동했다는 이유로 체포당하는 부분이다. 그럼, 조국방위대는 어떠한 성격을 지닌 단체였을까.

재일한국인은 처음에는 일본국적을 받았다. 그러다 일본이 패전하자 다시 한국국적을 주었는데, 한국전쟁 후 남한과 북한 국적으로 갈리게 된다. 남한정부를 지지하던 사람들은 '민단'(재일조선거류민단)에 속하게 되었

조총련에서 경영하고 있는 조선학교 모습

고 북한의 정권을 지지하던 사람들은 '조총련'(재일한국인연맹)에 들어갔다. 민단은 민생안정과 교양향상, 국제친선을 목표로 활동을 했고 조총련은 돈벌기와 민족교육에 힘썼다.

이 두 단체의 노선은 민족의 위기라고 볼 수 있는 한국전쟁 때에도 갈라졌다. 민단은 자원군을 모집하고 조직하여 참전하였다. 반면에 조총련은 한국전쟁에 개입한 미국을 민족과 계급의 적으로 인식하고, 일본은 미국의 전쟁수행을 위한 후방기지가 되어 있다는 판단 아래 미국에 대한 적극적 실력투쟁을 전개했다.

특히 조총련은 통일과 조선민족해방의 기회가 찾아왔다며 공공연한 선전활동을 개시했으며, 남한 유격대 지원을 위한 모금활동을 전개하여 3천만 원의 목표를 내걸고 조직을 동원했다. 또한 북한 지지를 내건 대중동원 집회를 전국 각지에서 열고 민단계의 자원군 모집 방해공작을 전개하는 등, 구체적인 행동에 나서기 시작했다.

조직적인 행동을 위해서는 조직의 재정비가 필요했다. 이미 한국전쟁 발발 직전인 50년 6월 16일에 '재일조선민주민족전선'(民戰) 결성을 추진하기로 하고 준비에 들어갔는데, 이는 한국전쟁 발발이라는 돌발사태로 인해 뒤로 미루어지게 되었다. 그 대신 일본공산당 민족대책부의 조선인 공산주의자들이 중심이 되어 비합법적인 '조국방위위원회'를 조직하고, 7월에는 행동부대로서 '청년방위대' '조국방위대' 결성을 위한 준비에 들어갔다. 일본정부와 연합군 사령부(GHQ)는 이런 단체를 단속하고 경계하였다. 자세히 설명되지 않아 분명치는 않으나 장찬익이 소속된 것은 바로 이 '조국방위대'로 추측된다.

한 가지 부언 하자면 영화 마지막에서 김준평은 아들을 데리고 남한이 아닌 북한으로 떠나는 것으로 되어 있다. 그의 행로로 보아 그 또한 해방

후 '조총련' 쪽이었던 것으로 추측된다.

7) 하나코의 결혼 : 재일한국인들의 결혼 상대

첫사랑에 실패한 하나코는 사랑하지 않은 고신의와 결혼한다. 고신의
또한 재일한국인이다. 하나코처럼 재일한국인들은 일본인과 결혼할 수가
없었다. 재일한국인끼리 결혼하는 것이 가장 자연스러운 선택이었는데 그
또한 용이하지 않다고 한다.

첫째, 앞서 말했듯이 조국분단과 함께 재일한국인 사회도 민단과 조총
련으로 나뉘었고 이 분리는 개인의 결혼문제로도 직결되었다. 민단 사람
은 민단 사람끼리, 조총련은 조총련 사람끼리만 결혼했다.

둘째, 일본인과는 이루어지기 어렵기 때문에 같은 재일한국인을 찾아
야 하는데 그것도 쉽지 않다. 적령기에 도달하여도 재일한국인끼리의 교
제가 거의 없고, 피차가 통명과 일본어를 쓰기 때문에 서로가 한국인임을
알지 못하기 때문이다.

셋째, 일본인들과는 달리 근친혼을 꺼리기 때문에 결혼상대의 범위가
더욱 좁아지기 때문이다.

하물며 일본인과의 연애나 결혼은 더욱 더 힘
들다. 이러한 상황은 한국의 스타맥스와 일본의
도에이 영화사의 합작 영화인 〈GO〉(2001)에서도
코믹하게 그려지고 있다. 통명이 스기하라인 재
일한국인 청년 이정호는 일본인 여자 사쿠라이
나오미에게 반한다. 드디어 사쿠라이와 첫 키스
를 하게 되는데 그 순간 정호의 머리 속에는 자
신이 재일한국인이라는 생각이 스친다. 그리고
그녀와 드디어 첫 섹스를 하려는 찰나에도 자신
의 신분 문제가 떠올랐고 차라리 말해버리는 것
이 낫다 싶어 고백해 버린다. 고백을 들은 여자
가 움찔거리며 몸이 경직되는 장면은 재일한국인

재일한국인 청년의 정체성문제를 코믹하게 다룬
유키사다 이사오 감독의 〈GO〉

과 일본인의 사이에 존재하는 벽을 극명히 보여주고도 남는다. 예상치 못한 정호의 말에 그녀는 충격을 받아 정호를 거부하고, 정호는 그냥 그 자리를 떠버린다. 시종 코믹 터치로 그려나가 웃음을 주는 장면이지만 엄연한 현실을 생각하면 쓴웃음을 자아내는 장면이기도 하다.

또한 재일한국인 작가인 강신자(姜信子)는 에세이 『지극히 평범한 재일한국인(ごく普通の在日韓国人)』(아사히문고, 1990)에서 재일한국인 여자로서 일본인 남편을 만나 결혼하기까지 그녀가 겪은 고생과 문화의 벽을 상세히 소개하고 있다.

8) 김준평의 후대들의 현재 : 재일한국인의 법적지위

영화는 김준평이 일본땅을 떠나는 것으로 끝나지만 그의 후손들은 현재까지도 살아있다. 김준평과 이영희 사이에서 태어난 아들 마사오, 즉 이 영화의 원작자인 양석일이다. 그를 비롯해 김준평의 후손들의 삶은 또 어떠했을까. 양석일의 삶이 그러했듯이 그들의 인생은 어둡고 힘든 것이었다. 그들이 아무리 애를 써도 법적인 지위 자체가 낮았기 때문이다.

1910년 8월 29일 일본에 강제합병으로 인하여 해외 거주지를 포함한 모든 조선인은 일단 대외적으로 일본신민(日本臣民)이 되었다. 하지만 전체 조선인의 법적 지위는 일본인과 구별되는 것이었다. 해방 후의 연합군 점령기에도 일본의 치안확보에만 우선적 관심을 갖고 있던 점령군 당국은 재일한국인을 일본과 충돌할지 모르는 말썽의 소지로서만 인식해 통제하려고만 했다.

샌프란시스코조약 이후 대일 평화조약이 서명되어 조만간 일본의 주권 회복이 예정되자 한일 양국은 재일한국인의 법적 지위 문제는 물론 국교재개를 포함한 모든 현안에 대해 전반적으로 협의할 필요성이 있었다. 1951년 10월 30일, 1차 회담에서는 국적 확인문제, 영주권 부여문제, 처우문제, 재산 반출 및 송금 문제 등 조약안을 작성했지만 2,3,4차 회담에서는 강제퇴거 문제와 북송문제 등으로 결렬되었다. 그러다 1965년 한일회담으로 재일한국인의 법적지위와 대우에 관한 협정이 타결되어 약간의 호전이 있었다.

이후 재일한국인의 처우개선문제는 새 정부가 들어설 때마다 한일 협상의 조건으로 내세워졌지만 여전히 취업이나 대학진학, 사회보장, 참정권 등에서 불이익을 당하고 있다.

9) 그들의 미래 : 일본의 정책

재일한국인들의 낮은 법적 지위는 일본 정부의 태도와 깊은 관계가 있다. 사회학자인 심슨과 잉거는 한 사회의 마이너리티에 대한 주요한 정책으로서 다음의 6가지 타입을 들고 있다.

⑴ **동화정책** : 마이너리티의 고유한 문화나 언어 습관을 억압하여 사회로 통합시키는 정책
⑵ **다원주의 정책** : 마이너리티의 정체를 인정하고 차이를 인정하는 정책
⑶ **보호정책** : 다원주의의 일환으로서 마이너리티에게도 평등한 권리를 주는 정책
⑷ **이송정책** : 모국으로 송환하거나 거류지를 폐쇄하는 정책
⑸ **복종정책** : 내쫓는 정책 대신 굴욕적인 지위에 놓아 억압과 착취의 대상으로 삼는 정책
⑹ **절멸정책** : 대립이 격화되어 모두 말살시키는 정책

이 가운데 일본의 재일한국인에 대한 정책은 동화정책에 가까웠다. 일본정부의 재일한국인에 대한 우호적인 정책이 그들의 미래를 좌우할 것이다. 그러나 그와 더불어 남한정부와 북한이 일본과 어떠한 국제적, 외교적 관계를 갖는가 또한 중요하다 할 수 있다.

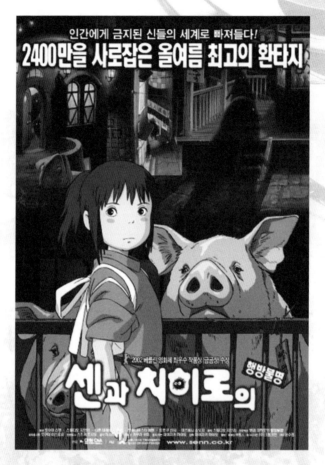

원제 : 千と千尋の神隠し
감독 : 미야자키 하야오
주연 : (성우) 히이라기 루미, 이리노 미유
제작사 : 스튜디오 지브리
상영시간 : 124분
장르 : 애니메이션(어드벤처, 판타지)
제작년도 : 2001년
개봉일 : 2002년 6월 28일
등급 : 전체

제3장

'온천'과 '목욕'을 둘러싼
심상풍경

제1절 〈센과 치히로의 행방불명〉과 미야자키 하야오

1 〈센과 치히로의 행방불명〉이 한국에 들어오기까지

공식적으로 한국에 일본의 애니메이션이 처음으로 들어 온 것은 1967년 TV를 통해서이다. 그 후 1970년대부터는 수입비디오도 유통되게 되었는데 극장용 애니메이션이 상영되게 된 것은 그리 오래전의 일이 아니다. 일본의 식민지로부터 해방된 1945년 이후 50여 년간 일본의 대중문화는 한국에 들어오거나 공개될 수가 없었다. 그러다 김대중 정권 때인 1998년부터 대중문화개방이 이루어졌고 이것을 계기로 일본영화와 애니메이션도 한국에 상륙하게 되었던 것이다. 모든 것이 일시에 이루어진 것은 아니며 다음과 같이 3차에 걸쳐 점진적으로 이루어졌다.

1) 제1차 개방

제1차 개방은 1998년 10월부터 이루어졌는데 '한일공동제 영화' '한국 배우가 출연한 일본영화' 그리고 '세계4대영화제(칸느, 베를린, 베니스, 아카데미) 수상작'만이 인정되었다. 기타노 다케시 감독의 〈HA NA-BI〉, 구로사와 아키라 감독의 〈가게무샤〉, 이마무라 쇼헤이 감독의 〈우나기〉, 그리고 한일공동제 영화인 박철수 감독의 〈가족시네마〉가 그것들이다.

〈러브 레터〉

2) 제2차 개방

제2차 개방은 1999년 9월부터 시행되었는데 한국의 문화관광부는 개방대상 영화를 '공인된 국제영화제 수상작'과 '연령제한이 없는 전체 관람가'로 확대했다. 이 기준에 의해 한국에서 상영가능하게 된 영화는 제1차 개방 범위에 속한 〈나라야마부시코〉를 비롯해 〈러브레터〉, 〈링〉, 〈소나티네〉, 〈철도원〉, 〈그림 속 나의 마을〉, 〈사무라이픽션〉, 〈감각의 제국〉, 〈엑기〉, 〈4월 이야기〉, 〈쌍생아〉, 〈쉘 위 댄스?〉 그리고 한일합작 애니메이션인 〈건드레스〉 등이었다.

3) 제3차 개방

제3차 개방 발표가 있었던 것은 2000년 6월 27일로서, 제2차 개방이 발표된 지 불과 수개월 후의 일이다. 제한이 대폭 완화되어 '18세 미만 관람불가'를 제외한 모든 일본영화가 한국에서 상영될 수 있게 되었다. 극장용 애니메이션도 국제영화제 수상작이라면 상영이 가능해져 약 30편의 애니메이션이 한국의 영화관에서 볼 수 있게 되었는데 〈센과 치히로의 행방불명〉(이하 〈센과 치히로〉)이 한국에 상륙한 것은 바로 제3차 개방이 있었기 때문이다.

2 〈센과 치히로의 행방불명〉의 성공

일본영화는 1998년부터 〈센과 치히로〉가 상영된 2002년까지 총65편이 개봉되었다. 실사 57편, 애니메이션 8편인데 흥행은 비교적 저조한 편이었다. 우선 실사의 경우 〈러브레터〉, 〈쉘 위 댄스?〉, 〈춤추는 대수사선〉처럼 서울에서 30만 관객을 동원한 작품도 있지만 그 외 대부분은 실패했다고 해도 과언이 아니다. 해외 영화제 수상작도 '일본 에로티시즘의 정수'라는 선전문구와 함께 개봉된 오시마 나기사 감독의 작품도, 일본에서는 사회적으로 반향을 불러 일으켰던 〈링〉을 비롯한 나카타 히데오(中田秀夫) 감독의 호러 영화도 그다지 주목받지 못했다.

애니메이션의 경우도 실사영화와 별반 차이가 없었다. 〈센과 치히로〉를 제외하면 〈무사 쥬베이〉, 〈인랑〉, 〈포켓몬스터〉, 〈바람계곡의 나우시카〉, 〈이웃집 토토로〉, 〈공각기동대〉도 관객동원에는 실패했다. 명작들임에도 불구하고 사람들이 극장으로 몰리지 않은 것은 불법 비디오나 인터넷을 통해 이미 본 사람이 많았기 때문이다.

〈인랑〉

그런데 〈센과 치히로〉는 서울에서만 관객 200만 명을 동원하는 커다란 성과가 있었다. 그 비결은 배급사가 시장전략을 잘 세웠기 때문이다. 우선 불법복제 비디오가 온라인과 오프라인에서 유통되지 않도록 애를 썼다. 그리고 전용 홈페이지는 물론 치히로 가족이 탔던 아우디 시승 이벤트를 실시하는 기획도 겸했는데 운 좋게도 상영과 동시에 〈센과 치히로〉가 베를린영화제에서 그랑프리를 수상하게 되어 세인의 관심을 모을 수 있었다.

게다가 〈센과 치히로〉는 그야말로 작품성에 있어서도 참신한 세계를 구축하고 있었기 때문이다. 한국에서 일본애니메이션이 처음으로 공개된 것은 1967년의 〈황금박쥐〉였고, 그 후 〈아톰〉, 〈밀림의 왕자 레오〉, 〈사파이어 왕자〉, 〈마징가 Z〉, 〈타이거 마스크〉, 〈독수리5형제〉, 〈들장미 소녀 캔디〉, 〈베르사이유의 장미〉, 〈미래소년 코난〉, 〈플란더스의 개〉, 〈요술공주 세리〉, 〈알프스 소녀 하이디〉, 〈은하철도 999〉, 〈엄마찾아 3만리〉, 〈드래곤볼〉, 〈호빵맨〉, 〈짱구는 못말려〉 등 TV매체를 통해서이다. 이들 애니메이션을 보면서 한국인들은 일본애니메이션이 다소 선정적이기는 하나 감도 높은 채색, 세밀한 배경묘사, 치밀한 구성, 창조적인 캐릭터, 다양한 소재, 긴박감 넘치는 액션, 기상천외한 상황설정, 풍부한 외계(外界) 묘사가 응축되어 있는, 일본을 대표하는 영상문화로 인식해왔던 것이다. 이러한 인식을 더욱더 확고히 한 것이 대중문화 개방 이후 극장에서 상영된 〈바람계곡의 나우시카〉, 〈이웃집 토토로〉, 〈포켓몬스터〉, 〈공각기동대〉 등이며, 쐐기를 박은 것이 바로 미야자키 하야오의 〈센과 치히로〉였던 것이다.

③ 미야자키 하야오

이러한 성공의 뒤에는 미야자키 하야오라는 사람이 있다. 미야자키 하야오는 일본뿐만 아니라 전 세계적으로 재능을 인정받은 애니메이션 작가 겸 감독이다. 위에서도 언급이 있었던 〈바람계곡의 나우시카〉(1982), 〈천공의 성 라퓨타〉(1985), 〈이웃집 토토로〉(1988)나 〈붉은 돼지〉(1991), 〈마녀의 특급배달〉(1998), 〈원령공주〉(1997) 등이 바로 그의 작품이다.

일본에서는 그를 애니메이션계의 '대부', '거장', '미더스 손'라고 하는데 그도 그럴 것이 그가 제작 감독한 작품은 모두 흥행에 대성공을 거두기 때문이다. 〈천공의 성 라퓨타〉처럼 개봉당시 80만 명이 몰렸던

일본애니메이션계의 대부, 미야자키 하야오

것을 필두로 발표하는 작품마다 흥행기록을 세웠다. 구상기간 16년, 제작기간 3년, 제작비 20억 엔을 들인 〈원령공주〉는 일본에서 1천4백만 명이 관람했고 〈센과 치히로〉는 2천4백만 명을 동원했다. 그가 소속해 있는 '지브리 스튜디오'의 '지브리'란 '사하라사막에 부는 모래태풍'을 뜻한다고 한다. 애니메이션계에 태풍을 일으키자는 의미에서 붙인 회사이름대로 일본애니메이션계에서는 태풍과도 같은 존재임에는 틀림없다.

'지브리 스튜디오'에서 제작한 작품 중에서도 미야자키 하야오 감독이 제작한 것을 따로 '미야자키 아니메'라고 하는데, '미야자키 아니메'가 성공한 이유를 찾기 위해 현재 일본국내에서도 많은 연구가 이루어지고 있다. 현재 말해지고 있는 것은 '미야자키 아니메'에는 꿈과 희망의 메시지가 있다는 점, 자연과 인류의 공존을 추구한다는 점, 인간의 그릇된 문명과 문화에 대한 각성을 촉구한다는 점 등이다. 이와 더불어 기술적인 성과가 한몫한다는 점 또한 빼놓을 수 없는 사실이다.

'미야자키 아니메'의 기술은 뭐니 뭐니 해도 약동감 넘치는 화면에 있다. 디즈니를 비롯해 미국에서 제작되는 애니메이션은 실제 인간에게 연기를 시킨 뒤, 그 인간의 움직임을 배우에게 연기를 시킨 다음, 그 움직임을 한 코마 한 코마 분석해서 화면을 완성시키는 '라이브 액션'(live action)이 대부분이다. 이 기법은 모든 움직임을 그대로 옮겨 그려 인간의 움직임과 똑같이 보여야 한다는 디즈니 정신의 산물이다. 하지만 '라이브 액션'을 사용할 경우, 군더더기 움직임이 많고 또 그것을 그대로 그림으로 옮겼을 때 애니메이션 특유의 매끈함이 없어진다는 난점이 있다. 물론 리듬감 있는 움직임은 보는 이로 하여금 즐거움을 주기도 하지만 분위기가 무르익는 장면의 경우 '과장된 움직임'은 오히려 분위기를 깨기도 한다. 게다가 디즈니 애니메이션은 작품을 지나치게 희화화 하는 경우가 많고 내용과 소재도 국한적이다. 단적으로 〈미키마우스〉가 상징하듯이 '의인화된 동물'(anthropomorphized animals)이 그리는 세계는 하나같이 '선악의 대립'과 '해피엔딩', '영웅모험담' 일색이다.

그런데 '미야자키 아니메'의 경우에는 '라이브 액션' 기법 대신 눈으로 관찰한 사물의 움직임을 그대로 그리는 독자적인 방법을 씀으로써 아메리

반공교육을 테마로 한 김청기 감독의
〈간첩잡는 똘이 장군〉

카의 애니메이션이나 실사와는 다른, 자연스럽고도 매끄러운 움직임을 만들어냈다. 다른 말로 표현하자면 실질적인 리얼리티나 약동성보다는 애니메이션 특유의 질감을 살린 움직임을 우선시했다고 말할 수 있을 것이다. 그렇게 해서 만들어진 완성도 높은 부드러운 화면은 CG가 사용되는 장면에서 더욱 더 빛을 발한다. 미야자키는 전통적인 '셀·애니메이션' 기법만으로 자신이 원하는 모든 장면을 표현하고자 했지만 〈센과 치히로〉에서는 그 노선을 바꾸어 여러 장면을 CG로 표현했다. 치히로가 기차를 타고 여행을 떠나면서 창밖을 쳐다볼 때의 바깥 풍경은 전형적인 3D애니메이션을 연상시킬 정도로 자연스러웠고, 창공에 구름이 흘러가는 장면이나 온천장의 현란한 야경은 붓의 터치만으로는 표현해내기 힘든 약동감을 느끼게 한다.

그리고 극도의 클로즈업(extream close-up)이나 풀샷(extream full-shot)의 절묘한 조화, 인물들의 부드러운 얼굴선, 캐릭터에 대한 세밀한 감정묘사도 특징 중의 하나이다.

그 밖에 애니메이션이라는 장르의 필수조건인 '환상의 세계'를 유감없이 제공한다는 점이다. 개인의 행동이 사회제도에 구속되어져 있는 현대의 관객은 현실의 일상에서는 결코 꿈꿀 수 없는 환상의 세계를 동경하기 마련이다.

여기에서 잠깐 한국의 애니메이션과 비교해 보기로 하자.

초기의 한국 애니메이션은 고전소설을 소재로 한 권선징악적인 작품, 예를 들면 한국최초의 극장용 애니메이션인 〈홍길동〉(1967)이나 〈흥부와 놀부〉(1967), 일본작품에 대한 대항의식에서 만들게 된 〈로보트 태권V〉(1976), 반공교육을 테마로 한 〈간첩잡는 똘이장군〉(1979)처럼 창조적이며 기발한 스토리보다는 민족적이며 내셔널리즘적인 이데올로기를 주제로 한 작품이 많았다. 2001년에 한국 애니메이션의 프라이드를 걸고 제작한 몽환적 판타지 〈마리이야기〉도 심혈을 기울이기는 했지만 여전히 내러티브가 빈약하다는 비판으로부터는 자유롭지 못하다.

그것에 비하면 '미야자키 아니메'는 흥미로운 캐릭터, 스피드감 넘치는 수준높은 카메라 워크, 그리고 꿈을 꾸는 듯한 거대한 환상의 세계를 충분히 만끽시켜 준다.

제2절 〈센과 치히로의 행방불명〉 읽기

1 〈센과 치히로〉의 줄거리

〈센과 치히로〉는 10살 정도 되는 치히로 가족이 이사를 하다 길을 잘못 들어서서 이상한 터널 안쪽으로 들어가게 되면서 사건이 벌어진다. 가족이 가게 된 곳은 일본의 전통가옥이 늘어서 있는 곳으로 사람 그림자라고는 눈을 씻고 보아도 없는 이상한 동네였다. 그런데 거기에서 치히로의 부모님이 돼지로 변하고 만다. 왜냐하면 배가 고픈 나머지 주인 없는 가게의 음식을 허락 없이 마구 먹어 치웠기 때문이다. 돼지로 변한 것은 이 마

가게 주인의
허락 없이
음식을 먹어대는
치히로의 부모

을의 지배자인 마법사 유바바가 신들을 위한 음식을 먹은 것을 괘씸히 여겨 주문을 걸었기 때문이었다. 유바바는 양친을 인간으로 되돌려달라는 치히로에게 조건을 건다. 조건은 두 가지, 치히로가 자신이 경영하는 온천장에서 일을 할 것, 그리고 이름을 '치히로'에서 '센'으로 바꾸는 것이었다. 하루 아침에 센으로 된 치히로는 매일 밤 찾아오는 신들을 목욕시키는 일을 열심히 해낸다. 그러다 그 온천장에서 하쿠라고 하는 소년을 만나 그의 도움으로 자신의 이름도 찾고, 부모님도 인간으로 되돌려 놓고 드디어 터널 밖으로 빠져 나온다는 대모험극이다.

이 모험극에서 이름을 빼앗긴다는 것과 배경이 온천이라는 점은 커다란 주제, 소재가 되고 있다.

2 이름을 빼앗긴다는 것

치히로는 돼지로 바뀐 부모님을 구하기 위해서 온천장으로 잠입한다. 가장 먼저 들어간 것은 지하에 있는 보일러실이었다. 거기서 일하는 할아버지로부터 이 바닥에서는 일을 하지 않으면 마법사 유바바가 동물로 바꿔 버린다는 얘기를 듣는다. 양친을 위해서, 또 자신을 위해서라도 동물로 변할 수는 없었던 치히로는 유바바에게로 찾아가 온천장에서 일하게 해달라고 애원한다. 치히로의 간곡함에 유바바는 하는 수 없이 계약서를 내밀면서 이름을 써 보라고 명령한다. 치히로가 '오기노 치히로'(荻野千尋)라고 쓰자 "흥, 오기노 치히로? 분에 넘치는 이름이군" 하며 치히로의 이름에 손을 갖다 댄다. 그러자 유바바의 손 안으로 치히로의 이름 중에서 성인 '오기노'(荻野)와 '히로'(尋)가 빨려 들어갔다.

그러더니 "지금부터 너의 이름은 센(千)이다"라고 명명한다. '센'은 하나 남은 '치'(千)를 음독하여 부른 이름이다. 〈센과 치히로〉는 마법의 세계에서 이름을 빼앗긴 채 '센'으로 살아가지 않으면 안 되게 된 치히로의 여정을 그리는 부분부터 본격화된다. 소년 소녀가 마법의 세계로 빠져들어가 모험을 하게 되는 〈오즈의 마법사〉, 〈이상한 나라의 앨리스〉, 〈해리포터〉

치히로에게서 이름을 빼앗는 유바바

시리즈에서도 주인공의 이름이 빼앗긴다는 설정은 없다. 따라서 우리들은 미야자키 하야오가 이러한 발상을 하게 된 배경을 생각해 볼 필요가 있을 것이다.

일본인은 원래 이름에 대한 의식이 희박하다. 아니 오히려 예전에는 실명으로 부르는 것을 기피하는 습관조차 있었다. 일본 국민 모두에게 성(姓)이 부여된 것은 메이지유신 이후, 근대국가로의 체제를 갖추기 위해서 호적법을 제정하기 시작하면서부터이다. 그런데 평민들은 성이 붙여졌다고 해서 그것을 자신의 아이덴티티를 나타내는 절대적인 것으로는 생각지 않았다. 보다 정확히 말하자면 평민 중에는 성을 필요로 하지 않은 사람들조차 있었다. 그리고 집착하지도 않았다. 그들이 중요시 여기는 것은 자신이 어느 집단에 소속해 있는가 하는 귀속감이다. 가령 결혼한 여자나 데릴사위가 결혼하면서 저항감 없이 성을 바꾸는 것만 봐도 잘 알 수 있는 사실이다.

따라서 〈센과 치히로〉에서 '치히로'가 '센'으로 되었다가 다시 '센'에서 '치히로'가 되는 것을 일본식으로 해석한다면 '인간세계'에서 '마법의 세계'로, 그리고 '마법의 세계'에서 '인간세계'로 '소속집단이 바뀐 것' 소속공간의 이동'을 의미한다.

치히로 ➡ 센 ➡ 치히로

인간세계 ➡ 마법세계 ➡ 인간세계

〈센과 치히로〉의 화면을 면밀하게 본 사람이라면 눈치 챘을 것이다. 다름이 아니라 터널 안에서의 치히로의 표정이다. 들어 갈 때도 엄마 팔에 매달려서 겁먹은 얼굴을 하고 있었던 치히로가 터널을 빠져 나올 때에도 똑같이 공포에 떨고 있는 것이다. 원래 치히로는 울보이고 연약한 소녀였다. 하지만 상식적으로 생각해 보았을 때, 그렇게까지 혹독한 모험을 경험한 후라면 조금은 굳건해지고 조금은 성장하기 마련이다. 그러나 치히로에게는 아무런 변화도 없는 것이다.

우리들은 알고 있다. 〈요술공주 세리〉, 〈세일러문〉, 〈밍키모모〉처럼, 이계(異界)를 왕래하는 주인공들은 가부키나 인형극 조루리에서 자주 보이는 '변신'이라는 콘셉트를 계승하여 화려하게 변신한다는 것을 말이다. 그렇다면 변신은커녕 일말의 변화도 없는 치히로는 변신의 계보를 잇지 않는, 손으로 꼽을 수 있는 일탈자 중 한 명일 것이다. 유바바에게 마술을 전수받아 화려한 마법사로 '변신'하는 일도, 강인한 소녀로 '변화'하는 일

화려하게 변신하는
세일러 문

도 없이 그저 한 순간 터널 저편으로 훌쩍 갔다 되돌아 온 '공간의 이동' 만이 있었을 뿐이다.

여하튼, 치히로가 '마법의 세계'에서 자신의 이름을 잊지 않도록, 빼앗기지 않도록 필사적으로 노력한 것은 영원히 '마법의 세계'에 머무르지 않고 자신이 원래 속해 있었던 곳으로 복귀하기 위함이었다. 요컨대 '치히로'가 '센'으로 바뀌어도 그다지 저항하지 않은 것, 이름을 그저 귀속공간의 이동의 표상만으로 사용한다는 미야자키의 발상은 지금까지 설명한 일본인의 이름과 성을 둘러싼 역사성과 위상, 의식의 자연적인 발로로 보인다.

만약 치히로가 한국 어린이였다면 자신의 이름이 빼앗겨졌을 때 상당히 저항했을 것이다. 그리고 유바바에게 계약서를 되돌려 받았을 때 자신의 이름이 제대로 돌아왔는지 확인하는 장면이 반드시 들어갔을 것이다. 왜냐하면 한국인에게 있어 이름은 생명과도 같은 것이기 때문이다.

성과 이름에 대해서 한국인은 수백 년간 지켜 온 윤리가 있다. 그것은 남계혈통을 중심으로 아버지의 성을 따르는 것(부계혈통), 죽어도 성을 바꾸지 않는 것(성불변), 동성동본끼리는 절대 결혼을 하지 않는 것(동성불혼), 양자를 얻어 올 때도 동성동본이 아니면 안 되는 것(이성불양), 여자가 시집을 가도 성을 바꾸지 않는 것(출가후불변성)이다. 물론 현재는 가족법에 큰 변화가 있어 부모님의 성을 나란히 쓰는 경우도 있고 동성동본의 결혼도 가능하게 되었다. 그러나 그럼에도 불구하고 한국인에게 있어 이름은 단순히 타자와 구별하기 위한 기호가 아니라 자신의 혈통의 계보와 존재의 근원을 나타내는 심벌이다. 따라서 성이나 이름을 빼앗는 행위는 바로 아이덴티티를 빼앗은 행위인 것이다.

'오기노 치히로'에서 성이 약탈당하고 이름까지 바뀐 것을 한국식으로 해석한다면 치히로는 유바바의 폭력과 권력 앞에서 자신의 혈통과 아이덴티티를 빼앗긴 것이 된다. 이름을 빼앗긴다는 것, 혹은 명명되어지는 것은 '사람을 분류하여 사회공간에 적당히 배치시켜 권력 밑에 두고 신하로 만드는 행위'이다. 치히로가 유바바로부터 이름을 다시 찾지 못한다면 오기노라는 인간으로서의 혈통을 빼앗긴 채 천애의 고아로서 쓸쓸히 살아가지 않으면 안 된다. 뿐만 아니라 '치히로'라는 이름은 '여러 가지 일에 호기심을 가지고 그것을 풀어간다'는 뜻인데, 그러한 호기심 많은 소녀라는 아이덴티티도 잃어버린 채 평생 돼지로서 살아가지 않으면 안 되는 것이 된다. 그것도 온천장의 하녀(신하)로서 유바바의 감시(권력작용)를 받으면서 말이다. 그러한 시각에서 본다면 〈센과 치히로〉는 치히로가 자신의 혈통과 아이덴티티를 되찾기 위해 유바바의 폭력적인 자장(磁場)으로부터 탈출하려는 일대 모험극이기도 하다.

문화와 역사가 얼마나 다른 발상과 해석을 낳을 수 있는지, 이름을 둘러싼 이러한 현상이 여실히 보여준다고 말할 수 있다.

3 온천장의 신들

일본 영화 안에서 온천장이나 목욕 샤워 장면은 자주 나오는 소재이다. 나루세 미키오(成瀬巳喜男) 감독은 온천을 좋아했다. 그의 영화에서는 '남녀밀회의 장'의 대명사가 되었다. 오즈 야스지로 감독의 영화에서도 자주 등장하는데 주로 심신의 피로를 풀어주고 여유를 되찾는 건전한 장으로 그려진다.

온천장을 찾는
여러 신들

영화뿐만 아니라 애니메이션, 더 나아가서는 저연령층 애니메이션에도 샤워 장면은 자주 등장한다. 일본 어린아이들 사이에서 인기가 높은 〈도라에몽〉에서 노비타는 시즈카짱이 목욕하는 걸 훔쳐보는 것을 인생 최대의 즐거움으로 여길 정도이다. 여기서의 목욕, 온천, 샤워는 일종의 '관음(観淫·観陰)=엿보기'의 대상이다.

하지만 〈센과 치히로〉는 온천장과 목욕을 '성적인 유희의 장'이나 '심신피로회복의 장'이나 '관음의 장'이 아니라 신들, 정령, 요괴가 찾아드는 '영적인 장'으로 그리고 있다. 상대의 환심을 사려고 자기의 물건을 흔쾌히 주지만 상대로부터 거절당하면 닥치는 대로 먹어치우는 '가오나시', 인간이 버린 쓰레기와 오물로 범벅이 된 구사레가미, 야간 페리에서 내려 유유히 온천장으로 향하는 가면을 쓴 가스가사마, 한국의 도깨비를 닮은 우시오니 등.

이처럼 온천장·목욕을 신들이 찾아드는 '영적인 장'으로 그리는 발상은 일본의 전통적인 문화코드를 이해하면 알기 쉽다. 그리고 한국의 경우와 비교해 보면 일본적인 요소가 보다 용이하게 떠오른다.

온천·목욕을 하는 목적은 보통 종교적인 의식(몸을 씻고 정결한 상태에서 신 앞에 나서는 일), 위생(청결·미용), 병치료, 피로회복 등이다. 한국에서도 불교가 국가종교였던 고대국가에서는 종교적 요소도 많았다. 그러다 불교 대신 유교를 국가종교로 삼은 조선시대에는 온천·목욕문화는 퇴색되어져 간다. 왜냐하면 불교적 의식을 억압한 양반들은 신체노출에 대해 거부반응을 보였기 때문이다. 양반은 혼자 목욕을 할 때에도 옷을 완전히 벗지 않고 부분 욕을 했다고 한다. 반면, 이데올로기로부터 비교적 자유로웠던 평민은 여름에는 개울가에서 겨울에는 물을 데워 곳간이나 부엌에서 몸을 씻었다.

조선시대의 풍속화가인 신윤복(1758 ~?)의 「단오풍정」을 한 번 보자.

신윤복의 「단오풍정」

거기에는 8명의 여인들이 나온다. 오른쪽 위의 여인은 목욕을 끝내고 머리를 틀면서 몸을 가다듬고 있는 중이고 가운데 여인은 그네를 뛰고 있다. 왼쪽 아래 여인들은 한참 몸을 씻고 있다. 그리고 오른쪽으로는 머리에 옷을 이고 오는 하녀로 보이는 여자도 있다. 그런데 이 그림에서 가장 볼 만한 요소는 역시 바위 뒤에 숨어서 여자들을 훔쳐보고 있는 중들일 것이다. 이 그림은 시대와 성속(聖俗)을 초월하여 인간의 내면에 존재하는 '관음'(엿보기)의 욕망을 잘 나타내고 있다.

이처럼 한국의 목욕은 종교, 위생, 치료, 피로 회복 등의 목적의 부분에서 역사와 신분에 따라 다양한 양상을 지니며 변용해 왔다.

그런데 한국영화에서는 이 중에서 특히 여성의 신체를 노출시키는 장, 남성의 호기심을 자극하는 식으로 단일화되어 에로틱한 장면 연출에 이용되는 경우가 많다. 예를 들면 김수형 감독의 〈산딸기〉시리즈처럼 한국의 토속적인 시골이 무대로 되어 있는 고전적인 에로영화에서는 신윤복의 그림을 그대로 옮긴 듯한 장면이 많다. 강이나 폭포 아래에서 몸을 씻고 있는 여자와 나무나 바위 뒤에서 이를 훔쳐보고 있는 남자의 눈길. 영화에서는 이 남자가 여자를 겁탈하는 것으로까지 확대되는데, 어쨌든 여기서 짚고 넘어갈 것은 한국인이 목욕하는 곳에는 신이나 요괴, 정령이 찾아오거나 혹은 와서 그들이 목욕하는 법은 우선 없다는 사실이다. 한국의 신이나 귀신 정령들이 찾는 곳은 주로 덤불, 동굴, 오래된 우물, 옛 성터, 낡은 절, 산기슭, 계곡, 부엌, 바위 틈새, 비녀, 빗 같은 곳이다.

〈센과 치히로〉에서처럼 온천장·목욕을 신이나 요괴, 정령이 찾아오거나 혹은 그들이 와서 목욕하는 '영적인 장'으로 일본인이 상상할 수 있는 원점에는 『겐테이 샤쿠쇼(元亨釈書)』나 『겐큐 어순례기(建久御巡礼記)』에 나오는 「고묘황후의 목욕 보시 설화(光明皇后の施浴説話)」가 존재한다.

나라시대의 세이무(聖武)천황의 비였던 고묘황후가 도다이지(東大寺)와 홋케지(法華寺)라는 절을 건립한 후에 스스로 자신의 공덕이 깊다며 자족하고 있었다. 그러자 하늘로부터 "아직 네 공덕이 부족하니 절에 큰 욕탕을 지은 뒤 귀천을 가리지 말고 천 명에 달하는 사람의 때를 밀어주어 목욕으로써 보시하여라"하는 소리가 들려 왔다. 황후는 천명대로 실천했는

고묘왕후의
목욕보시 설화 그림

데 드디어 천 명째 되는 사람이 나타났다. 그런데 이 사람은 온 몸이 고름
투성인 나병환자였다. 황후는 일말의 주저도 없이 환자의 고름을 직접 빨
아내고 몸을 깨끗이 씻어 주고는 절대로 이 사실을 아무에게도 알리지 말
라고 일렀다. 자신의 선행을 알리고 싶지 않았기 때문이다. 그러자 서광이
목욕탕 가득 비치는가 싶더니 환자가 벌떡 일어나 "나는 부처이니라. 황후
여. 너 또한 내가 여기서 목욕을 하고 갔다는 사실을 그 누구에게도 알리
지 말지어다" 하면서 하늘로 올라갔다는 설화이다.

황후의 신심을 시험해 보기 위해서 부처가 나병 환자로 변해 온천장·
목욕의 장으로 오는 것, 황후가 정성스럽게 나병환자에게 목욕의 보시를
베푼 것, 그래서 부처가 감동을 한다는 것, 그리고 부처님의 은덕으로 한
나라가 태평해졌다는 「고묘황후의 목욕보시 설화」는 중세시대에 다양한
버전으로 유포되어 회자된 유명한 이야기이다. 일본에서의 신과 온천장·
목욕의 결합은 바로 이러한 배경에서 생겨난 것이다.

흥미롭게도 〈센과 치히로〉에는 「고묘황후의 목욕보시 설화」를 패러디
한 것과 같은 장면이 있다. 그것은 모든 이들로부터 따돌림을 당하던 구
사레가미(쓰레기범벅인 신)를 센(치히로)이 정성을 다해 씻어 주는 장면이다.

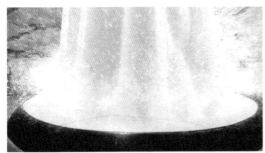

센의 치성에 강의 신이 만족한 웃음을 지으며
하늘로 오르고 있는 장면

몸에 붙어 있던 오물을 센이 깨끗이 닦아 주자 구사레가미가 자신은 강의 신이었다며 소리높여 웃으며 한줄기 빛을 내며 천정 위로 사라져 가는 부분은 「고묘황후의 목욕보시 설화」를 방불케 한다. 여기에서는 구사레가미=나병환자, 강의 신=부처의 등식이 훌륭히 성립된다. 또한 센의 정성에 감복한 강의 신이 둥근 알약을 건네주고 떠나는데, 이 약은 그 후 센의 후원자인 하쿠의 생명을 구하게 되는 특효약이 된다. 그 약 덕분에 되살아난 하쿠는 센이 부모를 인간으로 되돌릴 수 있는 데에 큰 힘이 되어준다. 목욕보시와 공덕, 그리고 구제라는 설정은 황후의 목욕보시 공덕에 감동한 부처님의 은덕으로 나라가 태평해졌다는 설화의 아날로지(유사)인 것이다.

이 외에도 온천장이 화려한 시설, 온갖 것으로 준비된 탕약탕, 〈폼포코 너구리 대작전〉을 연상시키는 연회, 풍부한 음식으로 둘러싸인 유흥의 장으로서 그려지고 있는 것은 에도시대 때부터 전해 내려오는 '위락시설'로서의 온천장의 모습을 그대로 재현한 것에 다름없다.

〈센과 치히로〉는 한 마디로 타국에는 없는 일본만의 온천장·목욕문화를 총체적으로 그리고 있다고 해도 과언이 아니다.

제3절 일본의 목욕과 온천의 역사

1 대중목욕탕의 역사

인생은 목욕에서 시작하여 목욕으로 끝난다고 해도 과언이 아니다. 왜 냐하면 태어났을 때 맨 먼저 받는 것이 목욕이며, 죽고 나서 육신이 맨 마지막으로 받는 의식 또한 몸을 닦는 염(殮)이기 때문이다. 목욕(沐浴)의 목 (沐)은 머리를 씻는 것이고, 욕(浴)은 전신을 씻는 것을 의미한다. 목욕의 동기나 목적은 종교상의 의식, 상처나 병의 치유, 보건 위생, 오락 등을 들 수 있는데 그 중에서 가장 중요했던 것은 동서양 모두 종교적인 동기에 의해서였다.

그리고 일본에서 목욕과 온천문화가 발달한 이유는,

(1) 여름은 습기가 많고 무더운 편이어서 자주 목욕을 할 수 밖에 없다 는 기후적인 측면

(2) 화산이 많아 온천이 발달된 지형적 측면

(3) 종교적 측면

이 있겠는데 종교적인 측면이 다른 나라와는 달리 중요하게 작용한다. 따라서 목욕과 온천의 역사를 종교적인 측면에 맞춰 살펴보기로 하자.

일본에서의 종교적 목욕은 '미소기'(禊ぎ)라는 의식에서도 잘 나타난다. 일종의 목욕재계인 '미소기'라는 말이 처음으로 나오는 것은 『고사기(古事記)』인데 이자나기 신이 황천국을 다녀온 후 몸에 묻은 더러움을 씻어내는 대목에서이다. 신화의 세계뿐만 아니라 고대 일본인들은 상가를 다녀오거나 혹은 병이나 재해를 당하고 나서는 반드시 몸을 씻는 '미소기'를 했다. 불교가 들어오면서 목욕은 더욱 더 성행하게 되었다.

일본 사람들이 물을 끓여서 몸을 씻게 된 것도 불교가 전래된 후의 문화이다. 대부분의 사원에는 온당(溫堂)이라고 하는 욕탕실이 있었는데 처음에는 불상을 닦는 데에 이용되었다. 그러다 점차 수행하러 온 불자들의 목욕재계 혹은 건강위생을 위해 사용되었다. 후에는 승의가 병자를 고칠 때 이 온당을 쓰기도 했는데 몸을 따뜻하게 하여 냉증도 없어질뿐더러

몸도 개운해져 회복이 빨랐다. 좋다는 소문이 퍼져 감당키 어려울 정도로 신자와 병자가 모여들자 경내에 대중용 욕탕을 짓게 되었다. 목욕보시를 받은 서민들은 고마운 마음의 표시로 돈 몇 푼을 불전에 올리고 합장예배 하였기에 공중목욕탕을 '돈 전(錢), 끓는 물 탕(湯)'자를 써서 '센토'(錢湯)라 부르게 된 것이다.

이후, 가마쿠라 무로마치시대에는 사원을 중심으로 한 목욕보시의 문화가 개인 가정으로 퍼지게 되면서 하나의 여가문화로 변화된다. 즉 손님을 초대하여 목욕을 하게 한 다음 차나 술을 마시며 연회를 즐겼다.

센토가 일반에게 퍼진 것은 에도시대이다. 우리가 보통 목욕하면 욕조에 몸을 담그고 때를 닦아내는 식을 연상하는데 에도시대의 목욕법은 지금의 사우나처럼 더운 증기로 가득한 욕실에 들어가 땀으로써 노폐물을 빼내는 방식이었다. 최근 한국의 찜질방 문화 즉, 더운 방에 들어가 땀을 흘린 뒤 먹고 마시고 노는 문화가 이미 일본에서는 수백 년 전에 있었다.

센토가 생긴 당초에는 혼욕이었다. 남탕과 여탕의 구별이 없었다. 그러다 풍기가 문란해지자 간세이개혁(寬政改革, 1791) 때 금지령이 떨어졌다. 처음에는 남탕과 여탕을 따로 만들거나 날짜별로 손님을 따로 들였지만 매상이 떨어지자 커다란 욕조를 반으로 나눠 가운데를 판자로 막는 센토가 생기게 되었다. 높이가 꽤 되어 서로 상대방의 탕을 볼 수는 없었지만 밑은 트여 있어 왕래하려면 충분히 할 수 있었기 때문에 남녀혼욕은 계속 이어졌다. 현재도 일본의 센토는 남탕과 여탕이 완전히 분리된 것이 아니라 칸막이벽의 위나 아래가 약간 트여 있어 소리가 다 들릴 정도인데 이것은 에도시대의 센토 실내구조의 연장선상에 있는 것으로 봐도 무방할 것이다.

남녀혼욕이다 보니 그야말로 천태만상의 손님이 들끓었다. 부부싸움을 한 부부가 와서 서로 때를 밀어 주다 화해하고 돌아가는 모습, 치한이 몰래 들어와 여자를 능욕하는 모습, 남자들이 가랑이를 벌리고 음모를 깎는 모습이 다반사였고 미혼 남녀를 연결시켜주는 중매장이까지 있었다. 알몸으로 선을 본 이상 더 볼 것이 없다고 생각해서인지 성혼률은 꽤 높았다고 한다. 업주도 손님의 요구에 따라 차를 팔거나 장기나 바둑을 두

머리 손질과
때를 밀어주고 있는
유나

게 하기도 했고 심한 곳에서는 윤락행위까지 눈감아 주는 곳이 있었다.

혼욕과 함께 에도시대의 센토문화를 대표하는 것 중의 하나가 바로 '유나'(湯女)라는 여자들이다. 유나의 기원은 앞서 말한 사원의 온당(溫堂)부터이다. 온당을 관리하던 여자를 가리켜 유나라고 했는데 센토가 생기고 나서도 그 주인을 유나라고 했다. 〈센과 치히로〉에서 목욕·온천장 주인을 유바바라고 한 것은 유나를 염두에 둔 명명이다.

내란이 많았던 중세에는 무사들이 센토를 자주 찾았는데 유나들은 때미는 일에서부터 머리 묶는 일, 그리고 옷을 챙겨주는 일까지 했다. 무사는 물론 남자 손님들로부터 대환영을 받게 되면서 유나는 센토에서는 없어서는 안 될 중요한 존재가 되었다. 그런데 목욕의 수발을 들던 유나가 점점 윤락행위까지 하게 되자 급기야 에도 막부에서는 센토당 3명으로 제한하는 등의 규제를 가했다.

메이지유신 이후 목욕문화에 근대화가 이루어져 1910년대 이후에는 벽을 타일로 붙이고 그 벽에 후지산을 그려 넣는 등, 분위기를 확 바꾼 개량식 센토가 등장하게 된다. 새롭게 탄생한 센토를 보고 사람들은 온천에 온 것 같다고 과대평가했다. 그래서 시내에 생긴 개량된 센토를 온천이라고 부르기도 했던 것이다. 현재에도 모양은 공중목욕탕인데 간판에 온천이라고 되어 있는 것을 가끔 볼 수 있는 것은 시설에 대한 자부심의 표현이라고도 볼 수 있다.

２ 온천의 역사

온천 또한 그 역사가 깊어 구석기시대의 것으로 추정되는 유적지가 많이 있다고 한다. 문헌상의 첫 출현은 나라시대의 『이즈모풍토기(出雲風土記)』인데 야마토 어느 지방에서 나오는 따뜻한 물에 두 어 번 들어갔더니 병이 나아 아예 그 물을 끌어다 탕을 만들었다는 내용으로 되어 있다. 일본인들은 온천지를 특별한 힘을 가진 영역으로 생각했다. 온천은 병을 고쳐줌과 동시에 독가스를 내뿜어 인간을 위험에 처하게 했기 때문이다. 그래서 일본인들은 온천지에서 '신'의 존재를 느끼는 것과 동시에 '지고쿠'(地獄)라고 말할 정도로 지옥의 이미지를 강하게 지니고 있었다.

일본의 대표적인 불교설화집 『곤자쿠모노가타리(今昔物語)』에는 온천이 얼마나 종교와 밀접한 관계에 있는가를 말해주는 설화가 산재해 있다.

유황이 끓어올라
지옥의 분위기를 내는
지고쿠 온천

옛날 어느 마을에 한 부인이 남편과 아들을 남기고 산에서 죽었다. 아들 타로는 죽은 엄마가 그리워 산으로 올라갔는데 마침 그곳을 지나가던 중을 만나게 되었다. 그 산에는 온천이 많이 있었는데 가장 펄펄 끓는 물 앞에 가서 법화경을 외우자 물이 더욱 더 거세게 끓어오르는가 싶더니 어디선가 "타로야, 타로야"하고 아들을 부르는 엄마 목소리가 들려왔다. 잘못 들었나 귀를 의심해 보아도 여전히 그 목소리가 들리는 것이었다. 그래서 두 사람은 바로 이 온천 웅덩이에 빠져 죽었구나 생각하고 온 정성을 다해 제를 올려 주었다는 이야기이다.

싯누런 연기와 함께 부글부글 끓어오르는 온천, 그것만으로도 무서운데 게다가 망자의 한 맺힌 목소리까지 들려온다면 그냥 무시할 수준의 것이 못 된다. 거기에는 말로 형용할 수 없는 초자연적인 힘이 있어 옛 사람들은 그 앞에서 왜소해지고 공포에 떨었고 더 나아가 경외까지 하게 된 것이다.

이러한 경외심은, '구가타치'(探湯, 盟神探湯)라는 풍습을 낳게 된다. 구가타치란 뜨거운 온천수에 손을 넣어 진위를 가리는 것을 말하는데, 가령 거짓말을 하면 손을 데이게 되고 아무렇지도 않으면 진실을 말한 것으로 간주하는 일종의 재판이다. 구가타치의 풍습은 이미 『일본서기(日本書紀)』에도 기재되어 있다. 오진(應神)천황 때의 일인데, 다케우치스쿠네(武內宿禰)가 칙명을 받아 지쿠시(筑紫)로 부임해 내려가 있을 때 아우인 가미우치스쿠네(甘美內宿禰)가 형이 모반을 꾀하고 있다고 진언을 하자 천황이 진위를 가리기 위해 구가타치를 시켰더니 아우의 손이 빨갛게 데이어 형이 이겼다는 이야기가 나온다. 또 인교(允恭)천황 때에는 고귀한 신분의 사람의 이름을 사칭하는 자들이 많아지자 이를 바로 잡기 위해 아예 구가타치 전문탕을 만들어 집중 단속했다고 한다. 이러한 풍습은 에도시대까지 이어졌다. 그리고 경외심은 곧 신앙심으로 이어져 온천 주위에는 신사가 세워지거나 마쓰리가 벌여지거나 했다.

온천이 신비로운 존재, 신의 영역에 속하는 것으로 간주된 만큼 터부도 생기게 되었다. 이시카와현의 와쿠라온천(和倉溫泉)에는 다음과 같은 설화가 전해져 내려오고 있다.

옛날에 한 어부 부부가 살았는데 어느 날 남편은 바다로 고기를 잡으러 나가고 아내는 온천물이 나오는 산자락으로 빨래를 갔다. 이 마을에서는 예로부터 온천물에서는 절대로 여자 옷은 빨지 못하게 되어 있었다. 만에 하나 그것을 어기면 곧바로 차가운 물로 바뀐다는 것이었다. 그런데 이 어부의 아내는 나 몰라라 하며 자신의 속곳을 덤벙 집어넣고 빨기 시작했다. 그러자 뿜어 나오던 뜨거웠던 물이 뚝 멈추고 말았다. 부정한 것을 빨았기 때문에 온천 옆에 모셔 두었던 신이 노했기 때문이었다. 동네 사람들로부터 호되게 질타를 받은 어부 부부는 매일 그곳을 찾아가 예전대로 다시 뜨거운 물이 나오게 해달라고 간곡히 빌었다. 신이 감동했는지 다시 뜨거운 온천물이 나오게 되었다고 한다.

터부시 된 것은, 부정한 것의 대표였던 여성의 생리, 그리고 여자의 속곳뿐만 아니라 온천물로 생기는 '유노하나'(湯の花)라는 침전물에까지 존재했다. 유황온천에서는 유황이, 석회온천에서는 석회의 '유노하나'가 분출구나 바위틈에 소금꽃 모양으로 침전되어 붙어 있는데 이를 떼어내거나 긁어내어서는 안 된다는 터부이다. 유노하나를 닦아 내면 산신이 노하여 날씨가 흉측해지고 대기가 냉해져 흉년이 된다고들 믿었던 것이다.

이러한 종교적 성격은 메이지시대부터 희박해진다. 도쿄 시내 여기저기에 온천이 등장하여 일대 붐이 되었다. 물론 원천(源泉)이 아니라 각지의 온천에서 끌어다 쓰는 인공온천이었다.

현재 일본의 온천지수는 2000여 군데가 훨씬 넘는다. 연간 숙박이용자만 해도 1억3천만 명이 넘는다고 하니 국민 모두가 온천을 즐긴다고 해도 과언이 아니다. 처음에는 목욕과는 달리 병을 고치는 탕치(湯治)의 이용이 많았다. 그러다 사용 인구가 늘자 숙박시설이 발달하게 되어 온천지를 형성하게 되었다. 아리마(有馬), 도고(道後), 이카호(伊香保) 등은 대표적인 온천지이다. 전후 고도성장과 함께 여행이 늘면서 대부분의 온천지가 환락가적인 숙박지로 변모하여 종교와는 먼 또 하나의 대중여행 문화를 낳았다. 〈센과 치히로〉에서 보이는 화려한 외관, 고급인테리어, 비싸 보이는 각종 탕, 어마어마한 수의 종업원, 질펀히 놀고 마시는 향연의 모습은 현재의 일본의 온천장의 문화를 응축시켜 놓은 것에 다름없다.

오늘날에는 고령화 시대, 웰빙시대를 맞이하여 건강에 관심이 높아지면서 온천은 더욱 더 각광을 받게 되었다. 최근에는 사람들에게 그다지 알려지지 않은 비밀스런 비탕(秘湯)을 찾거나 노천온천을 즐기는 일이 많아졌다.

원제 : リング リング2 リング0
감독 : 나카타 히데오(링, 링2), 쓰루타 노리오(링0)
주연 : 마쓰시마 나나코, 나카타니 미키, 사나다 히로유키
제작사 : 오메가 프로젝트(링), OZ프로덕트(링2), 도호(링0)
상영시간 : 95분(링), 90분(링2), 98분(링0)
장르 : 호러
제작년도 : 1992년(링), 1999년(링2), 2000년(링0)
개 봉 일 : 1999년 12월 11일(링), 2000년 7월 22일(링2), 2003년 4월 11일(링0)
등급 : 15~18세 이상

제1절 〈링〉시리즈 읽기

1 〈링〉시리즈의 전체 줄거리와 감독

스즈키 고지(鈴木光司)의 추리소설 3부작인 『링(リング)』(1991)과 『나선(ら
せん)』(1995), 그리고 완결판인 『루프(ループ)』(1998)를 원작으로 해서 만들
어진 영화 〈링〉시리즈는 〈링〉과 〈링2〉, 그리고 〈링0 버스데이〉라는 제목
으로 발표되었다. 〈링〉, 〈링2〉에서는 원념에 사로잡힌 여인 사다코의 저주
가 그려지며, 완결편인 〈링0〉에서는 모든 저주의 출발인 사다코의 청춘시
절이 나온다.

이 영화들은 두 사람의 감독에 의해 제작되었다. 〈링〉, 〈링2〉는 나카타
히데오(中田秀夫) 감독이, 〈링0〉는 쓰루타 노리오(鶴田法男) 감독이 맡았다.
두 사람의 이력을 살펴보면 다음과 같다.

1) 나카타 히데오(中田秀夫) 감독

1985년 닛카츠(日活)촬영소에 입사, 7년간 조감독
1992년 TV아사히에 〈유령이 사는 여관〉, 〈저주받은 인형〉, 〈사령의 폭

포〉 연출

1996년 〈여우령〉으로 감독 데뷔

1998년 〈링〉의 성공으로 호러감독의 대표자로 급부상

1999년 브뤼셀 판타스틱 영화제 그랑프리 수상

2000년 〈유리창의 뇌〉 발표

2) 쓰루타 노리오(鶴田法男) 감독

1960년 도쿄 출생. 고교, 대학을 통해 독립영화를 제작

1985년 호러물 〈토네리코〉의 제작, 감독, 각본 담당

1991년 〈정말로 있었던 무서운 이야기〉로 상업감독 데뷔

1993년 〈고토사 주식화사〉로 극장영화 감독 데뷔

〈링〉시리즈 3편은 긴 것이지만 시간의 흐름에 맞춰 재구성한다면 시놉시스(줄거리)는 다음과 같다.

어느 여고생이 갑자기 집에서 죽는다. 그 여고생의 이모이자 신문기자인 레이코는 죽음의 원인이 비디오라는 것과 그 비디오를 본 사람은 일주일 내로 죽는다는 사실을 알게 된다. 레이코는 전남편인 류지와 함께 사건을 풀어나가게 되는데 어느 날 문제의 비디오를 입수하게 된다. 비디오 화면에는 우물과 화산, 그리고 '貞'(사다)라는 글씨가 번갈아 보였으며 때때로 여자의 괴성도 흘러나왔다. 레이코 부부는 이 네 가지 단서를 가지고 사건의 전말을 추측한다.

'貞'(사다)는 '사다코'(貞子)라는 여자를 뜻하는데 그녀는 초능력을 지닌 처녀였다. 그녀는 인간의 초능력을 실험하는 이쿠마 박사에 의해 실험대상이 되었다가 우물에 던져져 죽게 되었던 것이었다. 그 원한에 의해 귀신이 되었던 것이다.

레이코와 류지는 우물안에서 사다코의 해골을 꺼내 원한을 풀어 준다. 그런데 원한을 풀어 주었음에도 불구하고 얼마 안 있어 류지가 죽고 만다. 왜냐하면 비디오를 복사해서 돌리지 않았기 때문이었다. 저주는 끝

나지 않은 것이었다. 전 남편을 잃은 레이코 앞에 더 큰 문제가 발생한다. 왜냐하면 자신의 아들이 그 비디오를 보았기 때문이다. 아들을 살리기 위해 레이코는 친정아버지에게 비디오를 보이러 간다. 〈링〉

비디오를 본 아들에게 사다코의 분노의 에너지가 전이되어 아들의 행동이 이상해진다. 한편 이 사건에 말려든 류지의 조교는 의사의 말을 듣고 사다코의 분노를 없앨 실험을 하면서 레이코의 아들과 내세를 경험하고 온다. 취재를 위해 여학생으로부터 문제의 비디오를 입수한 레이코의 직장동료는 두려운 나머지 보지 않는다. 그에게 배신을 당한 여학생은 일주일이 되던 밤에 죽게 되고 다시 원령으로 나타나 기자를 저주한다. 사다코의 저주는 그칠 줄 모르고 계속되는 것이었다. 〈링2〉

도대체 풀리지 않는 사다코의 원한은 어디에 있는 것일까? 그녀의 청춘시절. 극단에 입단한 사다코는 열심히 하려 하지만 그녀의 범상치 않은 행동과 초능력으로 주위 사람들은 공포에 떨게 된다. 어느 날 그 극단에 한 여자가 나타나 사다코의 정체를 세상에 밝히려 한다. 그 여인은 다름아니라 사다코의 엄마인 시즈코의 초능력실험을 취재하다 시즈코의 저주를 받고 그 자리에서 죽은 신문사 기자의 애인(미야지)이었다. 어느 날 미야지는 복수를 하려고 총을 들고 극단에 들어간다. 한참 연극이 상연되고 있던 중이었다. 연극 도중 미야지는 "사다코는 인간이 아닌 요괴"라고 소리쳤고 그걸 듣고 놀란 사다코는 괴성을 지르게 된다. 사다코가 지르는 소리에 조명이 하나둘 터져 나가고 공연장은 아수라장이 된다. 사다코를 둘러싸고 있는 저주의 힘이 공연 도중 폭로되자 극단원들은 힘을 모아 사다코를 죽이려 한다. 쫓고 쫓기다 사다코는 자신의 초능력을 실험하고 있던 이쿠마 박사 집에 가게 되는데 사다코의 초능력이 그녀의 불행의 원인이라고 생각한 이쿠마 박사는 그녀를 우물에 빠뜨리고 뚜껑을 덮어 버린다. 〈링0〉

사다코의 원한과 저주, 그리고 사다코의 원한이 과학의 힘으로도 풀리지 못한다는 이야기가 세 편에 나뉘어 그려지고 있는 것이다.

〈링〉은 일본 국내는 물론 한국에서도 관객을 동원하는 데 성공했고 1999년 브뤼셀 판타스틱영화제에서 그랑프리를 수상했으며, 〈소용돌이〉나 〈사국〉과 같은 아류작품을 나오게 했다. 그리고 사다코인형과 게임기, 만화, 오리지널 사운드 트랙(OST), 각종 팬시물과 관련 홍보물이 불티나게 팔리는 부가가치까지 창출했다. 그러자 후편인 〈링2〉나 〈링0〉가 만들어지게 된 것이다.

2 특징(1) : 주제의 '현대성'

이처럼 일본사회에서 〈링〉시리즈가 상업성과 작품성 그리고 영향력을 거머쥘 수 있었던 것은 빠르고 간결한 사건전개, 공포적인 화면(비디오를 보고 죽은 자들의 공포에 질린 얼굴), 비디오를 본 뒤 일주일 내로 비디오를 복사해서 타인에게 보여야 한다는 시간제한, 주인공들과 함께 추리를 하도록 하는 참여유발이 관객을 영화에 몰두케 했기 때문이다.

그런데 더욱 흥미를 유발시킬 수 있었던 것은 이 〈링〉시리즈가 일본 유령담의 전통적인 패턴을 상당부분 깨고 새로운 버전을 제시하고 있다는 점이다. 흔히 유령의 문제는 크게 「원한」－「저주」－「해원(解寃)」이라는 3요소로 접근할 수 있는데, 이 영화는 「저주」와 「해원(解寃)」에서 '현대성'을 많이 투영시키고 있다.

먼저 「저주」 부분부터 보자.

일본에서 유령이 처음으로 등장한 것은 1200여 년 전의 불교설화집인 『니혼료이키(日本靈異記)』(9세기)이다. 동생과 함께 장사를 하던 형이 은 600여 냥을 빼앗기 위해 동생을 죽였는데 그 동생이 귀신이 되어 억울함을 호소하기 위해서 승려 일행 앞에 나타났다. 이것을 전해들은 어머니와 형이 치성을 다한 음식으로 공을 들여 원한을 풀어 주었더니 유령이 사라졌다는 이야기이다.

이처럼 일본의 초기의 유령들은 홀연히 나타났다가 홀연히 사라지는 것처럼 「저주」와는 거리가 멀었다. 그러던 것이 사회적인 제도와 정치문제, 복잡한 인간관계의 형성으로 점점 인간에게 위협을 가하고 공포를 불러일으키는 원한 맺힌 유령 즉, '원령'으로 등장하게 된다.

보통 원령들이 내리는 「저주」는 질병과 같은 초자연적인 힘을 발휘해서 직접적으로 사람을 죽음에 이르게 하는 것이었다. 그런데 〈링〉에서는 비디오 테이프라는 문명을 이용한다는 점에서 '현대성'을 느끼게 한다. 사건의 발단은 비디오의 이야기로부터 시작된다. 고등학생 몇몇이 펜션으로 놀러 갔다가 이상한 비디오를 보게 된다. 전파방해를 받은 듯한 화면은 알 수 없는 몇몇 그림으로 채워져 있었고 다만 확실히 볼 수 있었던 것은 '죽지 않으려면 일주일 내로 복사해서 돌려라'라는 메시지였다. 출현 즉시 가해행위를 하는 것이 아니라 시간을 주는 것과 비디오를 돌리라는 주문이 매우 특이한데 이는 입수가 용이하고 복제가 가능한 현대문명기기인 비디오를 이용해서 짧은 시간 안에 불특정다수에게 저주를 내리기 위해서이다.

저주를 비디오에 담는다는 발상도 참신하다. 왜 사다코는 텔레비전을 통해서만 볼 수 있는 비디오 테이프에 원념을 담았을까. 그것은 〈링〉과 〈링0〉에서 사건을 쫓는 사람들이 모두 '기자'로 설정되어 있듯이 사다코는 기자와 텔레비전으로 대표되는 매스미디어에 원한을 갖고 있었기 때문이다.

비디오로 전파되는 사다코의 원념

초능력인간을 특종기사화 하기 위해 자신의 엄마인 시즈코의 존재를 부풀려 다루려 했다가 갑자기 요물이라고 매도하기 시작한 기자, 한 사람의 인생을 좌지우지할 수 있는 기사의 중요성에 대해 무감각한 기자(매스미디어)들의 생리를 어린 날의 사다코는 생생하게 목격했던 것이다.

그렇기에 자신을 우물 속에 넣어 죽였던 이쿠마 박사를 저주하기에 앞서 자신의 엄마의 한을 풀기 위해서 사다코는 미디어와 관계되는 비디오와 텔레비전을 통해 나타났던 것이고, 여론을 조작할 수 있는 기자와 미디어를 무지각적으로 향유하는 대중의 삶을 교란시켰던 것이다. 매스미디어에 의해 우상이 급조되고 또 순간적으로 파기되어버리는 현대의 찰나적인 가치에 대한 저주의 원념을 이 영화는 크게 부각시키고 있는 것이다.

다음은 「해원」을 보자.

「저주」 부분에서 비디오라는 '현대성'을 차용한 이 영화는 「해원」의 부분에서 또 다시 '현대성'을 전면에 내세운다. 바로 현대적 커뮤니케이션 문제이다. 유령이 나타나는 것은 생전의 한을 토로하고 그것을 산 자들에게 풀어 받기 위함이다. 거꾸로 말하면 원한을 풀기 위해서는 확실히 자신의 원한을 말해야 한다는 얘기다.

일본유령 중에서 이승의 사람과 커뮤니케이션을 취하고자 끈질기게 나타난 유령은 『겐지모노가타리(源氏物語)』(12세기)라는 일본의 고전소설에 나오는 로쿠조미야슨도코로이다.

이 여자는 생전에 히카루 겐지라는 남자주인공을 사랑하다 사랑을 못 받은 채 죽어갔는데 그 한을 풀기 위해 무려 세 차례나 유령이 되어 남자 앞에 나타난다. 유령이 되어서까지 애정을 눈물로 호소하는 것이었다. 일본의 전통 시가인 와카(和歌)를 읊어 보이기도 하고 지옥의 불길에 떨어져서 괴로우니 도와달라고 애원하기도 한다. 남자 앞에 직접 나타나기도 하고 영혼이 잘 통한다는 영매(어린아이)를 통해 음성으로 마음을 전해 본다. 그러나 히카루 겐지는 소름끼치는 여인이라고만 생각하고 그녀의 영이 스며 든 영매를 방 안에 감금시켜 버리고 만다. 수모를 당한 로쿠조미야슨도코로는 재앙을 내리겠다는 최후의 통첩을 남기고 남자를 비웃으며 자취를 감춘다. 그녀의 저주에 의해 남자는 몰락해 간다.

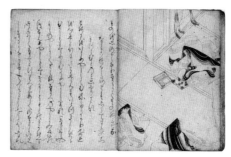

겐지모노가타리

로쿠조미야슨도코로뿐만 아니라 저승과 이승을 왕래하는 유령에게 이승과의 유효한 커뮤니케이션 수단은 '언어'인 셈이다. 그런데 〈링〉시리즈에서 사다코는 '무언'으로 일관한다. 그녀는 오로지 비디오에 '貞'(사다)라는 '문자'와 우물을 담은 '영상'으로, 그리고 긴 머리와 흰 옷차림으로 현전할 뿐이다. 커뮤니케이션의 기본공식인 발신자(adresser)와 수신자(addresse) 사이의 회화는 전무한 상태이다. 따라서 사다코의 저주의 원인은 암호처럼 되어 사람들에게 풀리지 않은 과제로 남고 공포만 증폭되어 간 것이다.

원한 때문에 생령이 되어 히카루 겐지에게
나타나는 로쿠조미얀슨도코로의 이미지

영매의 경우만 하더라도 죽은 자의 말을 옮기는 전통적인 영매의 역할과는 거리가 있다. 〈링2〉는 바로 과학자의 지휘 아래서 영매로써 사다코의 영혼을 풀어 보려는 실험이 관건이었다. 영매의 역할을 하는 것은 레이코의 아들 요이치와 그녀의 전남편의 조수인데 이들은 사다코의 에너지를 전이시켜 사다코의 원념의 전압을 낮추는 어뎁터에 불과하다. 과학자가 두 사람의 영매를 써서 분노를 희석시켜서 원한을 풀어 줄 수 있다고 자신만만해 하며 실험을 강행하다 끝내 죽고 마는 구조는 전통적으로 영매는 매개체이지 원한을 근본적으로 치유하지는 못한다는 지금까지의 인식을 재확인시켜 주고 있다.

영매로서 우물 밑으로까지 떨어져 저승을 보고 오는 두 사람에게 유령 사다코가 처음이자 마지막으로 입을 떼며 한 말은 "왜 너만 살려 하지?"였다. 말할 수 있는 사다코의 유령에게 영화는 내내 말을 하지 못하게 하고 비디오로만 일방적으로 메시지를 보내게 하고 영매를 통해서도 원념을 토로케 하지 않은 것은 비디오 관람이나 비디오게임 등 '언어'를 필요로 하지 않는 문화가 만연하고 있는 현대의 커뮤니케이션 구조를 투영시키기 위해서였다.

이러한 현대적 감각이 현대인들에게 어필된 것이다.

3 특징(2) : 전통적 이미지의 재창조

현대적 감각의 창출과 함께 전통적 이미지를 잘 살려낸 것도 하나의 특징이다.

1) 촬영기법

이 영화의 영상 중에서 가장 압권이었던 것은 뭐니뭐니해도 자기 딴에는 사다코의 원한을 풀어 주었다고 안심하고 있던 레이코의 전 남편에게 사다코의 유령이 나타나는 장면일 것이다. 텔레비전이 갑자기 켜지면서 그 안에서 긴 머리에 흰 옷차림을 한 사다코가 뭉그러진 손톱으로 다타미방으로 기어 나온다. 카메라 앞으로 점점 다가오는 것으로 촬영했기 때문에 관객은 이때 유령에게 근접되는 듯한 착각을 가지게 된다. 유령의 저주를 받은 사람의 얼굴 사진이 뭉그러지기 나오는 것은 나카타 감독이 〈링〉 전에 찍은 〈여우령〉(1996)에서도 사용한 수법이어서 비교적 익숙하지만 유령이 비디오에서 기어나오는 것은 신선감을 주기에 충분하다. 저예산 기획인 탓으로 CG(컴퓨터그래픽)화면을 남발하지 않고 한 번에 강한 영상을 내보낸 것도 일조를 한 셈이기도 하지만 말이다.

그러나 이러한 신선감과 더불어 영화 전편에 흐르는 촬영기법은 전통

좌) 익스트림 클로즈업으로 잡힌 사다코의 눈동자
右) 긴 머리에 흰 옷차림을 하고 나타난 사다코

적인 것이었다. 뒤에서 엄습할 공포물을 알리기 위해 카메라가 인물의 뒤를 따라가는 호러 영화의 전통적 찍기 방식은 물론 과거가 모두 흑백으로 처리되어 있는 것 등이다.

또한 '코미디에는 롱 쇼트, 비극에는 클로즈업'이라는 챨리 채플린의 유명한 말을 그대로 실행에 옮기고 있다. 예를 들면 〈링0〉에서 극단에 들어가 배우가 된 사다코는 모든 이들에게 따돌림을 받지만 연출가인 시게모리와 음향 담당의 도야마라는 두 남성에게는 동시에 관심을 받게 된다. 도야마가 사다코와의 지고지순한 사랑을 희구한다면 시게모리는 사다코의 육체를 탐하고 그 조건으로 유명한 배우로 만들어 주겠다고 한다. 그 시게모리가 억지로 사다코의 방을 찾아 간 장면을 보면 두 사람의 위치를 동시에 보여 주지 않고 남자만 풀샷으로 보여 준다. 카메라가 외부로 나와 사다코 방의 창가를 비출 때에도 시게모리만 비친다. 시게모리가 사진을 보며 엄마냐고 물을 때 그녀 얼굴은 클로즈업된 상태이다. 엄마의 비극을 반추해 내듯 불안한 표정과 더불어서 말이다.

그리고 〈링0〉의 서두에서 사다코가 엄마의 사진을 보며 슬픔에 잠기는 장면의 초기화면은 역시 사다코의 왼쪽 눈의 동공을 익스트림 클로즈업(최대접근)으로 잡아내고 있다. 비극적 인생을 살다간 엄마, 사다코의 비극의 원천을 사다코가 의식할 때 카메라는 늘 사다코를 클로즈업하고 있다. 유령의 눈, 죽은 자들의 얼굴, 우물 위를 오르려는 유령의 밧줄 잡은 손

등, 클로즈업은 모두 공포와 비극을 대변한다.

2) 유령 사다코의 모습

영상뿐만 아니다. 텔레비전 밖으로 나와 우뚝 선 사다코의 긴 머리, 흰옷, 축 늘어진 어깨 또한 전통의 재현이다.

사다코 유령은 일본인이 상상하는 전형적인 유령의 모습이다. 그런데 위와 같은 것으로 정형화된 것은 근세 에도시대(18세기)이다. 긴 머리에 소복 차림, 여기에 하나 더 덧붙인다면 발이 없다는 것이다. 마루야마 오쿄(円山応挙)나 안도 히로시게(安藤広重) 등과 같은 화가들의 그림을 보면 다리가 없는 것을 알 수 있을 것이다. 이들 그림의 영향으로 현재 대다수의 일본인들의 일본유령에는 발이 없다고 믿게 되었다.

왜냐하면 에도시대의 가부키에서 유령을 등장시킬 때 회색의 옷으로 발을 가리는 것이 일반화되면서였다고 한다. 그 이전에는 발이 보이는 그림이 많았는데 에도시대부터 발

마루야마 오쿄가 그린 유령그림
발이 없는 것이 특징

이 없는 편이 시간과 공간을 초월해서 출현하는 유령의 이미지에 맞는다고 생각해서 생략하기 시작했다고 한다. 〈링〉에서는 발이 부각되어 그려지고 있는데 이는 〈링2〉에서 사다코 유령이 우물을 기어오르는 장면을 무리없이 그려내고 유령의 출현을 발을 통해 가시화하려는 의도에서이다.

3) 우물이라는 장소

모습과 함께 전통에서 벗어날 수 없었던 것은 역시 유령이 서식하거나 출현하는 장소일 것이다. 유령이 출현하는 장소는 버드나무 아래, 묘지,

물가, 우물, 동굴과 같은 현세와 저승의 통로이자 경계를 이루는 곳이다. 영화 〈사국〉의 사유리 또한 사랑했던 후미야를 잊지 못해 죽은 후에도 눅진눅진한 늪 속에서 장구세월 한을 품고 있었다. 〈링〉시리즈에서는 우물과 함께 중요한 심적 모티브로서 작용하는 것이 또 하나가 있었는데 바로 바다이다.

저승과 이승의 통로인 우물

엄마 시즈코는 늘 바닷가에 나와 앉아 있었고 딸 사다코를 바다에서 낳았다. 사다코가 초등학교 때 반 친구들은 모두 바다에 빠져 죽었음에도 불구하고 혼자 살아남을 수 있었던 것은 바다에 가면 죽을 것이라는 것을 예지하고 발길을 멈췄기 때문이었다. 즉 바닷가에서 초능력을 확인할 수 있었던 것이다.

바다는 저주의 물결을 일으키는 곳이요, 이인(異人)들이 사는 이계(異界)요, 저승으로 빨리 갈 수 있는 곳이다. 일본국민이라면 누구나 아는 「우라시마타로 이야기」만 보아도 알 수 있다. 거북이를 살려준 덕택으로 바닷속 용궁에서 3년 동안 호사하던 우라시마타로가 육지에 두고 온 노모가 걱정이 되어 다니러 왔을 때 인간계는 이미 30여 년이나 흘러 버려 있었고, 절대로 열지 말라는 보물상자를 열자 그 자리에서 노인이 되어 버렸다는 것처럼 이계로서의 바다는 인간에게 규율을 주고 그것을 파계한 자에게는 멸망과 죽음을 주는 냉혹한 세계이기도 한 것이다.

바닷가에서 태어난 사다코 또한 바다와 같은 죽음과 저주를 동반하는 운명을 걸을 수밖에 없었다. 사다코의 원한을 달래주기 위해 친척 아저씨가 유골로 형상을 뜬 시신을 바다에 던진 의식은 영혼위로와 더불어 하루빨리 저승으로 가서 안착하라는 바람이기도 했다.

유령의 모습, 바다나 우물과 같은 출현 장소에 내재되어 있는 전통과 비디오 테이프와 같은 신종의 저주물, 영상기법에 보이는 현대적 변용 사이에서 관객은 익숙함과 낯섦 혹은 참신함을 동시에 느끼게 된다.

4 특징(3) : 일본적 문화의 재생산

그럼 「원한」−「저주」−「해원(解冤)」의 3요소 중에서 아직 언급을 하지 못한 「원한」은 어떠할까? 그 생성과 성격을 알기 위해 왜 사람들은 시즈코 모녀를 기피했을까, 그리고 사다코의 원한, 그 깊은 심연에 자리잡고 있는 것은 무엇일까 하는 두 가지 의문점이 생길 것이다. 이 의문을 풀다보면 이 영화가 일본인들이 집단 무의식을 얼마나 잘 그리고 있는가도 엿볼 수 있다.

1) 이인 죽이기

일본은 어느 나라보다 집단주의가 강한 나라이다. 공동체를 이루려 하고 그 집단에 흡수, 동화되면서 안정감을 갖는 성향은 오래된 습성이 되어 그들의 정신세계와 생활양식을 규정지어 왔다. 집단주의는 촌락에서의 공조체제, 계조직, 상부상조 등을 중시하는 일본의 촌락의 특수성에 기인한다. 공동체 의식이 중요했던 만큼 그들을 가장 두렵게 만든 것은 촌락에서 '무라하치부'(村八分)가 되는 것이었다. 무라하치부란 촌락공동체의 구성원이 구성원으로서 갖아야 할 의무와 권리가 일제히 박탈당하고 쫓겨나는 것을 말한다. 현재 우리에게 익숙한 '이지메'의 일종이다.

가장 먼저 무라하치부의 대상이 된 것은 외부자들이었다. 일본 전국을 떠돌던 무녀나 행자, 산적, 나병환자, 맹인들처럼 보통사람과는 다른 그들을 마을사람들은 이인(異人)이라고 불렀고 병과 재앙을 반입하는 악령의 일종으로 간주하고 죽이기까지 했는데 이것이 바로 '이인 죽이기'(異人殺し)이다. 무녀나 행자, 산적들이 악행을 저지르는 자라는 등식이 반드시 성립하지 않음에도 불구하고 마을사람들이 경계한 것은 이들에 의해 일상생활에 균열이 생기는 것을 두려워했기 때문이다. 이인을 멀리하고 일상을

무탈하게 보내는 것, 이것이 일본 집단주의의 원형일지도 모른다.

시즈코가 태어난 야마무라 집안은 선주의 집안으로서 오시마라는 섬에서 상주하고 있던 재력가였다. 그러기에 정확히 말하면 외부자가 아닌 점에서 이인은 아니다. 그러나 그녀를 마을 사람들이 경계시한 것은 그녀가 갖고 있는 '비일상성' 때문이었다. 화산폭발을 예언하는 능력, 죽음의 상징인 바다를 유난히 가까이 하는 모습에서 풍기는 불길함에 마을사람들은 그녀를 이인으로 간주하고 무라하치부처럼 대했다. 그들은 그녀의 초능력을 평가하고 자연재해에 대비하려는 적극성과 아량을 소유하고 있지 못했던 것이다.

2) 수치심

시즈코를 더욱 괴롭힌 것은 신문기자들의 매도에 의해 그녀가 받은 수치심이었다. 『국화와 칼』의 저자로 알려진 베네딕트는 일본의 문화를 '수치의 문화'라고 했다. 공공연한 장소에서 요물로 취급받은 시즈코와 그녀를 실험대상으로 삼았던 이쿠마 박사는 사회에서 창피를 당한 꼴이 되었고 그래서 그들은 은둔생활을 해야만 했다.

시즈코의 비극을 지켜본 사다코는 엄마 시즈코의 분신, 복제, 반복이었다. 연극단에 가서 열심히 배우가 되려던 그녀에 대한 주위의 시기심은 그녀가 불러일으키는 '비일상성'(단원의 죽음, 이상한 노이즈) 때문이었지만 병자를 고치고 재생시킬 수 있는 능력이 포지티브하게 활용될 수 있는 루트를 찾지 못하고 사장될 수밖에 없었던 것은 역시 주위가 그녀를 거부한 것을 상징한다.

시즈코처럼 사다코 또한 기자에 의해 연극을 보러 온 관중 앞에서 정체가 폭로되고 엄마처럼 요물로 취급받는다. 극단원은 기자와 손을 잡고 사다코를 죽이려 하지만 오히려 사다코에 의해 죽임을 당하고 이를 본 이쿠마 박사는 사다코를 우물 속에 생매장한다. 그녀가 우물 속에서 두고 두고 기억한 것은 사회에서 받은 모욕과 소외였다. 사다코의 「원한」이 개인이 아니라 사회로 향했던 것은 이런 이유에서였다. 사회의 모순이 없어

지지 않는 한 사다코는 언젠가 우물을 기어올라 다시 세상을 저주할 것이다. 그 날카로운 곡성과 함께 말이다.

5 영화가 지니는 의의

일본만큼 '판타스틱 호러'를 선호하는 나라도 없다. 일본에서는 그래서 아예 '괴담'이라는 장르로 다량 제작 유포되고 있다. 종류가 꽤 다양하지만 크게 인간의 영혼이 인간의 모습으로 나타나는 '유령물', 여우나 너구리 등 동물이 사람으로 나타나는 '요괴물'로 나뉜다. 미조구치 겐지의 〈우게쓰 이야기〉(1953)와 같이 예술성 뛰어난 '유령물'과 비록 B급영화로 비하되었지만 독특한 소재로 신영역을 개발한 여러 '요괴물'은 1950년대 전성기를 누린다.

괴담을 바탕으로 한 호러영화
〈화장실의 하나코〉

1960년대에 잠시 쇠퇴기를 맞이했다가 1980년대에 텔레비전에서 초능력이나 영감, 이계를 다루면서 부흥된다. 이 여세는 1990년대에도 이어져 〈학교괴담〉시리즈를 낳게 했고 최대의 주목을 받게 한 것이 바로 〈링〉시리즈였다. 〈링〉시리즈는 디지털시대에 바이러스처럼 무한이 복제되어 확대되는 새로운 공포를 그리는 호러물인데 이후 〈주온〉과 핸드폰에 의해 죽음의 바이러스가 전파되는 〈착신아리〉가 그 계보를 잇게 된다.

내세에 대한 유별난 호기심, 강렬한 자극을 원하는 청소년문화, 추리소설이나 컬트에 익숙한 관객이라는 외재적인 뒷받침이 흥행을 도왔겠지만 〈링〉시리즈가 성공을 거둘 수 있었던 것은 앞에서도 언급했듯이 새로운 소재로 변신을 꾀하면서도 일본사회에 뿌리박혀 있는 모순과 문제를 그대로 반영하고 있기 때문이다.

'판타스틱 호러'의 기원적 의미는 '어떤 것, 공포스러운 것을 보이게 하는 것, 가시화하는 것'이다. 완전히 초자연적인 경이의 세계와 현실에서 일어나는 미지의 사건을 환상양식을 통해 보이는 것, 또 그것을 보며 판타스틱하고 공포스런 세계로 들어갈 수 있게 하는 것이다. 판타스틱을 선호하는 행위로서의 〈링〉보기는 단순한 유령의 이야기로서가 아니라 자신의 현재를 비추고 내세를 들여다보는 거울보기나 다름없는 것이다.

제2절 일본의 유령과 요괴

1 일본유령의 특징

1) 반(半)인간적인 존재

요괴는 집이나 땅이나 물에서 살면서 거기에 오는 인간을 기다리고 있지만 유령은 열심히 인간을 찾아 나선다. 그만큼 유령은 인간과의 관계가 깊다고 할 수 있다. 요괴는 주로 동물이 변해서 된 것이고 유령은 어디까지나 인간인 것이다. 일본유령의 언어도 인간의 언어와 같은 것을 사용한다. 흔히 유령이 잘 말하는 '우라메시야'(원통하고 분하다)라는 말은 인간으로 되돌아가려는 것을 못다 이룬 '우라미' 즉 '한(恨)' 때문에 내뱉는 말이다. 유령은 살아있으면서 죽어 있고 죽어 있으면서 살아있는, 인간도 아니고 그렇다고 인간 이외의 것도 아닌 비존재의 존재인 것이다.

2) 유령의 시간

일본유령도 결코 아무 때나 나오지 않는다. 중국의 구종길(瞿宗吉)이

쓴 『목단등기(牧丹燈記)』에는 처음부터 목단등을 든 유령이 등장하지만 이것에 영향을 받은 산유테이 엔초(三遊亭円朝)의 『괴담목단등기(怪談牧丹燈記)』(1886)에서는 오쓰유라는 여자의 청순한 사랑과 비참한 죽음이 먼저 나오고 나중에 유령이 나오는 것으로 되어 있다. 이렇게 일본의 유령은 이 세상의 비참한 꼴을 다 경험하고 난 뒤에 나타난다.

3) 유령이 동반하는 것들

일본유령은 비린내 나는 바람을 동반하고 나타났다 자유자재로 바람과 함께 사라진다. 한편 『우게쓰 이야기』(1776)에서처럼 비린내를 싫어하기도 한다.

유령은 가끔 도깨비불과 함께 나타난다. 유령은 빗속에서도 젖지 않는가 하면 마른 땅 위인데도 물에 젖은 모습으로 나타나기도 한다. 요컨대 유령은 인간의 모습을 하고 있으면서도 시간에 제약을 받는 인간의 상식을 뛰어 넘나드는, 즉 시간을 초월한 존재인 것이다.

4) 유령의 계절

일본유령의 계절은 주로 여름이다. 조상들의 혼이 이 세상으로 돌아오고 또 그 혼을 영접하는 '오본'(お盆)과 시기가 겹치기 때문이기도 하거니와 죽음의 세계의 상징인 달이 최고로 크고 밝게 빛나는 것이 8월 15일 밤이기 때문이기도 하다.

일본의 고전문학에는 8월 15일을 전후로 죽는 사람이 많다. 다른 때 죽는 사람보다 커다란 인상을 남기고 죽는데 예를 들면 일본 최초의 모노가타리 작품인 『다케토리모노가타리(竹取物語)』(9세기)의 가구야히메도 8월 15일 밤에 달로 승천했고 『겐지모노가타리』의 유가오가 생령에게 씌워 죽은 것도 같은 날이다.

여름이 일본유령의 주된 계절로 된 것은 여름이 봄과 가을 사이에 있기 때문이기도 하다. 사람은 봄에 씨앗을 뿌리고 가을에 추수를 하는데 싹이 트고 열매가 영글어 가는 과정인 여름에 가장 에너지가 충만하지만, 더위에 지쳐 괴기현상을 자주 보기 때문이다.

5) 유령의 장소

일본유령은 버드나무 아래에서 잘 나타난다. 버드나무는 물가에서 자라는 나무이기 때문인데 바람에 나부끼는 축 쳐진 가지가 유령과 비슷하다.

또한 무덤도 잘 알려진 장소이다. 배유령이라는 것도 있다. 전국 어촌에서 들을 수 있는 유령얘기이다. 폭풍우가 거센 바다, 배의 등도 꺼져 칠흑같이 어두운 밤 뱃머리에 나타나는 유령이다. 아무리 뱃머리를 돌려도 자꾸 나타나는데 정작 배를 멈추고 응시하면 사라진다고 한다.

2 일본의 4대 요괴

1) 오니(鬼)

상상 속의 요괴물이다. 맨몸에 호랑이 가죽을 걸친, 사람의 모습과 비슷한 체형을 지니고 있으나 피부색이 빨갛거나 파랗거나 시꺼멓다. 머리에 뿔이 났으며 입, 코, 눈이 큼직큼직하고 날카로운 송곳니가 나 있다. 한국의 도깨비와 흡사하다. 이러한 모습은 이민족으로부터 얻은 것이라고 한다. 인도에서는 불교 성립 이전 베다신화에 야차(夜叉), 나찰(羅刹)이라는 악귀가 등장하는데 이것들이 불교에 받아들여지면서 지옥의 염라대왕 밑에서 옥졸을 하게 된다. 이것을 중국에서는 귀(鬼)라고 했는데 일본의 오니에

뿔이 났고 큰 이빨을 한 오니의 모습

뿔이 나있고 호랑이 가죽을 걸치고 있는 것은 중국의 귀(鬼)에서 온 것이라고 한다.

일본의 오니가 가장 싫어하는 것은 복숭아이다. 『일본서기』에는 이자나미 미코토가 뒤쫓아오는 오니를 물리치기 위해 복숭아를 던졌다는 이야기가 나온다. 또한 복숭아의 위력은 모모타로라는 사내아이가 오니가 사는 섬으로 건너가 물리친다는, 일본 어린이라면 누구나 아는 「모모타로(桃太郎)」 이야기에서도 알 수 있다. 소년의 이름이 '모모타로'인 것은 복숭아(모모)에서 태어났기 때문인데, 이 꼬마는 이름만으로도 오니를 물리칠 수 있는 희망적 운명의 길을 걷게 된다.

그럼, 오니는 주로 어떻게 인간을 괴롭혔을까. 한국의 도깨비가 무서운 존재이면서도 인간에게 부와 유머를 주는 양면성이 있는 것과는 달리 인간을 잡아먹거나 죽이는 무서운 존재로 인식되어져 있다. 『이즈모 풍토기(出雲風土記)』(733)에는 눈이 하나만 달린 오니가 나타나서 농부를 잡아 죽였다는 기사가 나온다. 잡혀 죽은 농부는 "아요 아요"라고 소리쳤기 때문에 그 지방을 아요(阿欲)라고 부르게 되었다고 한다. 이 이야기가 일본의 문헌에 처음으로 등장하는 최초의 오니이다.

『니혼료이키(日本靈異記)』의 도조법사(道場法師)설화에도 사람을 죽이는 오니가 나온다. 6세기 후반의 일이다. 오와리라는 지방에 한 농부가 있었는데 하늘에서 벼락이 떨어졌다. 농부가 벼락을 치워 버리려 하자 벼락이 제발 살려 달라고 애원을 하여 그 농부는 벼락의 목숨을 살려 주었다. 벼락의 보은으로 농부는 잘 생긴 아들을 얻게 되었다. 그 아들이 커서 어느 절의 동자가 되었는데 이상하게도 그 절에서는 종을 치는 동자들이 매일 밤 죽어 나갔다. 농부의 아들 동자는 머리를 써서 그 오니의 덜미를 잡고 따라가 보았더니 그 절에서 나쁜 짓을 하다 죽은 남자의 무덤에서 나온 악귀였다고 한다. 이 소년이 나중에 도조법사가 되었다는 이야기인데 여기서도 오니는 사람을 죽이고 있다.

그 밖에도 앞에서도 말했듯이 오니는 지옥의 옥졸이었던 만큼 지옥으로 떨어질 사람을 불차로 끌고 오거나 지옥으로 떨어진 죄인을 문책하는 일을 주로 맡았다.

일본 역사상 오니가 가장 날뛴 시기는 헤이안시대이다. 밤마다 오니에게 붙들려 머리와 손을 잘려 죽인 사람이 생겼고 백귀야행(百鬼夜行)을 목격한 자가 많았다. 그때는 주로 정치적으로 패한 자들이 많았고 그들이 귀향 간 곳에서 죽게 되자 원한이 풀리지 않아 오니로 되었기 때문이다.

오니는 아주 오래 전 일본인들의 생활을 좌우했지만 현재는 풍습 속에 존재하는 가벼운 존재가 되었다. 입춘 전날 밤, 볶은 콩을 집 안에 뿌리며 '복은 집안으로, 오니는 문밖으로'(福は內, 鬼は外)라며 악귀를 쫓는 '쓰이나'(追儺)라고 하는 풍습이 그것이다.

한편, 현재는 사람을 죽이는 나쁜 이미지뿐만 아니라 다른 악귀를 물리쳐 주는 좋은 이미지의 오니도 있다고 믿는 사람도 있게 되었다.

2) 덴구(天狗)

덴구는 붉은 얼굴에 큰 코를 지녔으며 신통력이 있어 하늘을 자유로이 나는 깊은 산 속에 사는 상상의 요괴이다. 덴구의 한자 '天狗'를 그대로 풀어 보면 '하늘의 개'라는 뜻이다. 도대체 고대 일본인들은 어떠한 초자연적 혹은 불가사의한 것을 보고 이러한 이름을 붙여 놓은 것일까.

역사적인 기록에서 보면, 덴구라는 말이 처음으로 나오는 것은 『일본서기』이다. 8세기 무렵 하늘에서 커다란 별똥별이 떨어지자 사람들이 공포에 떨게 되었다. 이때 중국으로 유학을 다녀 온 민(旻)이라는 승려가 "저건 별똥별이 아니라 덴구라는 거다. 덴구가 울부짖는 소리가 천둥소리처럼 들릴 뿐이다"라고 했다. 이 말로 미루어 보아 이미 중국에는 덴구라는 요괴가 있었고 일본에서도 처음에는 거대한 별똥별을 요괴로 생각했다가 차차 중국인이 생각하는 모습의 요괴를 덴구라고 했

유난히 코가 큰 것으로 유명한 덴구

야마부시 체험에
나서는 젊은이들

을 가능성이 많다. 당시 덴구는 별처럼 날아다니는 것, 코가 큰 원숭이 같
은 모습을 했거나 새를 닮은 요괴였다.

　한편, 일본의 민속학자의 고증에 의하면 산 속에서 커다란 나무가 쓰러
지는 것을 '덴구다오시'(天狗倒し)라고 했고 많은 사람들이 한꺼번에 큰 소
리로 웃는 것을 '덴구와라이'(天狗笑い), 어디서인지 작은 돌이 왕창 굴러
오는 것은 '덴구쓰부테'(天狗つぶて)라고 했듯이 산과 덴구는 깊은 관계에
있다. 이런 관련성은 산 속으로 들어가 수행을 하면서 영험을 얻는 수험
도(修驗道)의 수행자, 즉 야마부시(山伏)라는 수행자들이 죽어서 덴구가 되
었다는 설과도 관계있다. 그래서인지 덴구의 초기 모습은 야마부시가 입
었던 소복 차림의 모습이 많았다. 그러다 점차 빨간 얼굴에 뾰족한 입, 그
리고 등에는 날개가 달려 있고 손에는 부채나 커다란 방망이를 들고 있는
것으로 정착된다.

　현재도 산에서 일어나는 불가사의한 일들은 덴구의 소행으로 받아들여
지고 있다. 하지만 야마부시가 수행을 통해 체력과 의술을 키웠고 때때로
마을로 내려와 병자를 치유해 줌으로써 신적인 존재로 추앙받았듯이 덴
구 또한 지역에 따라서는 신사에 모셔져 봉양받기도 했다. 그러다 메이지
유신 때 정부가 수험도를 폐지하고 야마부시들을 풍기 문란죄로 산에서
쫓아내자 덴구 신앙도 점차 소멸되어갔다. 제2차 세계대전 때 잠시 반짝

살아나는 듯 했으나 그 기세는 미력했다.

한편 다른 설도 있다. 에도시대의 국학자인 히라다 아쓰타네(平田篤胤)는 덴구란 현세에서 지식만을 쫓고 정신적인 수행에는 게으름을 핀 자가 변해서 된 요괴라고 했다. 이러한 정의는 그만의 생각이 아니고 이미 가마쿠라시대에 쓰여진 『겐페이 성쇠기(源平盛衰記)』(14세기)에도 나오는 말이다. 이 책에서는 사람이 죽으면 생전의 덕에 따라 보통 '육도'(六道), 즉 지옥도(地獄道)·아귀도(餓鬼道)·아수라도(阿修羅道)·축생도(畜生道)·인간도(人間道)·천도(天道)에 속하면서 윤회하게 되는데 덴구는 이것과는 달리 '덴구도'(天狗道)에 떨어지는 것이라고 했다. 덴구는 지자(知者)이며 불법도 잘 알고 있어 지옥, 아귀, 아수라, 축생도에는 떨어지지 않고 대신에 도심(道心)이 없기 때문에 인간, 천도에도 들지 못한다. 그 결과 갈 데가 없어서 '덴구도'(天狗道)라는 곳으로 떨어져 윤회도 못한다는 말이다.

여하튼 요괴이면서 신앙의 대상인 된 것은 특이한 현상이라고 할 수 있다.

3) 갓파(河童)

덴구가 산계(山界)의 요괴라면 갓파는 수계(水界)의 요괴이다. 한자표기는 '河童'인데 '아이 童'이 들어 가 있는 것은 어린아이의 모습을 하고 있는 것과 상관이 있기 때문이다. 그 모습을 보면 4,5세 가량의 어린아이의 키에 호랑이처럼 코와 입이 앞으로 돌출되어 있으며 눈이 둥글고 부리부리하다. 머리 위는 물이 담겨질 만하게 패여 있는데 그것을 '사라'(접시라는 뜻)라고 한다. 그리고 등에 거북이 갑옷을 걸치고 있다. 이러한 모습은 중국의 서적에서 기인한 것이라고도 한다. 근대에 들어서 갓파를 보았다는 목격자의 증언에 의하면 원숭이 혹은 커다란 참개구리 같다는 사람도 있다.

갓파는 주로 호수나 늪과 같은 수계(水界)에서 살면

머리가 움푹 패여있는
수계의 요괴 갓파

서 수영하고 노는 어린이를 물속으로 데리고 들어가거나 다른 생물을 물속으로 데리고 가 그 피를 빤다는 요괴이다. 하지만 인간에게 친숙한 면도 지니고 있다. 스모를 좋아하고 오이를 무척 좋아한다고 한다. 인간 앞에 나타나 같이 스모를 하자고 해서 자기가 지면 인간을 해치는데 갓파를 넘어뜨려 머리 위에 담겨진 물이 쏟아지게 되면 맥을 못춘다. 물이 없으면 갓파는 힘을 못 쓰기 때문이다. 또 오이를 좋아하기 때문에 이것을 주고 잘 다독거리면 논일이나 잡초 제거하는 일을 도와주기도 한다.

소행이 좋지 않은 요괴이나 이처럼 인간적인 행동을 하거나 인간에게 도움이 되기도 하여 봉양의 대상이 되기도 했다. 교토에서는 음력 6월이 되면 기온마쓰리를 전후로 갓파를 위해 제사를 올리기도 한다. 또 그 모습이 귀여운 데가 있고 친숙한 이미지가 있어 어느 지역에서는 귀여운 캐릭터로도 만들어져 아이들의 인기를 끌고 있다.

요괴학의 대가인 민속학자 야나기타 구니오(柳田国男)는 요괴에 대한 인간의 태도를 3단계로 나누고 있다. 제1단계는 「경원(敬遠)의 단계」이다. 즉 두려워서 만나면 피하는 단계이다. 제2단계는 「반신반의(半信半疑)의 단계」로서 되도록 그 존재를 부정하려는 단계이다. 제3단계는 「부처님이나 신의 힘으로 굴복시키거나 퇴치하는 단계」이다.

여기에 감히 하나를 덧붙인다면 덴구에서도 보았듯이 「봉양(奉養)의 단계」가 있을 것이다. 갓파 또한 이 4단계까지 이른 요괴라 할 수 있다.

또한 갓파는 설화나 괴담보다는 소설의 소재가 되기도 했다. 가장 유명한 것은 아쿠타가와 류노스케(芥川龍之介)가 1927년에 문예잡지인 「개조(改造)」에 발표한 『갓파(河童)』(1927)라는 소설이다.

4) 요코(妖狐)

요괴 여우인 요코는 크게 선호(善狐)와 악호(惡狐)로 나뉜다. 선호에는 금빛의 금호(金狐), 은빛의 은호(銀狐), 흰빛의 백호(白狐), 검은 빛의 흑호(黑狐), 그리고 하늘을 날아다니는 천호(天狐)가 있어 사람에게 이로움을 준다. 악호는 달리 야호(野狐)라고도 하는데 사람에게 해를 끼치는 여우

신사에 모셔져 있는 여우.
이나리라고 함.

이다. 일본에서는 여우는 원래 좋은 이미지가 강했다. 그러다 야마부시나
무녀들에 의해 야호(野狐)의 이미지가 부각되어 요수(妖獸)나 음수(淫獸)로
되었다.

그럼, 한국과는 달리 어떠한 좋은 이미지가 있었을까?

일본에서 여우는 원래 식신, 곡신, 산신이었고 줄곧 굴지의 복신의 자
리를 지켜 왔다. 서민들에게도 가장 사랑받는 신이 되었다. 그리고 여우
는 머리가 좋고 사람의 마음을 잘 헤아린다는 이미지가 있다.

교토의 서쪽 부근에 살던 소탄이라고 불리던 여우는 마음이 착하고
정직한 노인의 친구가 되어 자주 그 집에 놀러 갔다. 어느 날 노인이 중
세시대 때 있었던, 겐페이합전(源平合戰)이라는 유명한 싸움을 보고 싶다
고 하자 그 자리에서 술수를 써서 환시케 했다는 얘기가 『고금기담(古今奇
談)』(18세기)에 실려 있다.

그리고 「여우부인설(狐女房伝説)」처럼 착한 이미지도 있다. 이 설화는
쫓기던 여우를 어느 남자가 구해주자 여우가 여자로 둔갑해 남자의 집으
로 찾아와 결혼까지 한다는 설화이다. 아기까지 낳고 잘 살다 어느 날 치
마 밑으로 나온 꼬리를 남편이 보게 되자 여우는 집을 떠나고 만다. 비록
집은 떠났지만 가끔 찾아 와 농사일을 다 해놓는다든지 아들을 남몰래

보살핀다든지 하는 등 현모양처의 본분을 다하는 모습을 보여주고 있다.

이뿐만 아니라 예지능력까지 있어 자연의 재앙으로부터 인간을 도왔다는 설화도 많이 전해지고 있다.

이러한 능력으로 인해 일본사람들은 여우를 신사 경내에서 키우거나 아예 신으로 모시거나 했다. 신으로 승격되면 곡신의 이름이기도 한 '이나리'(稲荷)라고 불렸다. 여우가 좋아하는 유부를 주거나 팥밥을 지어 봉양했다. 우동 중에 '기쓰네우동'이라고 불리는 우동에는 유부가 들어가 있다. 기쓰네는 여우를 뜻하고 여우가 유부를 좋아하기 때문이다. 그리고 유부초밥은 '이나리즈시'라고 한다. 이 또한 여우가 좋아하는 것이었기 때문에 여우의 딴 이름인 '이나리'를 붙인 것이다.

이상과 같이 일본의 4대 요괴 외에도 일본에는 무수히 많은 요괴들이 있다. 요괴가 많다는 것, 그리고 요괴가 신으로 승격된다는 것은 일본인들을 둘러싼 환경(산, 강, 시골과 같은 전근대적 공간)이나 상상력에 의한 것이라는 점, 그리고 그들의 종교관이 얼마나 다신교적인가를 엿볼 수 있는 일면이 되고도 남는다.

3 현대 일본사회 속의 유령과 요괴

현대일본인은 유령과 요괴를 실제 생활에서 체험하기보다는 영화나 애니메이션과 같은 픽션을 통해 인식하는 경우가 많다.

왜냐하면 첫째, 생활공간의 변화를 들 수 있다. 주위의 환경이 근현대화되어 유령과 요괴가 좋아하는 '어둠의 세계'가 극복되었기 때문이다.

둘째, 역사 문화의 진전과 함께 요괴의 존재와 현상을 부정하거나 그것을 합리적으로 설명하려는 서양의 과학적인 지식이 도입되어 교육적으로도 그러한 사고가 강요되었기 때문이다.

그러나 아무리 과학적 인식이 선행되더라도 불가사의한 유령이나 요괴는 계속 출현하고 있다. 전근대적인 '어둠의 세계'는 사라졌지만, 현대에는 현대 나름의 '어둠의 세계'가 있기 마련이다. 가령 인간의 '죽음'과 관계되는 곳(병원, 묘지, 사고난 곳, 이상한 인간들 등)이나 폐쇄된 곳(화장실, 창고, 지하 등)이다.

앞서 말했듯이 일본인들은 호러 영화를 좋아하고 또 유령과 요괴에 대해 비교적 적극적으로 수용한 민족이다. 따라서 일본인들은 유령이나 요괴의 모습과 출현장소는 달라도 그들과 또 다른 형태로 접해 나아갈 것이며, 또 새로운 문화나 종교를 창조할 것이며, 그리고 그것을 영화로 만들어 공유할 것이다. '유령'과 '요괴'의 천국의 국민답게 말이다.

원제 : 楢山節考
감독 : 이마무라 쇼헤이
주연 : 사카모토 스미코, 오카타 겐
제작사 : 도에이
상영시간 : 130분
장르 : 드라마
제작년도 : 1982년
개봉일 : 199년 10월 30일
등급 : 18세 이상

제1절 〈나라야마부시코〉 읽기

1 〈나라야마부시코〉의 감독과 줄거리

1) 이마무라 쇼헤이 감독

이마무라 쇼헤이 감독은 1926년에 도쿄에서 태어났다. 와세다대학에 입학하여 서양사를 전공하다 연극에 흥미를 갖게 된다. 영화보다는 연극에 관심이 많았는데 우연히 쇼치쿠의 오즈 야스지로의 조감독으로 일하면서 영화계에 발을 들여놓게 된다. 1958년 이마무라는 그의 첫 번째 작품 〈도둑맞은 욕정〉을 연출했는데, 유미주의인 오즈의 작품과는 다르게 인간의 욕망과 생존의 문제를 인공적인 화면구성 없이 그려냈다.

1965년에 과감히 자신의 프로덕션사를 설립함으로써 자신의 위치를 확고히 한다. 그는 주로 창녀나 포르노영화제작사, 유랑극단 배우와 같은 하층계급을 등장시켜 일본적 성(性)의 세계를 적나라하게 파헤쳤는데, 〈일본곤충기〉(1963), 〈신들의 깊은 욕망〉(1968), 〈일본전후사 온보로마담의 생활〉(1970)이 그 대표적인 예이다. 형식상의 특징으로는 다큐멘터리 지향성을 들 수 있다.

이마무라 감독이 그리는 여자들은 하나같이 사회적 약자이며 남자에

부산영화제에 참가한 이마무라 감독

게 강간당하는 피해자들이다. 그래서 때로는 페미니스트들로부터 비난을 받고 있지만 그가 말하고자 하는 궁극적인 메시지는 현실에 좌절하지 않고 꿋꿋하게 살아가는 삶에 대한 '의욕'과 '희망'이다. 이러한 자세는 상층계급보다는 하층계급 사람들을 작품에 담고 있는 이유와 상통한다. 그는 상류층 인간보다는 하층민들이 보다 진솔하고 솔직하게 인생을 살아가며 그 속에 인생에 대한 에너지 같은 것이 숨어 있다고 생각했기 때문이다.

1970년대 이후에는 요코하마 방송영화연구소를 설립해 후배양성에도 힘쓰게 된다. 1960년대 일본 뉴웨이브를 이끈 거장답게 현재에도 꾸준한 활동을 보이고 있다. 일본인의 일상속에 담긴 특유한 신앙, 생활, 욕정을 탐구하는 데 그의 영화는 살아있는 자료이기도 하다.

1983년 〈나라야마 부시코〉로 칸느영화제 황금종려상을 수상해 세계적 거장의 반열에 선 그는 1997년엔 〈우나기〉로 두 번째 황금종려상을 수상하면서 한 감독이 두 번 수상하는 드문 기록을 세웠다.

대표작으로는 〈도둑맞은 욕정〉(1958), 〈니안짱〉(1959), 〈인류학입문〉(1966), 〈가라유키상〉(1975), 〈나라야마부시코〉(1982), 〈검은 비〉(1989), 〈우나기〉(1997), 〈간장선생〉(1997), 〈붉은 다리 아래 따뜻한 물〉(2001) 등이 있다.

2) 줄거리

산촌의 겨울은 식량이 절대적으로 부족해 마을사람들에게는 고통의 계절이다. 월동과 연중의 생계유지를 위해 그들은 남의 식량을 도둑질하면 생매장을 하고, 70세가 되어 생산력이 없어진 노인은 나라야마라는 산에 갖다 버리는 규율을 철저히 지킨다.

주인공 오린은 올해 69세로 장남부부와 장손 부부, 어린 손자, 그리고 차남과 함께 근근이 살아가고 있다. 워낙 근력이 좋아 웬만한 농사나 고기잡이는 자식들 뺨치게 해내지만 입을 덜기 위해 내년에 나라야마로 가기로 결심한다.

산으로 가기 전에 오린은 하나 둘씩 준비를 한다. 아직 기력이 왕성하지만 장남 다쓰헤가 심한 죄책감에 빠지지 않도록 이빨을 돌로 쳐서 일부러 쇠약해 보이게 한다. 며느리에게는 자기만이 알고 있는 고기낚는 비법을 가르쳐 주고, 몸냄새가 심해 주변 사람들에게 따돌림을 당하는 둘째 아들에게는 총각딱지를 뗄 수 있도록 여자를 수소문해 밤일을 치뤄 보게도 한다. 하물며 죽음의 여정을 떠나는 마지막 날엔 텃밭에 씨앗을 뿌려 놓기까지 한다.

전날 밤, 마을의 원로가 모인 가운데 나라야마에 갈 때의 금기와 길을 알리는 의식이 행해진다. 규율대로 오린과 다쓰헤는 사람들 눈에 띄지 않는 새벽에 길을 나선다. 나라야마에 갈 때에는 말을 주고 받아서는 안 된다는 규율이 있었기에 그들은 그저 묵묵히 오를 뿐이었다. 어머니를 백골과 까마귀가 난무하는 추운 산에 버리고 내려오는 다쓰헤의 마음은 무겁기만 하다. 그나마 눈이 내려 어머니가 산신을 빨리 만날 수 있다고 스스로를 위로하지만 오린의 빈자리를 애석해 하지도 않고 그저 서로 밥이나 많이 먹으려고 아웅대는 식구들을 보고 화가 난다. 그들과 함께 산골의 눈 덮인 밤은 깊어만 간다.

2 기로설화의 패턴

영화 〈나라야마부시코〉(1982)는 일본의 근대작가 후카사와 시치로(深沢七郎)의 소설 『나라야마부시코(楢山節考)』(1956)와 『동북의 신무들(東北の神武たち)』(1957, 신무는 용모가 특이했던 천황. 농촌의 우스운 젊은이들을 그에 빗대어 부른 것임)을 원작으로 하고 있지만 큰 줄기는 역시 일본의 동북지방에 전하는 기로설화(棄老説話)에 바탕을 둔 『나라야마부시코』이다.

나이 들어 노동력이 없어진 노인을 산에 갖다 버리는 이야기 즉 기로설화가 과연 사실에 기초하는지 아니면 가상의 설화인지, 설화이더라도 일본자생설화인지 외래설화인지 불명확하다. 일본문학에서는 『야마토모노가타리(大和物語)』(10세기)의 156단에 처음으로 등장하는데 부모가 아니라 부모 대신 자신을 키워준 오바(이모 또는 고모)를 아내의 채근에 못 이겨 갖다 버렸다가 다시 데리고 왔다고 되어 있다.

이 이야기로 일본에서는 할머니 고모 이모를 버리는 종류의 설화는 모두 '오바스테'(姨捨)설화라고 한다. 이후의 불교설화집인 『곤자쿠모노가타리(今昔物語)』(12세기)에서는 중국과 인도의 이야기로 소개되기도 하는데, 유사한 이야기를 파생시키면서 전승되어진다.

설화의 기본구조는,

(1) 집에 먹을 것이 없어지자 노모를 갖다 버리기로 한다.

(2) 노모를 업고 산으로 간다.

(3) 노모를 다시 데리고 온다.

이다. 기본 구조 가운데 주로 2), 3)에서 여러 버전이 생긴다.

가령 갖다버렸던 노모가 이웃의 강대국에서 제시한 수수께끼를 풀어 다시 집으로 돌아와 행복하게 산다는 버전, 노모가 아들의 귀로를 걱정해 나뭇가지를 꺾어 놓는 것을 보고 아들이 개심을 하여 다시 데리고 온다는 버전, 할아버지를 버리는 간 지게를 아버지를 버릴 때 쓰겠다는 아들의 말을 듣고 마음을 달리 먹었다는 불효자 개심형 버전 등으로 말이다. 매우 다양하지만 중요한 것은 하나같이 '효'와 '노인공경'이라는 이데올로기가 내재되어 있다는 사실이다.

한국의 경우에도 이와 흡사한 설화가 있는데 바로 널리 알려져 있는 고려장설화이다. 이 설화는 한국자생설화라기보다는 불경인 『잡보장경(雜寶藏經)』에 수록되어 있는 「기로국 이야기」가 전래수용된 것이다. 버려지는 나이(60세, 70세, 80세, 100세), 숨기는 장소(산 속, 지하실, 벽장 속, 마루 밑 등), 버릴 때 쓰는 도구(지게, 들 것, 항아리), 문제(소리나지 않는 북 만들기, 향나무의 상하 구별하기, 재로 새끼꼬기 등)에서 약간의 변형은 있으나 대체적으로 일본과 비슷한 유형들이다. 한국의 설화 역시 '효'의식과 '노인공경'사상을 고취시키기 위한 설화로서 수용되어져 왔다.

3 기노시타 게이스케, 김기영, 이마무라 쇼헤이

소재의 특이함으로 인해 한국과 일본에서는 이 기로설화를 바탕으로 영화를 만든 감독들이 몇 있었다. 기노시타 게이스케, 김기영, 이마무라 쇼헤이 감독들이 그들이다.

기로전설을 바탕으로 한 후카사와의 소설 『나라야마부시코』는 사실 이마무라 쇼헤이 감독뿐만 아니라 기노시타 게이스케(木下惠介)라는 감독에 의해서도 만들어졌다. 영화이름도 똑같이 〈나라야마부시코〉이지만 1959년 제작이니 이마무라 작품보다 25여 년 이른 셈이다.

이마무라 감독이 기로설화에 현실성을 부여하기 위해서 기근과 빈곤, 도둑질에 대한 제재를 넣는 등, 리얼리즘을 추구했다면 기노시타 감독은 가부키의 양식을 빌어 탐미적인 예술의 세계를 만들어내고자 했다. 무대 조명과 같은 색색의 조명을 비추고 그림판으로 구름과 산을 세워 놓은 마치 연극무대 같은 세트에서 촬영을 했다. 그리고 일본 전통 인형극에서 흐르는 내레이션을 도입, 다양한 연출효과를 써가며 아들의 등에 업혀 산으로 가는 노모와 어머니를 버리러 가는 아들의 절절한 심정을 차분히 그려냈다.

한국에서는 1963년에 김기영 감독에 의해 만들어졌다. 천재지변으로 물조차 얻을 수 없게 된 옛 화전민 부락에서 식량난을 해결하기 위해서 노인네를 가져다 버리는 구조가 큰 골격인데, 원초적인 욕구인 식욕을 테마로 노인들에게 가해지는 제도적인 냉혹함을 토속적이고 무속적인 분위기로 그려낸다. 인간의 욕망 이외에도 여성을 둘러싼 양

기노시타 감독의 〈나라야마부시코〉

반과 평민의 계급적 갈등, 노인과 아들로 대표되는 옛 것과 새로운 것의
대립처럼 전근대와 근대의 갈등이 극적인 드라마로 재현되어져 있다.

이 작품은 일간지에서도 '감독의 괴기와 잔학취미는 굉장하다'(조선일보
1963. 3.19일자)고 평하고 있듯이 〈하녀〉(1960)부터 농도를 심화시켰던 새디
스트적인 잔혹성을 부각시키고 있는데 그해 일본 도쿄에서 열린 제10회
아세아영화제에도 출품하여 일본에도 선보였다.

기노시타 감독이 예술성을 추구하고, 김기영 감독이 제도와 결부시켜
자극적이고 다이내믹한 것을 추구했다면 이마무라 쇼헤이는 그저 인간의
삶이란 자연생태의 그 이상도 그 이하도 아니라는 소박한 진리를 그리고
있다.

그러나 그 소박함은 헬기를 동원한 촬영과 2년 동안 배우와 스탭들이
곡식을 경작하며 토지에 몸을 익히게 한 노력, 생이빨을 4개나 부순 여주
인공, 어머니를 업고 산에 오르는 장면을 위해 무거운 시멘트부대를 짊어
지고 걷는 훈련을 했다는 남자 주인공들이 보인 혼신의 연기가 화면 곳곳
에 베어 나와 때로는 웅장함하고도 처절함을 느끼게 한다.

그런데 우리, 즉 '효'와 물보다 진한 '혈육의 정'을 중시하는 한국인들은
이 영화를 보며 줄곧 아들의 담담한 태도와 오린의 의연한 자세에 감동과
함께 그렇게까지 차분하게 행동할 수 있는 의식세계에 의문을 갖게 된다.
무엇이 그들로 하여금 냉정을 치장할 수 있는가 하고 말이다.

이 문제는 노모를 다시 집으로 데리고 오는 설화의 구조와 맞물려서

생각해 보아야 한다. 일본의 설화도 그렇고 한국의 설화도 모두 그렇듯이 '효'를 강조하다 보니 노모는 다시 집으로 돌아와야 했다. 하물며 '효'보다는 인간의 원초적 욕망과 제도를 그린 김기영의 영화에서도 어머니를 버리러 갔던 아들이 자신도 그렇게 버림받을 것을 생각하고는 그 엄한 계율을 어기고 다시 어머니를 업고 되돌아오지 않는가. 더욱더 재미있는 것은 기노시타 감독도 다쓰헤가 오린을 버리러 갔을 때 아들이 길을 헤매지 않도록 나뭇가지를 꺾어 놓는 어머니의 사랑에 감복해서 울며 데리고 오는 식으로 원작의 반휴머니즘을 반전시켜 버린다. 그러기에 묵묵히 잔인한 규율을 받아들이는 이마무라의 〈나라야마부시코〉는 매우 특이해 보일 수밖에 없다. '효'가 아닌 무엇이 그들을 지배했는가.

4 나라야마 가는 길

'나라'는 졸참나무, '야마'는 산. 졸참나무가 우거진 산이라는 뜻의 '나라야마'(楢山). 그곳으로 마을사람들이 70세 된 노부모를 버리러 갈 때에는 반드시 지켜야 할 계율이 있었다.

첫째, 아무 말도 하지 말 것

둘째, 집을 나서는 것을 누구에게도 보이지 말 것

셋째, 뒷산자락을 돌아서 다음 산으로 가면 호랑이 가시나무가 있는데 그것을 지나면 세 번째 산이 나온다. 그 산을 오르다 보면 연못이 나오고 연못을 돌면 계단이 나오는데 그 계단으로 올라간다.

넷째, 그 산을 넘으면 깊은 계곡이 7개 나온다. 그곳이 나나타니라는 계곡인데 나라야마로 가는 길을 만나는 곳이다. 길이 끊어졌다 이어졌다 하는데 위로 위로 오르기만 하면 신이 기다리고 있을 것이다.

다섯째, 집으로 돌아올 때는 뒤를 돌아봐서는 안 된다.

위의 계율을 교시하고 마을의 선험자들은 술을 항아리째 들고 마신다.

나라야마로 가기 전날 밤에 의식을 치르고 있는 모자

그리고 교시를 끝낸 이들 또한 더 이상 말을 해서는 안 되었다. 어둠과 침묵 속에 내리는 것은 인간에게 금기를 철저히 요구하는 어두운 공기뿐이다.

자식을 낳아도 먹을 게 없으면 논두렁에 갖다 버리고, 인구가 불어나지 않도록 결혼은 장남과 차남까지만 하고, 딸이 태어나면 소금과 바꿔 팔아 버리고, 아내에게 시동생과 하룻밤만 자 달라고 남편은 아무렇지도 않게 말하고, 남편의 유언이었다며 마을의 남정네와 돌아가며 관계를 갖는 아낙이 있고, 주위의 시선을 아랑곳하지 않는 젊은 남녀는 들판에서 정사를 벌이는, 그야말로 원시성 짙은 공동체이기에 이러한 진지한 의식이 왠지 어색하게만 느껴지는 것도 사실이다. 그러나 바꿔 생각해 보면 생을 의도적으로 마감하러 가는 일만큼 어려운 일이 또 어디 있겠는가. 숙연해지는 것이 어쩌면 당연한 일인지도 모른다.

이들은 성(性)에 대해서는 유희적이었지만 생(生)에 대해서는 이처럼 치열했고 죽음(死)에 대해서는 더욱 비장했다. 노인을 버려야 한다는 것, 노인을 버릴 때도 말을 해서는 안 된다는 것 등 나라야마로 가는 길에 대한 '~하지 말라'는 금기는 신화에서 자주 나오는 표현인 만큼 신의 영역으로 다가서는 느낌이 든다. 이러한 레토릭상의 문제가 아니더라도 교시의 항목에서 나왔듯이 나라야마는 신성한 신의 공간이었다.

야나기타 구니오(柳田国男, 1875~1962)는 1910년을 전후해서 약 반세기에 걸쳐 그의 학문세계를 체계화시켰는데 그의 학문의 시발점은 이와테현의 사사키라는 사람에게 직접 들은 구전승을 소재로 해서 집필한『도노모노가타리(遠野物語)』(1910)이다. 현존 107개의 설화와 전승이 있는데 주로「산귀신」,「산사람」,「산소년」등 산(山)에 관한 것이 많다. 이 중에서 제111화에「오바스테」설화가 나온다. 이야기는 대충 이렇다.

야마구치현 등의 어느 곳에 단노하라는 곳이 있는데 그곳과 마을을 끼고 마주보고 있는 곳이 렌다이노이다 이곳에 예로부터 60세를 넘는 노인을 갖다버리는 습속이 있었다. 노인은 하루아침에 죽지 못하기에 낮에는 마을로 내려와 밭일을 해서 입에 풀칠을 했다.

여기서 〈나라야마부시코〉와 다른 것은 깊고 깊은 산골이 아니라 마을 어귀에 있는 언덕에 움막을 짓고 노인들끼리 살다가 천천히 임종을 맞이하게 했다는 사실이다.

한국의 고려장이 설화에 불과한 것으로 그 실존재성이 불분명한 것과는 달리 일본에서는 만약 존재했다면 야나기타 구니오의 『도노모노가타리』에 나오는 형태로 존재했을 것이라고 추측하는 이들도 있다.

이렇듯 보통 마을 언저리에 노인을 갖다버릴 수도 있었던 것을 심산유곡으로 인간의 세계와 거리를 두게 한 것은 생존의 건너편에 있는 '신의 세계'를 사유하는 그들의 모습을 그리기 위함이기도 했다. 그렇다. 오린과 다쓰헤가 슬픔을, 그리고 죽음을 의연하게 받아들일 수 있었던 것은 신을 만나고 신이 될 수 있다는 믿음에서였다. 산을 4개나 넘고 7개의 계곡을 지나서야 나라야마의 입구에 다다를 수 있다는 것은 그만큼 산이 인간의 발길에 오염되지 않았다는 말이 된다. 마을의 언저리가 아닌 산, 그것도 범접하기 어려운 깊은 산, 그곳에서 신과 만난다는 것을 소설과 영화 〈나라야마부시코〉는 장엄하게 그려내고 있는 것이다.

5 산악신앙과 조령숭배관

다쓰헤가 오린을 업고 나라야마로 가는 장면은 전체시간 130여 분 중에서 30여 분에 달할 정도로 비중있게 처리된다. 어머니를 업고 험준한 산세를 타는 아들의 지친 모습이 핸드헬드 카메라로 잡혀 한층 더 힘겹게 비친다. 그 지친 다리로 다쓰헤는 묵묵히 정상까지 오르고 내키지 않는 마음으로 어머니를 내려놓는다. 발길이 무거운 아들을 보고 어서 가라고

노모를 버리러 가기 위해 산을 오르는 아들

오린이 손을 내젓는 장면은 두 모자가 부둥켜안고 오열하는 것 이상의 비통함을 자아낸다.

이 장면은 울음을 흘리지 않는 것을 미덕으로 생각하는 일본문화의 한 단면일 수도 있고 규율에 대해 순종적이었다는 해석도 가능하지만 그와 더불어 자연 앞에 순종적이었다고도 볼 수 있다.

자연, 그 중에서도 산은 동양에서는 숭배의 대상이었다. 농민에게는 산에 남아 있는 잔설로 파종시기를 가늠했고, 어부들에게는 산이 나침반과 같은 역할을 했고, 종교가들에게는 영적인 힘과 주술능력을 높일 수 있는 수행의 장이기도 했다. 생활과는 별도로 종교적인 형태로 산악신앙이란 것이 일본에서 뿌리깊게 내린 것은 불교, 신도, 수험도(나라시대의 엔노교자 오즈누가 창시한 산속에서 수도를 중시한 밀교)의 영향도 있지만 일본의 산이 갖고 있는 특성에도 기인한다. 왜냐하면 일본의 산은 화산이 많기에 용암을 토해내고 화산재를 분출시켜 신비감과 경외감을 느끼게 했기 때문이다. 그래서 자연히 산에 종교적 의미를 부여하며 숭상했고 각종 의례와 의식을 행하게 되었다.

그런데 또 하나 재미있는 것은 산에서 죽은 또는 묻힌 사람은 신이 될 수 있다는 민간신앙이 있다는 점이다. 산에 묘지를 쓰기 때문에 그곳은 조상신이 사는 타계라고도 생각되어져 왔다. 야나기타 구니오에 따르면 조상은 장례가 끝나면 곧 산신이 되어 겨울동안에는 산에서 머물러 있다가 봄에서 가을에 걸쳐 마을로 내려와 농경을 보살펴 준다는 것이다. 소위 말하는 '조령숭배관'이라는 것이다.

한국에서도 산은 민족의 시원지로서 국조신과 성모신이 있는 곳으로 숭배의 대상이고 민간신앙에서도 지역의 안녕과 평화를 지키고 제액초복할 수 있다는 믿음이 있지만 신이 될 수 있는 것은 왕조에 관련이 있는 성군이나 왕비, 유공자들뿐이었다. 이에 반해 일본은 더 나아가 민초도 조

상신이 되어 산신과 어울릴 수
있다는 자유로운 사상을 지녔던
것이다.

영화 〈나라야마부시코〉는 원
작이 그린 산악신앙과 조령숭배
관을 그대로 전하고 있다. 기노
시타 감독이 노모를 다시 모시
고 오는 소박한 인간애의 이야기
로 재생산하는 것과는 달리 말
이다. 일본의 민속신앙과 전통적
인 풍습에 관심이 많았던 원작자 후카사와 이마무라 감독의 행복한 결
합에 의해 〈나라야마부시코〉(1982)라는 효자(1982년 칸느영화제 그랑프리 수
상)가 태어난 셈이다.

여하튼 아들 다쓰헤에게는 어머니가 신이 되어 다시 마을로 내려올 것
이라는 조령숭배관이, 그리고 노모 오린에게는 신을 만날 수 있다는 산악
신앙이 있었기에 두 사람은 의연할 수 있었던 것이다. 이들 모자와는 달
리 나라야마에 가기 싫어해 하는 노인과 억지로 아버지를 벼랑 아래로 밀
어버리는 옆집 아들의 모습이 그려지기도 하는데 그렇다고 그를 추악하
다고 치부해버릴 일도 못된다. 세계관과 내세관이 오린 가족과 다를 뿐이
다. 추악했던 것은 그들 부자가 각기 가지고 있었던 이기심과 집착과 불신
이었다.

이 영화에서 가장 숭고한 장면은 "눈이 내려서 엄니 좋지유? 눈이 내려
서 다행이지유?"라는 아들의 말을 들으며 소복히 쌓이는 설산에서 합장한
모습으로 죽음을 기다리는 오린의 최후일 것이다. 눈이 내리면 오린은 몸
상하는 일 없이 금세 목숨을 다할 것이고 눈에 덮혀 까마귀들에게 안쪼
여도 되기 때문이지만 그들에게는 신이 새 사람을 환영하는 표시로 받아
들여지고 있다.

오린은 곧 조상신이 되어 그녀가 뿌려놓은 씨앗이 잘 돋아 오르는지 따
스한 봄날 마을로 내려올 것이다.

6 되새겨 보는 100년 전의 이야기

후카사와는 자연을 소외시키는 당시의 일본근대문학 풍토에 경종을 울리기 위해 시공을 뒤로 돌린 이런 글을 발표했다. 그런데 원작이 발표되었던 1950년대 세간은 술렁댔다. 바로 이즈음 일본에서는 농촌의 근대화 작업이 한창이었던 바 100년 전의 전근대적인 이야기는 아무래도 시대착오적인 소재라고 생각했기 때문일 것이다.

그리고 30년이 지난 1980년대 이마무라의 영화를 보고 세상은 또 술렁댔다. 이마무라 감독의 영화가 지니는 힘과 끔찍한 소재에 외국인은 경이로운 시선을 보내기에 바빴고 일본인들은 가속화되는 고령화 사회문제를 되짚어 보게 되었다. 바꿔 말하면 노인문제를 서서히 생각해야할 시기에 이마무라는 시의적절하게 일본사회에 화두를 던진 셈이다.

비단 노인문제 뿐만은 아니다. 관리사회라는 거대한 조직의 바퀴 속에서 작은 톱니로 열심히 일했건만 능력이 부족하다고 어느새 창가로 밀려나야 하는 '마도기와족'(窓際族)이나 중간관리자는 서러운 현대판 오린이다. 다시 말해 나라야마 대신 언젠가는 양로원과 창가와 그리고 공동체의 밖으로 밀려나야 하는 생존법칙을 떠올리게 하는 영화이기도 했던 것이다.

그러나 이 영화는 노인문제나 이제까지 살펴본 신앙적인 측면보다 역시 삶에 대한 영화이다. 이마무라 감독 스스로가 말한 대로 가난했지만 살아가는 의미를 갖고 있었던 100년 전의 오린의 모습은 물질이 풍부하고 복지제도의 혜택이 풍성한 현대에도 가르침이 많다. 오린의 스스로의 생명을 관리하는 굳건한 모습과 살아남은 자들을 위한 배려는 이 영화가 갖는 영상미와 더불어 깊은 인상을 남기기에 충분하다.

영화의 사이사이에서 장가 못간 아들과 손자가

♪ 우리 엄마 늙지도 않네
♪ 부엌 구석 한 귀퉁이에서
♪ 귀신같은 이빨 서른세 개 세고 있네

하고 부른 것은 나라야마(楢山)로 갈 때가 된 노인을 놀리는 노래(부시, 節)
였다. 그 노래(또는 기로풍습)를 생각해본다(考)라는 뜻의 '나라야마부시코'
(楢山節考). 고령화 사회가 지속되는 한, 노부모와 자식지간이라는 인륜의
고리가 끊이지 않는 한, 그리고 인간이 불로장생하지 않는 한 그 사유는
지속될 것이다.

제2절 '고령사회'와 가족

1 고령사회

영화 〈나라야마부시코〉는 일본의 중세시대에 노동력이 없어진 노인을
산에 갖다 버리는 '오바스테'(고려장)라는 관습을 주요 소재로 한 영화이다.
앞에서는 버려지는 노인이 그러한 현실을 담담히 받아들이는 것에 초점을
맞추어 그들 안에 뿌리 박혀 있는 '조령숭배'나 '산악신앙'을 알아보았다.

그러나 이 영화를 통해 우리는 고령사회에 들어가 있다고 하는 현대일
본에서도 그러한 현대판 '오바스테'(고려장) 현상은 없을까 하는 호기심이
일게 마련이다. 현대일본이 어느 정도로 고령화 되어 있고 또 고령화로 인
해 일어나는 현상은 무엇이며, 가족들의 관계는 어떻게 변해 가고 있는가
와 같은 문제 말이다.

1) 평균수명

일본 후생노동성의 발표에 의하면 2000년도 일본인의 평균수명은 남성
77.6세, 여성 84.6세이다. 100여 년 전인 1880년에는 남성 36세 여성 38세
였다. 제2차 세계대전 후부터 남녀 모두 50세를 넘었고 1980년대에는 70
세를 넘어 비약적인 상승 추세를 그려 왔고 현재도 계속 장수화 추세를
이어가고 있다.

일본인의 평균수명이 늘어난 것은 경제성장 덕분이다. 경제가 발전함에

장수를 돕는 녹차.
미소시루, 어패류

따라 의학이 발달하게 되고, 보건과 위생, 그리고 영양을 둘러싼 생활환경이 좋아졌기 때문이다. 스위스나 프랑스, 아일랜드 등도 장수국에 속하는데 이들 국가들도 경제적으로 발전된 나라들이다. 경제와 더불어 중요한 것은 생활습관이나 식습관일 것이다. 따라서 많은 나라들이 일본인들의 생활과 식문화에 관심을 갖고 있다.

일본인들의 장수를 돕는 그들의 식습관으로는 흔히 녹차, 미소시루, 어패류를 꼽고 있다. 녹차는 항산화작용을 하는 성분이 많이 함유되어 있어 각종 성인병을 막을 수 있다고 한다. 또한 일본인들이 거의 매일 먹는 미소시루는 열은 된장국인데 이 또한 양질의 단백질이 듬뿍 들어가 있는 건강식품이다. 그리고 섬나라라는 지형학적 입지상 육류보다 신선한 어패류의 섭취가 높은 것도 그들의 건강과 장수에 밀접한 관계에 있다.

2) 고령사회

세계 제일의 장수국이라는 말에는 좋은 이미지가 있지만 사회의 인구 구조적 측면에서 보면 '고령화 사회' 내지는 '고령사회'라는 심각한 사회문제를 내포하고 있는 것도 사실이다. 한 사회의 전체인구에서 고령인구(65세 이상)의 비율이 7%를 넘으면 '고령화 사회'라고 하고 12%가 넘으면 '고령사회'라고 하는데 일본의 경우 이미 2000년에 65세 이상의 인구가 16.9%에 달해 고령사회에 들어서 있다. 혹자는 아예 '초고령사회'에 진입했다고 하기도 한다. 사회학자들은 2010년에는 21.1%, 2025년에는 25.4%로 늘어날 것으로 전망하고 있는데 2010년이 되면 4명의 한 명은 고령자가 된다는 말이 되므로 '초고령사회'라는 말이 결코 과장된 표현만은 아닌 셈이다.

고령사회 국가는 여러 가지로 부담을 느끼기 마련이다.

첫째, 개인적으로 보면 생산연령(15~64세) 인구보다 고령인구가 많아 생산연령인구당 부양해야 할 고령자가 는다. 근미래 일본의 젊은이들은 열심히 일을 해도 자신의 미래를 위해 돈을 쓰는 일보다 조부모와 부모를 봉양하기 위해 돈을 쓰는 일이 많아지게 된다. 돈뿐만 아니라 조부모와 부모의 건강(거동불능, 치매 등)을 신경써야 하는 정신적인 부담도 늘게 된다.

둘째, 사회적으로 보면 노인에 대한 복지보건 서비스 등의 사회적 부담이 가중된다. 따라서 세금이 늘 수밖에 없다.

셋째, 국가적으로 보면 국가경제는 활기를 잃기 때문이다. 무엇보다도 경제인구가 감소하기 때문에 생산성이 떨어지고, 국가 전체가 고령인구중심의 정책에 힘을 쓰게 되기 때문에 국가 전체가 힘을 잃게 된다.

3) 대책

일본도 이미 이러한 부담을 줄이기 위해 몇 십 년 전부터 정책적인 대안을 찾게 된다. 시기별로 정리해 보면 다음과 같다.

1960년대 : 노인복지에 관심을 기울이기 시작
1970년대 : 재가복지시설 확충 노력
1980년대 : '고령자복지추진10년 계획(골드플랜)'(1989)
1990년대 : '신골드플랜'(1994), '고령사회대책기본법'(노인문제조사, 대책, 국
　　　　　 회에의 연차보고시행)(1995), 보건의료서비스와 복지서비스를
　　　　　 연계해 사회전체가 고령자에 대한 요양서비스를 종합적으로
　　　　　 제공하는 독립적 사회보험체계인 '개호(介護)보험' 제정(1997)
2000년대 : 개호보험의 실시(2000)

이러한 정책 시행과 함께 다음과 같은 해결책을 마련해 가고 있다.

(1) 고령의 노인이 일할 수 있는 일자리 창출

일본은 1991년 '고령자 고용촉진법' 제정으로 60세 정년제를 확보했다.

요즘에는 '고령자고용안정법'을 시행해 회사원의 정년보장을 2006년까지는 62세, 2013년까지는 65세로 의무화시키고 있다. 현재는 고용계약은 유지하되 하청·유관업체로 소속을 옮겨 과거보다 적은 임금으로 일하게 하는 '출향'(出鄉)제도를 이용하는 기업이 많아졌다.

(2) 노후 복지를 위한 실버시설마련

저렴한 가격으로 복지 후생과 간호를 받을 수 있는 실버타운 조성을 하고 있다. 입소가능한 특별노인요양소 정비, 고령자 우선입거제도 등이 마련되어 있다. 반면 실버타운으로 들어가지 않고 '역(逆) 담보대출'을 노후대책의 하나로 삼는 노인도 늘었다. '역담보대출'은 부동산을 담보로 매월 일정액의 생활비를 은행에서 빌려서 쓰고 나중에 부동산을 매각해 부채를 청산하는 금융상품이다.

(3) 국민연금의 제대로 된 지급

국민연금 제도가 1954년부터 시작되었다. 국민연금이란 한 마디로 일하는 세대가 낸 돈이 고령자의 생활을 돕게 되는 시스템이다. 이러한 구조는 순환되므로 언젠가는 자신도 혜택을 받게 된다. 하지만 고령자가 증가하면 할수록 젊은이들의 연금지급은 높아질 수밖에 없다. 그래서 공적연금제도와 연금적립금의 안정을 위하여, 특히 젊은 세대의 부담을 줄이기 위해 다각도의 개선안이 모색 중에 있다.

오린이 현재 일본사회에서 태어났다면 산에 버려지는 일 없이, 실버타운에서 도우미의 개호(介護, 수발)를 받으며 편안한 여생을 보낼 수 있었을 것이다.

② 현대 일본의 가족 모습

영화에서 보이는 오린의 가족이나 마을 사람의 가족을 보면 대체로 대가족을 이루고 있고, 아이를 내다 버릴 정도로 생기는 대로 낳으며 또 결혼에 대해서도 오린의 둘째 아들처럼 특수상황인 아닌 이상은 때가 되면 당연히 하는 것으로 그려져 있다.

하지만 현대일본의 가족은 1)핵가족화, 2)소자화(少子化), 3)비혼(非婚) 만혼(晩婚)화라는 말로 정리할 수 있듯이 영화 속 가족과는 180도 다른 모습을 하고 있다. 이러한 현대 일본가족의 모습은 수많은 사회적인 유행어나 신조어를 낳고 있다.

1) 핵가족화

일본의 가족의 형태는 역사에 따라 다양하게 변천해 왔다.

7,8세기 무렵에는 율령제의 확립으로 가부장적 가족제도가 법제화되어 불효가 처벌의 대상이 되었고 남존여비 사상도 강했다. 9~11세기 무렵의 헤이안시대에는 일부다처제가 많았다. 12세기 말 이후에는 막부시대가 들어서면서 일족(一族), 일문(一門), 일통(一統)으로 불리는 무사의 족적 결합이 사회조직의 중요 단위가 되었다.

근대에, 특히 1950년대에 이루어진 급속한 경제성장과 도시화로 핵가족화 된다. 농촌의 젊은이들은 부모를 모시는 부담감과 빈곤으로부터 탈피하기 위해 도시로 떠났기 때문이다. 이에 따라 농촌은 물론 도시의 가족까지 핵가족화가 되었다. 그래도 이때의 가족은 2세대 구성 즉 부모와 자식으로 이루어지는 구조를 지니고 있었다. 하지만 현재 일본의 핵가족화는 더욱 심각해져 개별화 현상이 심화되고 있다. 다음과 같은 가족의 형태를 둘러싼 몇몇 현상어가 그러한 현상을 여실히 보여주고 있다.

(1) 단신부임(単身赴任)

경제성장기에 가장들의 삶의 중심은 가정이 아니라 회사였다. 1970년대 이후 일본의 기업들은 사업을 다각화하기 위해 현지 생산활동을 늘렸다. 그 결과 회사원들은 지방이나 해외로 근무지를 옮겨 갈 수밖에 없었는데 이때 가족을 동반하지 않고 혼자 부임해 갔다. 이를 '단신부임'(単身赴任)이라고 한다. 단신부임용 맨션, 요리책, 가계부의 상품이 개발되었고 그들만의 온라인 커뮤니티가 형성되어 있다.

(2) 독신생활(一人暮らし)

대학이나 회사에 들어가게 된 자녀들은 가족과 떨어져 학교 근처로 옮겨간다. 본격적으로 '독신생활'(히토리구라시, 一人暮らし)을 시작하는 것이다. 하숙은 없고 대체로 기숙사나 학교 근처의 고포 또는 아파트를 빌어 자취생활을 한다. 여기서 말하는 아파트를 한국의 아파트 수준의 것으로 생각하면 안 된다. 일본에서는 허름한 다세대주택을 아파트라 하고 한국의 아파트와 같은 것은 맨션이라고 하기 때문이다.

자취방에 모여 맥주를 마시며 프로야구, 애인, 세상 돌아가는 얘기를 하며 밤을 지새우는 것도 젊은 날 마음껏 누릴 수 있는 낭만 중의 하나이다. 겨울에는 '고타쓰'(이불 씌운 난방용 탁자)에 둘러앉아 오뎅이나 나베(냄비전골요리)를 먹는 것도 빼놓을 수는 없다.

신축 고포

(3) 얀구 마마(YOUNG MAMA)

'젊은 엄마'란 뜻의 '얀구 마마'는 10대나 20대 초반에 아이를 낳고 육아하는 미숙한 엄마를 말한다. 이들은 출산과 육아에 대한 지식이 미흡하여 자녀교육이 서투르기 마련이다. 종종 더운 여름 아이를 차 안에 두고 몇 시간이나 파친코(일종의 오락게임)를 하다 아이를 질식사시킨 뉴스가 나오는데 거의 '얀구 마마'이다. 과거 여자의 출산과 양육은 부모나 조부모에게 교육받는 부분이 많았다. 핵가족화된 사회에서 '얀구 마마'들은 그만큼 무지할 수밖에 없다.

(4) 정년이혼(定年離婚)

1990년대 이후 일본사회에서는 결혼생활을 30년 이상이나 한 장년과 노년층의 부부가 이혼하는 사례가 급증했다. 특히 남편이 정년을 맞이하자마자 이혼하는 경우가 많기 때문에 붙여진 이름이다. 회사를 퇴직하면 연금을 받게 되는데 설령 이혼을 하더라도 배우자에게도 남편의 직장 연금을 공동으로 수령할 수 있기 때문에 이혼 후라도 여성의 경제는 어느 정도 보장되는 면이 있다. 모든 부부가 그렇지는 않으나 장기적인 경기 침체로 실직당한 남편이 늘거나 부채에 고통받는 가정이 늘어나면서 생긴 사회현상이다.

(5) 젖은 낙엽족(濡れ葉族)

일본에서는 일련의 비슷한 성향을 띠는 사람들을 '~족'이라고 집단화시켜 부르는 경향이 짙다. 가령 1950년 소설가 이시하라 신타로(石原慎太郎)의 『태양의 계절(太陽の季節)』에서 유래된, 기성의 질서를 무시하고 튀는 행동을 하는 젊은이들을 가리키는 '태양족'과 그 후의 오토바이를 타고 밤거리를 질주하는 '폭주족', 처음 승용차가 보급되었을 때 차를 사서 몰고 다니던 '마이카족', 타인과의 커뮤니케이션의 수단을 휴대폰의 문자보내기로 일삼는 '엄지족' 등이 있다. '젖은 낙엽족'(누레바조쿠)은 정년 후 신발 밑에 착 달라붙는 젖은 낙엽처럼 부인만 졸졸 따라다니는 5, 60대의 힘없는 장년층을 말한다. 고령사회 노년의 고용실태의 불안을 나타내는 말이다.

(6) 오야지가리(オヤジ狩り)

'주넨부토리'(中年太り)라는 말이 있다. 중년이 되어 살이 찌게 되는 것을 말한다. 특히 중년 남성은 술, 스트레스, 운동부족으로 '주넨부토리'가 되기 쉽다. 망가지는 것은 이런 몸매만이 아니다. 최근 '오야지가리'란 걸 당하는 일이 많기 때문이다. '오야지'란 자기 부모를 낮추는 말임과 동시에 중년남성을 가리키는 말이기도 하다. 청소년 집단이 퇴근하는 '오야지'를 기다렸다가 폭행 후 금전을 갈취하는 것이 바로 '오야지가리'이다. '오야지가리'라는 범죄의 이면에는 경제발전을 위해 불철주야 일했지만 사회적으로나 가정적으로나 기반을 잃어가고 있는 중년남(가장)의 모습이 있다.

그 밖에 가정내별거(家庭內別居), 가정내폭력(家庭內暴力), 바쓰이치(한 번

이혼한 자) 등이 있다.

2) 소자화(少子化)

소자화란 유아인구가 적어지는 현상을 말한다. 아래의 후생노동성의 「인구동태통계」(전후 일본의 출생자 수와 출생률)를 보면, 제2차 세계대전 이후인 1947년대부터 1949년에 한 번 상승한다. 연간 270만 명이나 태어났고 이때를 제1차 베이비붐 시기라고 하며 이때 태어난 사람들은 '단카이세대'(團塊世代)라고 한다. '단카이'(團塊)란 원래 광물 등의 덩어리를 말하는데 이 시대에 태어난 사람들이 한 덩어리 모양으로 많았기 때문에 붙여진 이름이다. 현재 대략 60세를 바라보는 사람들이다.

이후 출생률은 하향곡선을 그리다 1966년에 뚝 떨어진다. 그 이유는 이 해가 백말띠였기 때문이다. 일본에서는 여자 말띠 그것도 백말띠는 팔자가 사납다고 믿는 사람이 많았기 때문이다.

그러다 1971년에서 1972년 사이 제2차 베이비붐이 나타나 반짝 상승했는데 이후부터는 점점 떨어지고 있다. 2002년 출생한 아이는 겨우 17만 명으로 단카이 세대의 270만 명에 비하면 상당히 낮은 수이다. 출생률의

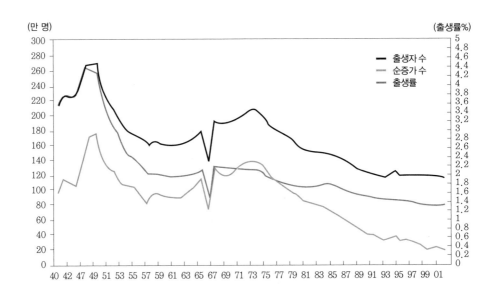

저하=소자화는 일본인의 결혼관과 자녀관의 변화에 기인하는데 지나친 소자화로 경제인구감소를 우려한 정부는 다양한 대책을 내놓고 있다. 소자화로 인해 여러 병리현상에는 다음과 같은 것이 있다.

(1) 등교거부(登校拒否)

등교거부를 하는 아이들이 점점 급증하여 하나의 사회적 이슈가 된 지 오래이다. 비슷한 말로 1950년대에는 '학교공포증', 1970년대에는 '등교거부', 1980년대 이후에는 '부등교'(不登校)라는 말이 많이 쓰였다. 학교에 가면 스트레스가 쌓이고 신체 리듬이 깨져 겁부터 나는 것을 '학교 공포증', 학교의 교육전체를 부질없다고 판단하고 학생자신이 학교가기를 적극적이고 자발적으로 중단하는 것을 '등교거부', 이유 없이 아침에 학교가기가 싫어서 집에 있는 경우를 '부등교'라고 하는데, 보통 학교에 가기 싫어하거나 안 가는 것을 통틀어 '등교거부'라고 한다.

등교거부는 하나의 사회적 이슈이기 때문에 영화나 드라마에도 종종 그려진다. 한국에서도 개봉된 일본영화 〈행복한 가족계획〉(2001)의 가족을 보면 자체식품회사 영업사원인 가와지리에게는 결혼하고 10년째 된 아내 유코와 중학교 2학년에 다니는 딸 요코, 초등학교 5학년인 아들 유타

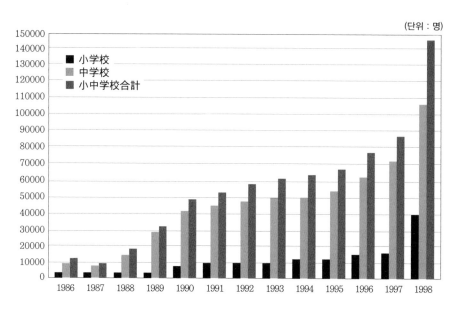

(단위 : 명)

로가 있다. 이 중에서 딸 요코가 학교에 적응하지 못해 등교거부를 하는 문제아로 설정되어 있다.

등교거부도 시대와 함께 그 경향이 변하고 있다. 과거에는 '이지메'나 '가정불화' 등을 이유로 등교를 거부하는 경우가 많았다. 그리고 '공부를 못해서 또는 싫어서'가 이유인 경우도 많았다.

하지만 최근에는 학교 외의 다른 인생을 스스로 선택하는 새로운 타입이 주류이다. 일본 교육계와 언론은 이른바 '밝은 등교거부'라고 부른다. 이들은 과거의 등교거부 학생처럼 학교에 안 가는 죄책감을 그다지 느끼지 않는다. 반드시 비행에 빠져드는 것도 아니다. 대신 통신과정이나 사설학원에 다니며 졸업장을 취득하는 예가 많다. 또한 기성의 학교 대신 '대안학교'(프리스쿨)의 설립이 많아져 다른 형식으로 교육의 기회를 잡아 나아가는 가정이 늘고 있다.

등교거부 또한 가족문제와 밀접한 관계가 있다. 현대일본의 가정은 가족의 유대가 허약하여 가정 내 의사소통의 단절이 심각하다. 부모들은 청소년들이 그 나이에 갖게 되는 방황과 불안을 포용해낼 여유를 갖지 못할 뿐 아니라 그들이 처한 상황에 대해 지식을 가지고 있지도 않다. 그 결과 자녀를 봉건적인 통제로 관리하려 들게 되지만, 그 효력은 갈수록 줄어들고 있다. 공부만을 중시하는 집안과 사회에서 스트레스를 받아 온 학생들이 등교거부를 거부하는 것은 비단 일본만의 문제는 아니다.

(2) 히키코모리(은둔형 외톨이)

'히키코모리'는 사회생활에 적응하지 못하고 장기간 집안에만 틀어박혀 사는 사람들을 일컫는 말로 한국에서 '은둔형 외톨이'라고 부르는 말이다. 1970년대부터 나타나기 시작해 1990년대 중반 사회문제로 떠오른 용어이다. 이들은 스스로 사회와 담을 쌓고 외부 세계와 단절된 채 생활한다는 공통점을 가지고 있다.

사람에 따라 3~4년, 심할 경우에는 10년 이상을 방안에 틀어박혀 지내는 경우도 있다. 그들의 행동을 보면,

첫째, 집안사람들은 물론 어느 누구와도 대화를 하지 않는다.(커뮤니케이

선의 단절)

둘째, 낮에는 잠을 자고, 밤이 되면 일어나 텔레비전을 보거나 인터넷에 몰두한다.(현실세계의 거부)

셋째, 자기혐오나 상실감 또는 우울증 증상을 보인다.(건강하지 못한 정신)

넷째, 부모에게 폭력을 행사한다.(가족의 위계질서 무시)

히키코모리가 발생하는 원인은 많겠지만 대체로 핵가족화로 인한 이웃·친척들과의 단절, 정보통신 기술의 발달로 인한 급속한 사회변화, 학력지상주의에 따른 압박감, 대학을 졸업한 뒤에도 취업을 하지 못하는 데 따르는 심리적 부담감, 갑작스런 실직과 같은 것을 원인으로 들 수 있다. 이 중에서도 특히 핵가족이 가장 큰 문제이다. 집안에 어른이 없고 형제자매가 없어 엄한 교육을 하면서도 보듬어 주거나 함께 놀아 줄 사람이 없어 마음 줄 곳이 적어지기 때문이다.

인간은 누구나 때로는 아무와도 접촉을 하지 않고 혼자 있길 원할 때가 있다. 즉 '히키코모리'의 욕망이 있을 때도 있다. 하지만 그것이 병적 증세로 나타나면 사회문제가 된다. 과거 일본에서는 오랜 시간 사회와 단절되어 살아가던 30대 남성이 여자아이를 유괴해 10년 동안이나 집에 가둬 두었던 사건이 있었는가 하면, 낮 시간 동안 은둔생활을 하던 청소년들이 밤에 밖으로 나와 폭행이나 살인을 저지르기도 했다.

이처럼 '히키코모리'들은 대개 우울증, 대인기피증, 폭력성, 공격적 성향을 드러낸다. 더 나아가 경제인구 부족으로 속앓이를 하고 있는 고령사회에서는 인적자원의 소실 등으로 확대될 개연성을 가지기 때문에 심각하다. 최근에는 '히키코모리'에 대한 상담 및 치료를 위한 기관이 늘고 있고 동호회 등의 결성, 치료서의 발간 등이 활발하다.

3) 비혼화 만혼화

결혼하지 않는 비혼(非婚)과, 하더라도 아예 늦게 하는 만혼(晚婚)이 늘고 있다. 이러한 현상은 젊은이들의 결혼관의 변화와 무관하지 않다. 결혼은 더 이상 의무가 아니라 선택이라는 의식이 팽배해진 것은 남녀평등의 확산, 여성 교육과 경제 능력의 향상, 여성의 사회진출 때문이었다. 따라서 결혼의 당위성에 대한 회의적인 반응은 남성보다는 여성의 경우가 많다. 또한 결혼을 하더라도 자신의 일과 라이프 스타일을 중시하다 보니 아이를 출산하려 들지 않는 경향이 짙다. 앞서 언급한 소자화는 이러한 의식의 결과물이다.

미혼과 비혼은 곧 소자화로 연결되고 궁극적으로는 당연히 고령사회의 문제로 이어진다. 따라서 일본 정부는 결혼과 출산장려, 육아시설(보육시설) 확대에 힘을 기울이고 있다. TV드라마만 하더라도 과거에는 독신 생활자들의 자유분방한 연애를 그리다 최근에는 가정지상주의를 각인시키는 드라마가 급증하고 있다.

(1) 독신귀족(独身貴族)

독신 중에서도 경제적으로나 시간적으로 여유가 있고 마음 편히 살아가는 독신을 말한다. 이들은 가족보다는 자신의 삶과 일을 중시한다. 삶을 풍요롭게 하기 위해 해외여행을 자주 떠나고 일로써 인정받기 위해 자기계발에 게으르지 않다.

일본은 비교적 독신이 살기 편한 나라이다. 우선 타인의 사생활에 대해 간섭을 하지 않는다. 그리고 독신용의 식품(소량화)이나 상품(팔베개 등)도 많이 개발되어 있어 의식주에 큰 불편함이 없다.

(2) 마케이누(負け犬)

'서른 살이 넘어 결혼도 못하고 아이도 낳지 않은 독신 여성'을 가키는 말이다. 그런 여성은 말 그대로 '싸움에 진 개'(마케이누)이고 아직 서른 살이 안 되었거나 넘었어도 결혼을 해서 아이를 가졌으면 '싸움에 이긴 개'(가치이누)이다. 이 말은 사카이 준코(酒井順子)라는 에세이스트의 『싸움에 진 개의 울부짖음(負け犬の遠吠え)』이라는 책이 히트를 치면서 시작되었다. 그러다 어느 방송국에서 드라마로 만들어져 유행어가 되었다.

나이 먹은 여자, 결혼 욕구가 강한 여성, 그리고 불임 여성의 고통을 무시한 채 상업적 목적에 의해 자극적인 말을 붙였다는 비판도 있고 반대로 현실을 반영한 말이라고 순수히 받아들이는 여성도 있다.

비교적 여성의 만혼과 비혼, 성(性)에 대해 관대할 것 같은 일본에서조차 그런 여성을 부정적 이미지의 언어로 카테고리화하는 현상 그 자체만으로도 '서른 넘어 결혼도 못하고 아이도 없는 여자'의 삶이 그리 녹록치 않음을 여실히 보여주는 사회현상으로 보인다.

③ 고령사회와 가족해체 사회의 희구

지금까지 살펴본 것처럼 일본사회는 고령사회와 가족의 해체라는 위기에 봉착해 있다. 이러한 현상에 의해 사람들은 지쳐 있고 마음 둘 곳이 없어 정신은 황폐해져 가고 있다. 따라서 정부는 정책과 함께 국민들의 마음의 치유도 함께 해줄 필요가 있다.

사카이 준코의 『싸움에 진 개의 울부짖음』 표지

2004년부터 일본에서 일고 있는 한국드라마의 붐은 국영방송국인 NHK에서 방영되었다는 사실에 주목할 필요가 있다. 한국드라마를 끊임없이 보여주고 한류를 조성해 간 것은 한국의 드라마에는 가족애, 형제애, 의리, 인정과 같이 이미 일본인들이 잃고 사는 것들이 기본적으로 많이 들어가 있기 때문이다.

그러나 일본이 희구하는 가정의 소중함, 가족간의 끈끈한 유대를 한국의 드라마가 근본적으로 치유해 줄 수는 없다. 그들은 어떠한 형식으로든 자신들의 문제를 해결해 나아갈 것이다. 앞으로 변모할 그들의 모습이 궁금하다. 왜냐하면 바로 몇 년 후의 한국의 모습이기 때문이다.

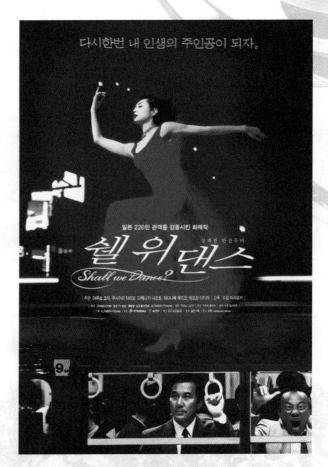

원제 : Shall We ダンス？
감독 : 스오 마사유키
주연 : 야쿠쇼 고지, 구사카리 다미요, 다케나카 나오토
제작사 : 도호
상영시간 : 138분
장르 : 코미디, 드라마
제작년도 : 1996년
개봉일 : 2000년 5월 13일
등급 : 12세 이상

제1절 〈쉘 위 댄스?〉 읽기

1 영화 소개

1) 성공

영화 〈쉘 위 댄스?〉는 평범한 중년의 샐러리맨이 무미건조한 일상에서 탈출하기 위해 사교댄스를 배우고, 그 과정에서 삶의 활력을 되찾는다는 간결한 내용의 영화이다. 내용은 간결하지만 사교춤을 소재로 한 특이성과 주연 조연의 탁월한 연기에 힘입어 일본 내에서 220만, 미국 190만, 한국에서 60만의 관객을 동원한 세계적 화제작이었다. 또한 96년 일본 아카데미상을 13개 부분 석권했으며 미국 선댄스 영화제를 비롯해 세계 유명 영화제에 초청되어 스오 마사유키 감독에게 세계적인 명성을 안겨주었다. 특히 미라맥스 영화사의 배급으로 미국 전역에 개봉됨으로써 구로사와 아키라 감독의 〈난〉(85)이 올린 미국에서의 흥행 성적을 능가하는 성과를 올렸다.

이 작품의 배역은 호화롭다. 주인공의 스기야마 역의 야쿠쇼 고지, 스기야마의 직장동료이자 느끼한 룸바로 주목을 받은 아오키 역의 다케나카 나오토(훗날 〈도쿄맑음〉을 직접 감독), 아내역의 하라 히데코, 그리고 뚱뚱한 아줌마 역의 와타나베 에리코, 미와 탐정 역의 에모토 아키라, 댄스 교사 역의 구사카리 다미요의 열연은 관객에게 깊은 인상을 남겨 주었다. 여주인공을 맡은 구사카리 다미요는 이 영화 촬영 후 감독과 결혼하게 된다. 두 사람은 미국 방방곡곡을 순회하며 작품을 직접 홍보하는 적극성을 보여 끊임없이 언론에 거론되기도 했다. 이 영화는 미국 내 배급을 담당했던 미라맥스가 판권을 구입, 할리우드에서 리차드 기어와 제니퍼 로페즈 주연으로 리메이크되었다.

2) 감독 스오 마사유키

이렇게 인기작을 만든 스오 마사유키(周防正行) 감독은 1956년 도쿄에서 태어났다. 그가 영화에 빠져 들게 된 것은 2년간 재수생활을 하며 일본영화를 많이 보게 되면서부터이다. 처음에는 재미로 보다 이내 예술영화 전용관을 찾아 일본의 작가주의 영화에 심취하게 되었다. 이때 접하게 된 것이 오즈 야스지로 감독의 작품들이었고 스오 마사유키 감독은 오즈의 작품에 완전히 매료되었다. 그의 첫 작품인 〈변태 가족 형님의 신부〉(1984)에서 스오 감독은 오즈 감독의 영화를 그대로 재현한 듯한 카메라 기법과 장면구도를 구사한다. 오즈의 예술성을 답습한 덕에 2류영화라는 이미지가 강한 핑크영화를 작품성 있는 영화로 평가받게 한 것이었다.

재수 끝에 릿쿄(立教) 대학 불문과에 입학하게 되는데 이때 영화평론가인 하스미 시게히코(蓮実重彦)의 영화강의에 감명을 받아 영화에 더욱 더 빠지게 된다. 그 후 다카하시 반에이(高橋伴明) 감독을 만나 영화 일을 도우면서 현장경험을 쌓았고 와카마쓰 고지(若松孝二)와 이즈츠 가즈유키(井筒和幸) 등의 조감독을 하면서 영화에 대한 실질적 경험을 체득해 나아갔다.

스오 마사유키 감독

스오 마사유키 감독의 작품세계는 한 마디로 '융합'이라고 할 수 있다. 전통과 현대의 융합, 그리고 오락과 작품성의 융합이다. 1989년에 발표한 〈팬시

댄스〉가 불교와 현대의 융합이었다면, 1992년작으로서 그의 출세작이기도 한 〈으랏차차 스모부〉는 스모라는 전통을 오락적으로 보기좋게 승화시킨 작품이다. 이 작품은 키네마 준포 베스트 원, 일본 아카데미상 최우수 작품상 등을 독점하면서 상업 영화의 진수를 보여 주었다.

1993년에 영화기획사이자 제작사인 알타 픽쳐스를 설립했고 그 후 3년 후인 1996년에는 50년대의 할리우드 댄스 뮤지컬을 일본적으로 새롭게 재탄생시킨 〈쉘 위 댄스?〉를 제작, 일본아카데미상 13부분 수상하면서 유명한 감독의 반열에 오르게 된다.

최근에는 이소무라 이쓰미치(磯村一路)의 〈열심히 합시다〉의 프로듀서를 맡았다.

3) 줄거리

안정된 직장, 별문제 없는 가정, 어느 하나 남부러울 것이 없지만 왠지 가슴 한 구석이 허전한 중년가장 스기야마는 어느 날 퇴근하던 전철 안에서 우연히 밖을 내다 보다 댄스 교습소를 보게 된다. 창을 통해 보이는 미모의 여인과 한 번이라도 함께 춤을 춰 보고 싶다는 일념 하에 큰 맘을 먹고 사교댄스 교습소를 찾게 된다. 찾아 간 곳은 자신이 이제까지는 경험하지 못한 이색의 공간이었다. 화려한 의상, 열정적인 몸짓에 거부감까지 들었지만 미모의 댄스선생인 마이에게 끌려 춤을 배우기로 한다.

점점 춤에 빠져들기 시작하는
모범 샐러리맨 스기야마

그곳에는 다양한 인간의 군상이 운집해 있었다. 뚱뚱한 몸매이긴 하지만 댄스대회에서 반드시 우승하겠다며 열성을 다 하는 도요코 아줌마, 사교성이 없었던 차에 의사의 권유로 교습소를 찾은 뚱뚱보 다나카, 그리고 비밀리에 교습소를 다니는 회사 동료 아오키는 모두 춤을 통해 자아를 재발견하고 삶의 의욕을 찾으려는 사람들이었다. 점차 댄스의 매력에 빠져 든 스기야마는 아오키의 권유로 점차 댄스홀과 댄스 파티에 참가하게 된다.

한편 남편의 늦은 귀가를 의심하게 된 아내는 사립탐정을 고용한다. 스기야마의 뒤를 밟았던 탐정군의 눈에 비치는 이들의 모습은 지극히 건전한 것이었다. 스기야마의 선생에 대한 가슴 설레는 마음은 불륜이라는 어둡고 상처를 동반 하는 것이 아니었다. 스기야마는 그 감정을 춤에 대한 열정으로 승화시켰고 선생은 자신의 배타적이고 쌀쌀한 태도를 온화한 것으로 바꾸어 나아갔다. 사회 안에서 그리고 가족 안에서 고독하고 쓸쓸했던 그들은 '춤'을 통해 진술한 모습과 인간적 신뢰를 찾아가게 되는 것이었다.

② 영화 읽기 : 왜 '춤'인가?

1) '중년의 위기과 극복' 그 이상의 의미

일본의 안성기라 불리는 야쿠쇼 고지(役所広司)가 주연을 맡은 〈쉘 위 댄스?〉(1995)는 흔히 중년의 위기와 그 극복을 다룬 영화로 보기 쉽다. 주인공 스기야마가 가정을 소홀히 하고 댄스 교습소의 미모의 여인에 빠져 댄스를 배우며 중년의 허한 기분을 달래려다 진술한 삶을 깨닫고 가정으로 돌아온다는 이야기만 보면 맞는 말이다.

물론 이 영화는 1950년대에 태어나서 6, 70년대에 국가재건을 위한 교육을 받고 80년대 일본의 최대 호황기 때 산업의 역군으로 멸사봉공한 오늘날의 일본의 50대들에게 응원을 보낸 그런 영화일 수도 있다. '원더풀, 원더풀 아빠의 청춘'이라는 노래 한 구절이 딱 들어맞는 영화일 수도 있다.

그러나 우리는 일탈했던 가장이 '춤'을 통해 자아실현을 하고 다시 가정으로 돌아온다는 식의 간단한 것 이상의 것을 찾아 낼 수 있다.

이 영화는 뛰어난 댄서와 평범한 샐러리맨이라는 부조화성을 댄스의 어우러짐으로 포장해 춤의 미학을 통한 인간들의 풍요로운 삶을 제시한다. 따라서 우리가 주목해야 할 것은 이 영화의 주소재인 '춤'으로 표현되는 그들의 인간관계이다.

2) '춤'이란

'춤'이란 신체의 리드미컬한 동작으로 감정이나 의사 또는 정경이나 상황 등을 표현하는 예술이다. 고대 그리스 철학자 아리스토텔레스는 『시학(詩學)』에서 '춤이란 신체적 형태의 리듬으로 성격과 정서와 행위를 모방하는 것'이라고 정의하고 있다. 그리고 이 영화의 모두에서 이용하고 있는 아담 스미스는 '춤과 음악은 인간이 발명한 최고의 쾌락'이라고 했다.

인류사에 있어서 춤의 역사는 언제부터일까. 일반적인 내용은 다음과 같다.

춤추는 인간의 모습은 세계 최고(最古)의 예술이라 일컬어지는 구석기시대의 서(西)사하라벽화 등에 이미 그려져 있다. 춤은 원시종교의식에서 발생했다고 하는데 자연의 맹위, 죽음이나 기아 등의 재앙과 액운을 무사히 넘기기 위한 기원의식에서 생겨났다. 신을 봉축하기 위하여 둥글게 원을 그리며 추는 춤이, 그리고 악마를 쫓기 위하여 대지를 밟는 춤이, 하늘의 신에게 다가가기 위하여 도약하는 춤이 그려져 있다.

춤이 종교에서 멀어지면서부터는 민중오락으로서 향유되게 된다. 크게 '보는 춤'과 '추는 춤'으로 분화해 갔다. 르네상스시대에 생긴 발레, 20세기의 러시아의 고전 발레가 '보는 춤'이라면 고전발레를 부정하고 새로운 무용을 개척한 이사도라 던컨의 맨발의 춤은 '추는 춤'의 대표일 것이다. 1920~1930년대에 개화하여 독일에서는 표현주의의 춤이, 미국에서는 모던댄스가 탄생하였다. 그 후 서구를 중심으로 포스트 모던댄스가 이루어지고, 현재는 전세계적으로 다양한 춤이 여러 표현기법으로 향유되고 있다.

이 영화에 나오는 춤은 스포츠댄스(사교댄스)이다. 스포츠댄스는 영국인들에 의해 정리된 것이다. 1920년대 영국에서는 왈츠, 탱고, 퀵스텝, 폭스트롯, 빈 왈츠의 5종목 춤을 '모던 볼룸댄스'라고 정의하고 춤사위와 법도를 정리했다. 그 후 1970년대 룸바, 차차차, 삼바, 파소도블레, 자이브의 5종목 춤을 '라틴아메리카댄스'로 규정하여 스포츠댄스의 영역을 확대시켰

〈플래시 댄스〉

다. 이 영화에서는 왈츠에서부터 룸바까지 다양한 스포츠댄스가 그려지고 있다.

이렇듯 춤이 가지는 역사가 길고 그 발전형태가 다양한 만큼 '춤'을 소재로 한 영화는 많았다. 춤을 소재로 하여 춤이 가지는 예술성을 천착한 것, 댄서를 꿈꾸며 그 꿈을 이루기 위해 노력하고 또 성공한다는 휴먼스토리, 춤을 통해 사랑과 인생의 의미를 찾거나 춤이 인생에 깊이 관여하는 영화, 그리고 밤무대의 춤의 세계를 화끈하게 보여주는 것 등 다양하다. 물론 이 범주들은 상호 겹쳐지는 부분이 있기 마련이지만 거칠게 나눠 보면 다음과 같다.

(1) 춤의 예술성에 대한 것 : 〈탱고 렛슨〉, 〈올댓 재즈〉, 〈비터문〉
(2) 댄싱 퀸 등 댄서로서의 석세스 스토리 : 〈댄싱 히어로〉, 〈코러스라인〉, 〈플래시 댄스〉, 〈댄스위드 미〉, 〈댄서의 순정〉
(3) 춤에 의해 인생의 의미를 되찾거나 춤이 인생에 깊이 관여하는 영화 : 〈백야〉, 〈토요일밤의 열기〉, 〈더티 댄싱〉, 〈바람의 전설〉, 〈왕의 춤〉
(4) 밤무대 춤의 세계 : 〈쇼걸〉, 〈스트립티즈〉

이 중에서 〈쉘 위 댄스?〉는 (3)에 해당할 것인데, 중요한 것은 자신만의 인생의 의미를 찾는 것이 아니라 타인과의 대화나 자신의 심정을 남에게 표현하는 새로운 방법을 체득하면서 타자와의 공생적 관계로 이루어 내는 식으로, 삶의 의미를 되찾는다는 데 포인트가 있다.

그럼 '춤'은 마음의 표현에 어떠한 식으로 기능하게 될 것인가?

3) 일본인들의 커뮤니케이션 문화

일본인들의 대화 문화나 심정표현의 문화에는 세 가지의 특징이 있다.

첫째는, '혼네'와 '다테마에'라는 이원론적인 커뮤니케이션 문화이다. 쉽게 말하면 사람 앞에서 하는 말과 뒤에서 하는 말을 가려 하는 것을 말한다. '혼네'와 '다테마에' 이야기가 나오면 언제나 인용되는 구절이 있다. 제자 앞에서는 '참 잘하는구나'하고 칭찬하던 스승이 제자가 돌아가자마자 '저런 소리로 무슨 조루리를 하겠다는지 원'이라며 흉을 본다는 내용의 에도시대 말기의 조루리(일본식 판소리) 중의 한 곡이다.

'저런 소리로 무슨 조루리를 하겠다는지 원'이라고 한 부분이 '혼네'인데 '혼네'란 한자로 '本音'이라고 쓴다. 문자 그대로 '본래의 소리' 즉, '진심에서 우러나온 말'이다. '다테마에'는 스승이 제자를 칭찬한 '참 잘하는구나'라고 한 부분으로 한자로 '立前'이나 '建前'이라고 쓰며 '표면상의 방침, 원리원칙' 혹은 '본심에서 우러나온 말이 아닌 겉치레, 인사말'이라는 뜻이다.

일본인들의 커뮤니케이션에 보이는 이같은 이원성은 300여 년간 지속된 에도시대 때 신분제도에 입각한 사회 속에서 강화되었다. 생존을 위해서는 권력자에 대해 겉과 속을 시의적절하게 구사해야 했던 것이었다. 그것이 오늘날에까지 이어져 온 것인데 일본인의 사회생활에서는 '다테마에'가 압도적으로 우위의 위치를 차지하고 있고 '혼네'는 억제되어 있는 경우가 많다.

사회학자인 도이 다케오(土居健郎)는, '혼네'를 긍정적으로 보고 '다테마에'를 부정적인 것으로 보는 것에 이의를 제기하며 사회와 대인관계의 원활한 영위를 위해 '다테마에'는 필요한 것이라고 했다. 그의 표현을 빌리자면 둘의 관계는 겉과 속의 관계처럼 단독의 독립체로서 존재할 수 없기에 상호보완적인 관계인 것이다. 그의 말대로 말 때문에 일어날 트러블을 미연에 방지하고 껄끄러운 관계를 만들지 않기 위해 일본인들은 '다테마에'를 쓰는 문화를 생성, 준수하고 있는 것일 것이다.

둘째, '시선공포증'이다. 일본인들의 대화시의 특징은 상대방의 눈을 똑바로 쳐다보지 않으며, 오히려 빤히 쳐다보는 행위는 결례에 가깝다는 것이다. 그저 고개를 자주 까딱 까딱거리며, 상대방의 이야기 중에 '혼토?'(정말?), '우소!'(거짓말!), '헤에~'(어머나~), '나루호도'(과연), '얏파리'(역시 그랬

상대의 눈과 몸을 부딪치며 이루어지는 춤의 세계

군)와 같은 맞장구를 간간히 쳐 줄뿐이다. 대화를 주고받을 때 눈맞춤을 하는 것, 즉 '아이 콘택트'(eye contact)에 서툰 민족이다.

시선은 언어를 동반하지 않고도 많은 의미를 전달하는 중요한 커뮤니케이션 회로이다. 사랑의 감정을 표현하는 시선, 날카로움으로 상대를 제압하는 시선, 기쁨과 슬픔 그리고 분노로 가득찬 시선 등. 이런 것들이 시선을 감정으로 분류한 것이라면 커뮤니케이션에 있어서의 시선을 방향으로 재분류하면, 상대를 일방적으로 보는 시선, 상호교환되는 시선, 그리고 이야기를 하면서 상대를 보는 시선, 상대의 말을 들으면서 바라보는 시선이 있겠다. 이 시선에서 중요한 것은 어느 정도의 시간을 두고 바라보는가이다. 그에 따라 상대와의 부담감 없는 대화의 성공과 실패가 갈린다. 시선을 통해 우리는 자신의 정보를 방출하고 또 타인의 정보를 접수한다. 적당한 눈맞춤은 하나의 정보교환이기도 한 것이다.

일본인들이 이 '아이 콘택트', 즉 '눈맞춤'에 능숙하지 않아 '시선공포증'까지 있는 것은 타자로부터의 평가에 민감하고, 자기표현이 능숙치 못해 시선정보를 억제하다 보니 생기는 하나의 증상인 것이다.

셋째, '신체적 접촉에 대한 거부감'이다. 아주 친한 사이라도 툭툭 치며 이야기하지 않는다. 적당한 공간적 거리를 중시한다. 관계에 따라 사람과 사람의 사이는 달라지는데, 부모나 연인이라면 0㎝도 무방하겠지만 첫대면이거나 생면부지의 사람과의 가장 이상적인 거리는 대체로 60~80㎝라고 한다.

물론 일본인들은 서구인에 비해 신체적 접촉에 대해 관용적이라고 보는 사람도 있다. 가령 사회학자인 다다 미치타로(多田道太郎)는 그의 저서 『몸짓의 일본문화(しぐさの日本文化)』(角川文庫, 1985)에서 사람과의 접촉을 되도록이면 피하는 것이 문명의 대세이지만 일본의 경우는 '후레아이'(触れ合い)라는 말이 있듯이 서로 몸을 부비며 정을 쌓아가는 민족이라고 했다.

하지만 다다의 논은 서구와 일본의 문화를 비교했을 때 상대적으로 일본이 타자와의 신체접촉에 비교적 관용적이라는 입장이다. 다다의 상대주의에 입각해서 일본인의 신체접촉을 한국인과 비교해 보면 일본 쪽이 훨씬 더 신체접촉을 꺼려한다. 한국 사람은 타자와의 거리두기에 비교적 무신경적이어서 처음 만나는 사람과도 금방 신체적 접촉을 하는 경우가 있기 때문이다. 지하철의 경우, 일본사람들은 빈 자리가 나도 옆 사람과 몸이 많이 닿을 것 같으면 아예 앉지 않는 경우가 많다. 이것은 타인에 대해 민폐를 끼치지 않으려는 배려일 수도 있겠지만 기본적으로 신체접촉에 대한 저항으로도 해석할 수 있다.

이상과 같이 일본인의 커뮤니케이션(대화)을 둘러싼 문화적 경향은 '직설적'으로 말하거나 '직접' 또렷이 보며 말하거나, 가까이에서 '직접' 손으로 쳐가며 말하는 것과는 먼 것들임을 알 수 있다.

그런데 '춤'은 어떠한가. 그것도 이 영화가 그리고 있는 스포츠댄스, 사교댄스는 교습선생이 말했듯이 '예의와 마음'이다. 따라서 '혼네'와 '다테마에'를 머리 써가며 쓸 필요가 없다. 게다가 상대와 눈을 수시로 맞추어야 하고 몸이 닿는 건 필수이다. 이 세계는 그야말로 몸으로 부딪히는 '직접화법'의 세계인 것이다.

4) 춤으로 이루어지는 새로운 표현의 방식

이 영화에서 주인공을 둘러싼 여자들은 하나 같이 '다테마에'를 중시하고 타자의 눈길을 피하고 또 신체적 접촉을 꺼려하는 사람들이다.

우선 그의 아내는 참하고 상냥한 아내이자 좋은 엄마였다. 그러나 남편이 수요일이면 예전에 없이 늦게 귀가하고 와이셔츠에서 여자향수 냄새가 나도 그 이유를 따지지 않는다. 그 대신 비싼 돈을 들여가며 흥신소에 가서 남편의 미행을 의뢰한다. 트러블을 불러일으키지 않고 매끄러운 부부 사이를 유지하기 위해 '혼네'를 묻기를 꺼려한다. '혼네'를 은폐하고 '다테

서로의 시선을 회피하면서 다테마에적인 관계를 유지하는
스기야마 부부

마에'적 관계를 유지하는 두 사람 사이에 커뮤니케이션이 부재했던 것을 암시하기라도 하듯 이 부부가 화합하기 이전까지 진솔하게 대화를 나누는 장면은 거의 없다. 설령 대화를 나누더라도 모두 180도로 나누어져 찍혀 분절감이 강조되고 아내는 늘 두 손을 가지런히 모으고 있어 예의를 갖추어야 하는 타인으로서 묘사된다.

그 다음, 젊은 여선생 마이(일본어로 춤이란 뜻)는 냉랭하기 그지없고 식사에 초대해도 밖에서 따로 식사하는 것은 금지되어 있다며 거절하는, 그야말로 철저한 '다테마에' 주의자이다.

보통의 일본인답지 않게 남에게 '혼네'를 말하는 사람이 있다면 낮에는 도시락 배달로 생계를 유지하고 밤에는 사교댄스를 배워 전문 아마추어 댄서를 꿈꾸는 아줌마 도요코이다. "라틴만 추고 말야. 대머리면 다야", "뚱뚱한데다 땀만 뻘뻘 흘리고, 징그러워", "땅꼬마 주제에 뭘 안다고 나서"냐는 식으로 말을 거침없이 내뱉는다. 흔히 이기주의적이고 목소리가 큰 아줌마를 일컫는 '오바타리안'의 전형적인 인물이다. 자신의 신체적 콤플렉스를 극복하기 위해 댄스 교습소에 온 이들에게 인신공격을 가함으로써 그들을 의기소침하게 만든다. 이 영화에서 '혼네'를 말하는 그녀는 트러블메이커로 작용하는데 도이 다케오가 말한 원활한 사회를 위해 때로는 '혼네'보다는 '다테마에'가 필요하다는 것을 환기시켜 주는 인물이기도 하다. 하지만 이 여성은 스기야마와는 직접적으로 관계하지 않으므로 논외로 하기로 한다.

아내나 여선생 마이처럼 자신의 직분을 탈없이 다하려는 냉랭한 '다테마에'는 인간관계를 고독하게 했다. 이런 상황에서 주인공 스기야마는 자신의 형식과 허세를 벗어 던지고 춤을 추게 된다. 물론 처음에는 스기야마도 '다테마에'적, 즉 형식적이었다. 형식을 중요하게 생각하다 보니 스텝은 엉키기 일쑤이고 허리는 뻣뻣해서 제대로 회전이 안 되어 주위사람들을 애타게 한다. 하지만 그는 곧 '혼네'로 나아가기 시작한다. 모든 이들에게 상대를 위하는 마음과 신뢰감을 보인다. 댄스 교습소의 사람들에게는 활력을 불러 일으켜 주고 파트너가 없어 대회에 못 나가는 도요코 아줌마에게는 파트너가 되어 주며, 언제나 열정이 넘쳐흘러 상대방을 부담스럽게 하는 회사동료 아오키에게는 커다란 이해자로서 말이다.

춤에 의해 상대를 이해하게 된
도요코 아줌마와 아오키

그리고 사교댄스 경연장에서 자신의 아내와 딸이 보러 온 것을 목격하고 스텝을 잘못 밟아 도요코 아줌마가 넘어질 때 상대가 다치지 않도록 최선을 다하는 그의 인간적인 신뢰감은 사람들의 '혼네'의 봇물을 터뜨리게 한 일대 사건이었다. 아내는 그에게 흥신소에 뒷조사를 의뢰했던 것을 고백하고 스기야마는 "외롭게 해서 미안했다"며 위로한다. 여선생 마이는 사람들에게 자신이 '다테마에'적이었던 것은 파트너에 대한 불신감 때문이었지만 형식보다 배려를 중시했을 때 춤을 추는 의미가 있다는 것을 비로소 깨닫게 되었다고 고백한다. 도요코에게 대머리, 뚱보, 땅꼬마라고 놀림을 받아 마음의 상처를 입었던 이들도 그녀의 어려운 처지를 알고 화해한다.

이들은 모두 서로를 이해하게 되고 다시 영국으로 춤을 배우러 가는 여선생 마이를 위한 마지막 댄스파티에서 화합의 대무(大舞)를 춘다. 현란한 조명과 화려한 파티복과 행복한 사람들의 표정 하나하나를 카메라는 360도로 빙글빙글 돌아가며 잡아낸다.

쉘 위 댄스? 스기야마가 부인과 화해할 때도 춤을 추었다. 〈쉘 위 댄스?〉의 오프닝에 나오는 '춤과 음악은 인간이 발명한 최초의 쾌락이다'라는 말을 구현하기라도 하듯 그들은 제도적인 온갖 것을 잊고 하나가 된 것이다. 마음을 터놓고 하나가 되는 새로운 표현 수단으로서의 '춤'. 이 영화에서 '춤'이 달성해 내는 기능은 바로 거기에 있는 것이다.

5) 영화에 대한 다른 시선

이 영화의 묘미가 '춤'에 있고 그 춤의 기능을 긍정적으로 해석해 보았는데 약간 차가운 시선으로 보면 어떨까?

스오 감독의 작품 경향은 '융합'에 있다고 했다. 전통과 현대의 융합, 예술성과 상업성의 융합인데 여기서 하나 더 부가하자면 서양과 동양의 융합을 들 수 있다. 그런데 이 융합은 사실 서양의 모방과 심취에 가깝다.

그의 출세작이었던 〈으랏차차 스모부〉에서도 일본의 국기인 스모를 다룸에 있어 셰익스피어의 말을 인용하고 또 영국에서 온 유학생을 통해 스모에 대해 비판을 한다. 이야기구조 또한 지극히 할리우드식이다. 전운혁이 『우리가 주목할 만한 일본영화 100』(삼진기획, 2000)에서 지적하고 있듯이 소재는 지극히 일본적인 스모를 다루고 있지만 내용은 주인공 슈헤이의 캐릭터는 고난과 역경을 극복하는 할리우드의 휴머니티와 하나도 다르지 않고 마지막 클라이맥스 순간으로 모든 에피소드의 이야기가 집약되는 감정이입적 내러티브가 그렇다.

〈쉘 위 댄스?〉 또한 일본인의 답답한 커뮤니케이션 구조의 돌파구를 서양의 사교댄스에서 찾고 있다. 아담 스미스의 말까지 인용하면서 말이다.

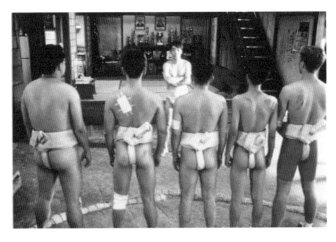

일본의 국기인
스모를 다룬 영화
〈으랏차차 스모부〉

〈으랏차차 스모부〉의 형식과 별반 다르지 않다.

서구지향, 서구의 이입이 세계적인 공감을 얻을 수 있는 길이기도 하지만 반복되는 패턴에서의 탈출을 기대해도 좋을 듯하다.

제2절 서양춤의 수입과 향유

1 서양춤의 수입

1) 로쿠메이칸에서의 무도회

1868년의 메이지유신 이후 외국인과의 교류가 시작되고 서양의 풍속이 급속도로 일본에 들어오면서 서양의 사교댄스도 본격적으로 수입되었다. 1887년 4월 이토 히로부미가 주최해서 로쿠메이칸(鹿鳴館)에서 벌여진 가장무도회 때 사교댄스가 선을 보인다. 로쿠메이칸은 서양과의 조약개정교섭과 외국의 귀빈을 영접하기 위해 외무성이 계획하고 서양인인 곤돌의 설계에 의해 1883년 지금의 히비야(日比谷)에 완공된 건물이다. 개관 후 『시경(詩經)』의 「녹명편(鹿鳴篇)」에서 이름을 따와 '로쿠메이칸'이라고 이름 붙여졌다. 로쿠메이칸은 외국 귀빈의 숙박이나 접대 때를 제외하면 클럽으로 쓰게끔 빌려 주었는데 여기에서 주로 무도회나 바자 연주회 등이 빈번히 열려 하나의 사교장으로도 인기를 누렸다.

밤마다 로쿠메이칸에서 벌어진 무도회에서는 신사복과 드레스를 차려입은 신사 숙녀가 서구인과 이야기라도 나눠 보려고 애를 썼다. 일본 여성으로서는 최초로 아메리카에 유학을 다녀

외국인과의 교류를 위해 서양식으로 지은 로쿠메이칸

조르주 비고의
〈사교계에 들락거리는 신사 숙녀〉

온 쓰다 우메코(津田梅子)는 영어를 구사할 수 있었기 때문에 서구인과 대등한 위치에서 교제를 할 수 있었다. 하지만 무도회에 나간 대부분의 일본의 숙녀들은 밧슬 스타일의 드레스를 입는 것조차 곤욕이었고 또 춤의 순서를 외우느라 진땀을 뺐다. 물론 무도회의 분위기를 즐길 여유가 있을 리 만무했다. 당시의 모습을 도쿄대의 오사와 요시히로(大沢吉博) 교수는 『知의 기법』(경당, 2000)에서 다음과 같이 재미있게 소개하고 있다.

그가 소개하는 것은 메이지시대 일본인의 모습과 생활을 그린 프랑스인 조르주 비고의 일본의 서구화 정책을 신랄하게 비판하는 그림이다. 무도회에 가려고 파티복을 입고 거울 앞에서 폼을 잡고 있는 위 그림의 제목은 〈사교계에 들락거리는 신사 숙녀〉이다. 두 사람 모두 자신들의 모습에 꽤나 만족하고 있다. 특히 남자 쪽은 가슴을 쫙 펴고 허리에 손을 갖다 대고 의기양양해 있다. 그런데 이 그림의 묘미는 이 두 사람을 비치고 있는 거울에 있다. 거울에는 원숭이 두 마리의 얼굴이 있다. 그리고 그들이 그다지도 만족하고 있던 옷은 하나도 비치고 있지 않다. 이 그림은 이들이 자기 몸에 맞지 않은 서구의 문화를 모방만 하는 원숭이에 지나지 않는다는 것, 그리고 서양문물을 오만한 태도로 흉내 내고 있는 골계스러움과 그 골계스러움을 깨닫지 못하고 있는 어리석음을 비판하고 있는 것이다.

당시의 무도회에 대한 비판은 1885년 일본에 온 프랑스 해군 피에르 로티(1850~1923)의 『일본의 부인들(日本の婦人たち)』에도 적혀 있다. 「도쿄 한복판에서 열려진 최초의 유럽식 무도회는 그야말로 원숭이가 사람흉내를 내는 꼴이었다. (중략) 이 나라 국민은 사교댄스에 대해 흥미가 없고 국민적 자부심도 없다」라고 폄하되고 있다.

그는 또한 『가을날의 일본(秋の日本)』(角川文庫, 1990) 중의 「에도의 무도회」에서 로쿠메이칸에 대해 다음과 같이 쓰고 있다.

「로쿠메이칸 그 자체는 아름다운 것이 못 된다. 유럽풍의 건축 양식을 본떴지만 생긴 지 얼마 안 되고 하얗기만 한, 그야말로 우리나라 어디에서나 볼 수 있는 카지노의 오락장과 흡사하다. …(중략)… 너무 번쩍이는 금으로 온통 치장을 했다. 치렁치렁 장식도 많다. 이렇게 차려 입은 일본의 신사, 대신, 제독의 공관들은 왠지 모르게 예전의 프랑스의 어느 장군을 생각게 한다. 그리고 저 연미복은 또 뭔가. 이미 우리들은 촌스러워 입지 않는 것을 참으로 기막히게 잘도 입고 있구나. …(중략)… 아아! 그리고 이 여인들. 의자에 기대고 있는 젊은 여인이건, 벽에 걸어 놓은 수건처럼 축 늘어서 있는 모친들이건 하나같이 자세히 보면 놀랄만한 사람들이다. 뭔가 어설픈 모습들이다. 얼굴모양은 모두 똑같다. 음전하게 덮은 눈썹 아래에서 좌우로 움직이는 아몬드처럼 쭉 찢어진 눈을 한, 둥글고 넓적한, 새끼 고양이처럼 꼴사나운 조그만 얼굴」

피에르 로티의 시선은 건물 외부에서 점차 무도회에 참가하고 있는 실내의 남녀로 향하고 있다. 일본인이 서구와 대등한 관계에 서기 위해 심혈을 기울여 건축한 로쿠메이칸은 일본인의 눈에는 호화롭고 거대한 것이지만 프랑스인의 눈에는 기껏해야 유럽의 카지노와 같았다. 그리고 한껏 멋 부린 무도회의 신사 숙녀도 그에겐 부조화의 총집합에 지나지 않는 것이었다.

이렇듯 그의 시선은 유럽대륙의 자신감으로 가득 차 있다. 야만의 나라가 문명의 나라의 것을 흉내 내는 것에 대한 곱지 않은 시선은 로쿠메이칸과 그 안의 일본의 신사 숙녀 그리고 어설픈 무도회로 이어진다. 무도회의 춤은 또 어떠한가. 어설픈 발놀림과 엉거주춤한 자세로 추는 사교댄스는 일본인들 것이 아니었다. 사교댄스는 진정한 의미에 있어서의 사교행위가 아니라 자신감 없는 자가 강자에게 보내는 일종의 '동경'이자 어설픈 '동화'(同化)였던 것이다.

일본에서의 사교댄스의 역사의 발단이 가지는 굴욕성과 같은 마이너스 이미지는 이후 다양하게 계승된다.

2) 문학속의 춤

(1) 모리 오가이의 『무희(舞姫)』

일본이 세계에 자랑하는 대문호 모리 오가이(森鷗外, 1862~1922)의 『무희(舞姫)』에는 댄서라는 직업을 가진 여성이 등장한다.

『무희』는 1890년에 발표된 단편소설이다. 오가이의 첫 작품이란 점에서도 주목을 받고 있는 작품이기도 하다. 홀어머니 아래서 곱게 자란 외동아들이자 엘리트인 오타 도요타로(太田豊太郎)는 국가유학생에 선발되어 메이지 국가를 발전시켜야 한다는 사명을 안고 독일로 떠난다. 일본에서 모범적인 삶을 살아 왔던 도요타로는 일본보다 근대화되고 자유로운 독일에 흠뻑 취하게 된다. 그 무렵 오타는 무희인 앨리스를 만나게 된다.

가난한 집안의 생계를 유지하기 위해 밤마다 클럽에 나가 춤을 추는 가련한 댄서 앨리스. 도요타로는 앨리스가 아버지의 장례식을 치를 비용조차 없어 힘들어 할 때 그녀를 도와주었고 그 일로 두 사람은 급속도로 친하게 된다. 두 사람은 정신적인 사랑을 했다. 서로를 위하는 깨끗하고 순수한 것이었다. 그때 친구의 중상모략 때문에 도요타로는 면직되고 만다. 성공을 위해 먼 이국까지 간 아들을 독려하는 홀어머니. 모친의 기대를 저버리고 도요타로는 고독에 못 이겨 앨리스와 동거생활에 들어간다. 다행히 친구 아이자와의 주선으로 통신원 일자리를 얻었고 이내 일본에서 온 백작 밑에서도 일을 하게 되었다.

일본 근대작가 모리 오가이

도요타로는 점점 일에 흥미를 느끼게 되고 다시금 출세욕에 불타게 된다. 그때 아이자와의, 앨리스의 사랑은 진정한 사랑이 아니며 중요한 것은 출세라는 감언이설에 넘어가 도요타로는 앨리스만을 남겨두고 백작과 함께 일본으로 돌아온다. 앨리스는 광인이 되어 쓸쓸히 독일에 남겨진다.

이 소설에서 그리는 '서구'와 '일본'의 지위는 로쿠메이칸의 그것과는 사뭇 다르다는 것을 알 수 있을 것이다. 로쿠메이칸에서는 '서구'가 상위에 그리고 '일본'이 하위에 놓여 있었다. 그런데 여기에서는 도요타로 상징되는 '일본'이 앨리스로 상징되는 '서구'를 이용하다 차 버리는 구조를 그리고 있다. 그것이 가능한 것은 앨리스의 직업이 '댄서'였기 때문이다. 서구에서 댄서라는 직업은 무시받는 직업이다. 가난하고 혹독한 신체 근무가 필수이기 때문이다.

메이지시대 나쓰메 소세키와 더불어 2대 문호로 칭양받은 모리 오가이 의 『무희』에서처럼 서구의 '댄서'는 사교댄스와 함께 처량한 하위문화 코 드로 인식되었던 것이다.

(2) 아쿠타가와 류노스케의 『무도회』

현실을 이지적으로 보려 했던 작가 아쿠타가와 류노스케(芥川龍之介, 1892~1927)가 소설 『무도회(舞蹈會)』를 발표한 것은 모리 오가이의 『무희』 보다 훨씬 뒤인 1920년이었다. 이 소설은 아쿠타가와가 앞서 거론된 피에 르 로티의 「에도의 무도회」에 촉발되어 쓴 것으로 유명하다. 피에르 로티 는 1885년 7월에 일본에 와 약 한 달간 체재했다. 그 기간에 오카네상이 라는 여자와 함께 살았는데 이 여인은 로티의 소설 「오기쿠상(お菊さん)」의 주인공이 된다. 그 후 로티는 12월까지 교토, 가마쿠라, 도쿄를 돌며 그때 마다 받은 인상을 기록했는데 그것이 바로 「가을날의 일본(秋の日本)」이다. 일본인의 정취와 풍경이 서구인의 눈에 비친 이국의 취향으로서 섬세하게 기록되어 유럽에서도 인기가 높았다. 하지만 「에도의 무도회」처럼 이 글은 일본을 폄하하는 오리엔탈리즘적 시각에 입각하고 있다. 오리엔탈리즘이 란 '서양인에 의해 발견되고 재창조된 동양'이기 때문에 언제나 백인의 시 각이 우선시되고 중심일 수밖에 없다.

아쿠타가와가 로티의 것을 그대로 인용하면서 『무도회』를 쓴 것은 로티 의 오리엔탈리즘에 대립하기 위해서였다. 아쿠타가와는 '로티는 위대한 작 가는 아니다'라며 로티의 작품성을 부정하면서 그에게 대항했던 것이다.

소설 『무도회』는 로쿠메이칸의 무도회에서 만난 프랑스의 해군장교와 일본여성 아키코를 통해, 인생이야말로 밤하늘을 화려하게 수놓다 사라 지는 덧없는 불꽃과 같다는 메시지를 던지는 명작이다. 그 안에서 아쿠타 가와는 로티를 어떻게 반격하고 있을까.

우선, 로티가 유럽의 카지노 같다고 우습게 묘사한 로쿠메이칸에 대한 묘사이다.

> 「밝은 가스등 불빛에 비쳐진, 폭넓은 계단의 양쪽에는, 거의 조화처럼 보이는 큰 송이의 국화꽃이 겹겹으로 둘러쳐져 있다. …(중략)… 계단 위의 무도 공간은, 벌써 경쾌한 관현악 소리가 참을 수 없을 만큼의 행복한 숨결처럼 계속 흘러넘치고 있었다. …(중략)… 그날 밤 아키코의 모습은, 긴 변발의 중국대관의 눈을 휘둥그레 하게 할 만큼, 개화의 일본 소녀의 미를 유감없이 갖추고 있었다.」

로티가 로쿠메이칸의 외관만을 꼬집고 있다면 아쿠타가와는 실내의 꽃과 음악에 초점을 맞추며 감성적으로 아늑함을 주는 행복의 공간으로 묘사하고 있다. 또한 아키코에 대한 묘사도 로티가 묘사한 일본의 숙녀와는 사뭇 다르다. 아쿠타가와의 아키코는 '반문명'의 고양이 같은 얼굴은 소녀가 아니라 외국어 실력과 자연스런 사교댄스 실력까지 갖춘, 완벽하게 개화된, 일본의 '문명'의 소녀인 것이다.

로티로 대표되듯 개화기에 있어서의 '사교댄스'는 '반문명'의 코드였고, 모리 오가이로 대표되는 메이지 시대의 서구 댄스에 대한 이미지는 처량한 '하위문화 코드'로 인식되었고, 이어 1920년대는 서구와 맞먹을 수 있는 '동등한 문화코드'로 격상되었던 것이다.

2 댄스홀의 시대

1) 요코하마라는 도시

서양의 춤, 서구의 댄스가 고위 관료의 정책적 전략에 의해 수입된 곳이 도쿄의 히비야라면 민간 서양인에 의해 자연스럽게 유입된 곳은 요코하마(横浜)이다.

요코하마는 1854년 미국의 동인도함대 사령관인 페리제독이 미일강화

조약의 체결지로서 요코하마를 지적했던 곳이고 1859년 막부가 서양과의 교역을 위해 개항한 곳이다. 이후 요코하마는 일본 최대의 무역항으로 발전했으며 외국문화의 창구가 되어 국제적인 색채가 강한 문화도시로 성장하게 된다. 북서지방에는 일본인 거류지가, 남동지역에는 외국인 거류지가 형성되었다. 외

요코하마에서 벌여진 영국함대사관들을 위한 무도회

국인 거류지에는 외국에서 온 상인과 상사가 집중해 있어 그야말로 외국을 방불케 하는 분위기를 만들었다.

요코하마의 야마테(山手)에 있는 괴테좌(ゲーテ座)에서는 정기적으로 무도회가 열렸는데 주로 영국해군함 대사관을 위한 것도 자주 열렸다. 괴테좌에서는 워싱턴의 탄생기념 무도회라던가 영국의 성인을 기념하는 무도회가 자주 열렸고 해안가의 유나이티드 클럽 등에서도 무도회가 열렸다.

호텔의 댄스 클럽은 외국인 전용이었다. 이에 반해 일본인들이 부담감 없이 들어가서 출 수 있는 댄스홀은 그 이름도 유명한 쓰루미(鶴見)의 '가케쓰엔'(花月園)이다. 이곳은 원래 영국의 어린이 유원지를 모방해 만든 일본 최초의 어린이 유원지인데 이곳에 댄스홀이 생겨 일본인들이 춤을 추러 다니게 된 것이다.

2) 상업으로서의 댄스

일반시민이 댄스를 알게 되자 이것을 사업으로 확대시킨 사람이 있었다. 1920년대 가토 헤이지로(加藤兵次郎)라는 사람은 미국의 유통업계를 시찰하다 사교댄스를 일본에 수입하면 장사가 될 것이라는 확신을 갖게 된다. 그는 하코다테(函館)에 남자 손님의 춤상대를 해 주는 직업부인을 고용해 본격적으로 클럽을 운영했다. 이후 오사카로 건너가 확대시켰다.

1923년에 도쿄에서는 관동대지진이 있었기 때문에 댄스는 주로 관서지

방의 문화로 자리잡아 나아갔다.

3) 사치와 불경스런 문화

제2차 세계대전 때 일시 금지되었다. 전시에 댄스를 추러 다니는 행위는 일종의 사치이기 때문이었다. 전후에는 다시 활성화되어 교습소는 대성시를 이루었다고 한다. 그 후 관광지의 호텔이나 여관에서 댄스홀을 개설하면서 사교댄스 문화는 풍기를 문란시키는 불건전한 문화라는 나쁜 인상을 남기게 되었다.

앞에서도 말했듯이 일본인은 원래 남과의 접촉을 기피하는 민족이다. 하지만 사교댄스는 기본적으로 남녀의 밀착에 의해 이루어지는 것이기에 불가분 감정의 동요를 일으키게 되는 경우가 많다. 사실 사교댄스가 불건전한 문화라고 낙인찍힌 것은 로쿠메이칸시대 부터였다. 우리에게도 익숙한 인물인 이토 히로부미(伊藤博文)와 도다 기와코(戸田極子)의 불륜설은 유명하다. 로쿠메이칸에서 중요한 외국사절단을 접대할 때에는 고관부인들이나 엘리트 여성이 불려 나갔는데 그 중의 하나가 오가키번주(大垣藩主)의 아내인 도다 기와코였다. 기와코는 영어는 물론 댄스에도 능해 로쿠메이칸의 꽃으로 불렸다. 그녀와 이토 히로부미의 염문설을 위시해 여러 불미스런 소문이 돌자 로쿠메이칸은 급기야 '일본 국내 간음의 공기가 충만'된 '악소(惡所)'라는 오명을 안고 폐관되기에 이른 것이다.

로쿠메이칸에서의 밤모임

그 후 시대의 변화와 함께 사교댄스는 건전한 여가 선용의 하나로 조용히 자리잡아 나아가고 있다. 영화 〈쉘 위 댄스?〉의 인기와 함께 세인의 관심이 사교댄스에 몰리기도 했다.

사교댄스가 밝고 건강한 것이라는 것을 알리기 위해 만들었다고 하지만 이제까지의 사교댄스에 대한 역사성을 보았을 때 스오 마사유키 감독이 사회의 음지에 있었던 사교댄스를 소재로 잡은 것은 하나의 모험이었을 수도 있다.

영화가 크게 성공하여 소정의 목적은 달성했다. 하지만 〈쉘 위 댄스?〉의 영향도 반짝 효과에 불과했는지 현재는 사회적 유행이나 현상에는 이르지는 못하고 있다.

③ 일본의 춤문화

사교댄스는 중장년층의 문화라 해도 과언이 아니다. 그렇다면 젊은이들의 춤문화는 어떠할까. 일본에서는 매년 그해의 유행어나 세인에게 회자되었던 말을 뽑아 상을 주는 「일본 신어·유행어대상(日本新語·流行語大賞)」이라는 것이 있다. 수상 부분은 신어부분, 유행어부분, 대중어부분, 표현부분, 특별상부분으로 나뉘는데 1993년의 대중어 부분 동상에 빛나는 말은 '오타치다이'(お立ち台)였다.

이해는 그야말로 디스코가 요원의 불처럼 전국으로 퍼져 나갔다. 몸매나 패션, 춤에 자신있는 젊은 여성들이 디스코장으로 속속 모여들었다. 디스코장내의 단상을 '오타치다이'라고 하는데 여성들은 그곳에 올라가 마음껏 자신을 돋보이게 하며 춤을 추었다. 그녀들은 '오타치다이 갸루'(お立ち台ギャル)라고 하는데 '디스코의 꽃'이라고 부추겨졌다. 오타치다이의 붐을 일으킨 본가는 도쿄의 '줄리아나 도쿄'였다. 이곳의 오타치다이에서 춤을 한 번 춰 보기 위해 지방에서 상경하는 젊은 여성들이 허다했다. 그들의 짐에는 눈에 띄는 의상이 필수적으로 들어 있었다.

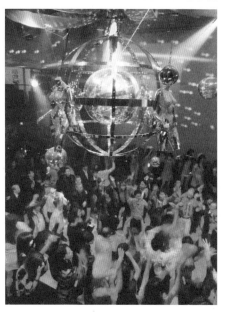

줄리아나도쿄의 오타치다이에서
춤을 추고 있는 젊은이들

로쿠메이칸의 꽃이 되려면 영어와 댄스 그리고 품위가 필요했다면 줄리아나 도쿄의 꽃이 되기 위해서는 쪽 빠진 스타일과 섹스 어필하는 패션과 노련한 춤이었다. 노출이 심한 옷을 입고 현란한 춤을 추자 '줄리아나 도쿄'에서는 오타치다이를 없애기도 했다. '오타치다이 갸루No.1'을 정하는 수퍼 섹시 나이트도 인기 있었다.

디스코의 열풍은 그리 오래 가지 않았다. 현재 2000년대의 일본 젊은 이들은 춤문화를 많이 즐기는 편이 아니다. 연회 뒤풀이나 2차로 나이트 클럽을 찾거나 부킹 문화가 유행하지도 않고 섹시댄스경연대회도 그다지 흔치 않다. 간혹 대학생들이 축제 기간에 디스코장을 빌려 일일댄스 행사를 벌이는 정도이다.

3, 40대들의 샐러리맨들도 나이트클럽보다는 선술집(이자카야), 스낵, 카바쿠라, 오타쿠 취미생활, 게임 등을 하며 스트레스를 푼다.

이처럼 일본인들이 질펀한 문화로서 춤을 향유하지 않는 것은 왜 일까. 여러 견해가 있겠으나 '흥'에 대한 감각과 표출을 잣대로 보았을 때 일본인들은 정적인 것을 선호한다고 볼 수 있다. 그들의 춤사위는 기본적으로 어깨 보다는 손을 많이 사용한다. 한국인들이 어깨를 들썩이며 덩실덩실 추는 것과는 달리 손가락과 손바닥을 위 아래로 올렸다 뒤집었다 추며 가끔 허리를 돌리는 정적인 춤이다. 한국인들은 흥이 나면 춤을 추지만 일

오본 때 추는 일본의
민속춤 본오도리

본인들은 박수를 친다.

일본의 남녀노소가 즐기는 춤은 서구의 춤이 아니라 오히려 일본의 전통춤이다. 음력 7월 보름을 '오본'(お盆)이라 하여 조상님을 영접하는 제사기간이 있는데 이때 동네 어귀에 모여 춤을 춘다. 둥글게 원을 그려 규칙적인 동작을 얌전히 추는 '본오도리'(盆踊り)를 춘다. 마쓰리의 춤도 질서정연하기 그지없다. 일본의 춤의 문화는 개인의 흥보다는 집단과의 조화 내지는 연대를 중시한 것이다.

스오 마사유키 감독의 강점은 '융합'이라고 했다. 전통과 현대의 융합, 서구와 일본의 융합, 상업성과 예술성의 융합. 그렇다면 〈쉘 위 댄스?〉에서 이 모든 것들을 융합시켜 본다면 어떠한 영화가 되었을까, 한 번 상상해 보는 것도 즐거운 일일 것이다.

철
도
원
PoPPoYa

원제 : 鉄道員
감독 : 후루하타 야스오
주연 : 다카쿠라 겐, 히로스에 료코, 오타케 시노부
제작사 : 도에이
상영시간 : 111분
장르 : 드라마
제작년도 : 1999년
개봉일 : 2000년 2월 4일
등급 : 전체

제1절 〈철도원〉 읽기

1 영화 소개

1) 원작

영화 〈철도원〉은 아사다 지로(浅田次郎)의 베스트셀러인 『철도원(鉄道員)』, 일명 폿포야가 원작이다. 작가 아사다 지로의 본명은 이와토 고지로(岩戸康次郎)로서 1951년 도쿄의 부유한 가정에서 태어났으나 이내 집안이 몰락하게 되었고 그의 삶도 고난의 길에 들어서게 된다. 고등학교만을 간신히 졸업하고 온갖 아르바이트를 다하며 청춘을 보냈다. 자위대에 입대하거나 다단계판매를 하는 등 다채로운 직업을 거치는 와중에도 투고를 멈추지 않았다.

36세 때인 1991년에 『빼앗길쏘냐!(とられてたまるか!)』로 데뷔하였고, 1995년 장편소설 『지하철을 타고(地下鉄に乗って)』로 제16회 요시카와 에이지 문학상(吉川英治文學賞) 신인상을 수상하였다.

이어 1997년 첫 단편소설집인 『철도원』으로 나오키상을 수

아사다 지로와 소설 『철도원』

가족애를 중시한 사무라이의 일대기
〈미부의사전〉의 한 장면

상하였다. 나오키상은 대중문학의 선구자
적인 업적을 남긴 소설가 나오키 산주고(直
木三十五)를 기리는 상으로서 1935년 분게이
슌주(文藝春秋)에서 제정하였다. 상·하반기
로 나누어 1월과 7월, 1년에 두 차례씩 시상
되는데, 대중문예의 신진작가 가운데서 우
수한 소설·희곡 작품을 발표한 자를 가려서
수상한다. 소설 『철도원』은 제117회 수상작
이다. 출간 1년 만에 28쇄, 판매부수 103만 부를 기록하였고, 이내 140만
부를 넘겼으며 현재까지도 경이적인 기록을 계속 갱신하고 있다.

아사다가 2000년에 발표한 『미부의사전(壬生義士伝)』도 시바타 렌자부
로상(柴田錬三郎賞)을 수상하게 된다. 이 작품들의 수상으로 아사다는 명
실상부한 일본의 인기 대중문학가로서 자리를 굳혔다. 이 작품은 아사다
지로가 쓴 첫 번째 역사소설로서 슈칸분(週刊文春)에 1998년부터 1년 반에
걸쳐 연재한 소설이기도 하다. 2002년에 드라마로 만들어졌고 2003년에는
다키타 요지로(滝田洋二郎) 감독에 의해 영화화 되었다. 교토의 미부(壬生)
라는 곳에서 살던 무명의 사무라이의 가족애를 따뜻하게 그리고 있다. 이
영화는 2004년 일본 아카데미상의 작품상·최우수 주연남우상·최우수 조
연남우상을 수상했다.

그 밖의 작품으로서 장편소설 『천국까지 100마일(天国までの百マイル)』,
『프리즌 호텔(プリズンホテル)』, 『활동사진의 여자(活動写真の女)』 등이 있고
단편소설 『낯선 아내에게(見知らぬ妻へ)』, 『가스미초 이야기(霞町物語)』 등
이 있다.

아사다는 '희대의 이야기꾼' 혹은 '소설의 명수'라는 찬사를 받고 있는
인기 작가이다. 그가 대중들에게 어필할 수 있는 대중문학작가가 될 수
있었던 것은 청년시절에 고생하며 쌓은 수많은 경험들이 그의 글에 자연
스럽게 투영되어 대중과의 공감대를 형성했기 때문이다. 또한 그의 소설
은 〈철도원〉이나 〈미부의사전〉의 경우처럼 영화로 만들어져도 대히트를
칠 정도로 구성력이 매우 치밀하다는 점이다. 흥미와 작품성을 두루 갖춘

것이 그의 작품세계인 것이다.

2) 감독 후루하타 야스오(降旗康男)

후루하타 감독은 일본 영화사에 빛나는 거장 중의 한 사람이다. 1934년생이니 이미 70세가 넘은 노장이기도 하다. 그가 영화에 관심을 갖게 된 것은 프랑스문학을 전공하면서 프랑스영화를 보기 시작했을 때부터이다. 전후 일본에선 미국영화를 볼 수 있는 기회가 제한됐고 일본영화의 제작편수도 많지 않은 대신 프랑스영화가 많이 들어왔기 때문이다. 학교를 졸업하고 나서 도에이(東映) 도쿄촬영소에 취직하게 된다. 촬영소에 들어가 8년간 조감독 생활을 한 뒤 〈비행소녀 요코〉(1966)로 데뷔했다.

지금까지 만든 약 38편의 영화 가운데 20편을 도에이에서 만들었다. 작품은 주로 야쿠자영화가 많은데 당시 도에이 영화사가 야쿠자류를 많이 만들고 있었기 때문이다. 야쿠자영화가 인기를 누리던 시대는 학생운동이 한창인 시절이었다. 당시 학생운동을 하거나 학생운동을 지지하던 사람들에게 야쿠자들이 만드는 무법천지는 일종의 도피처같은 기능을 했다. 그들은 야쿠자영화를 보며 공권력을 조롱하고 법의 테두리를 무시하고 싶었던 것이다.

영화 〈철도원〉제작 발표회.
후루하타 감독(맨 왼쪽)과 출연진의 모습

〈철도원〉의 주인공인 다카쿠라 겐과의 만남도 이때부터 시작된다.

또한 후루하타 감독은 인간에 대한 영화를 많이 만들고 있는데 그가 다루는 사람들은 하나같이 소외된 사람들, 실패한 사람들, 무법자들이다.

후루하타 감독은 한국에도 온 적이 있는 몇 안 되는 감독 중의 한 사람이다. 〈호타루〉(2001)를 촬영하기 위해 안동 하회마을에 왔었다. 〈호타루〉에는 태평양전쟁 때 특공대로 끌려갔다 죽은, 한국인 병사의 유언을 전하기 위해 일본인 주인공(다카쿠라 겐)이 찾아오는 장면이 있는데 그것을 찍기 위해서였다. 그리고 2001년 7월 12일부터 20일까지 열린 제5회 부천국제판타스틱영화제의 경쟁부문인 부천 초이스(Puchon Choice) 장편부문의 심사위원단으로 위촉되어 한국을 방문한 적도 있다.

대표작으로는 〈지옥에선 내일이 없다〉(1966), 〈겨울 꽃〉(1978), 〈엑기〉(1981), 〈다스마니아 이야기〉(1990), 〈호타루〉(2001) 등이 있다.

3) 줄거리와 수상

영화 〈철도원〉은 일본의 북쪽 지방인 홋카이도, 그 중에서도 하얀 눈으로 뒤덮인 작은 시골마을인 호로마이에서 평생을 철도원으로 보낸 한 남자의 이야기이다. 그 남자의 이름은 사토 오토마쓰, 애칭으로 오토상이라고 불린다. 이야기는 정년을 얼마 남기지 않은 그가 자신의 인생을 회상하다 어린 나이에 죽은 딸의 환영과 이틀을 보낸 뒤 눈으로 뒤덮인 역에서 순직한다는 식으로 진행된다. 오토마쓰는 직업 정신이 투철한 사나이였다. 오랜 기다림 끝에 태어난 딸 유키코('눈의 아이'라는 뜻)가 태어난 지두 달 만에 열병에 걸려 죽어 버렸을 때도 그리고 아내가 병들어 죽어가

오로지 역을
위해 사는
철도원 오토마쓰

고 있어도 역을 지키느라 그들의 곁에 있어 주지 못했다.

오토마쓰는 이후 마음에 회한을 안고 살아간다. 그러던 어느 날 그의 앞에 인형을 가슴에 안은 낯선 여자아이가 찾아오는데, 그 아이는 오토마쓰의 딸의 환영이었다. 딸과 따뜻한 대화를 나누고 따스한 밥을 먹으며 오토마쓰는 지난 과거의 회한을 푼다.

가슴 뭉클한 스토리와 다카쿠라 겐의 연기, 그리고 아름다운 음악이 홋카이도의 아름다운 풍광과 조화를 이루어 서정적이고 정감 어린 분위기를 자아낸 명작이라고 할 수 있다. 1999년 일본에서 개봉되자마자 2주 연속 흥행 1위를 기록하면서 450만 관객을 동원했다. 제23회 일본 아카데미에서 작품상·감독상·남우주연상 등 9개 부문을 수상하였으며 몬트리올영화제 남우주연상, 인도국제영화제 최우수작품상을 수상하였다. 한국에서는 부산국제영화제에 출품되었고 2000년 2월에 개봉되어 총 28만 명의 관객을 동원하였다.

2 영화 읽기 : 〈철도원〉에 대한 두 가지 키워드

1) 다카쿠라 겐

이 영화가 개봉된 뒤 일본사람 중에는 운 사람이 많았다. 어떠한 감성이 그들을 자극한 것일까. 어떤 것이 그들로 하여금 감동의 눈물을 흘리게 한 것인가?

역시 주인공역을 맡은 다카쿠라 겐에 대한 동정의 눈물이었음을 지적하지 않을 수 없다. 일본인들에게 다카쿠라 겐은 '남자다운 남자'의 대표이다. 과묵하고 동지를 배반하지 않는 의리의 사나이의 표상인 다카쿠라 겐이 최고의 인기를 끈 시대는 1960년대이다. 야쿠자영화의 영웅이었던 것이다.

젊은 날의 다카쿠라 겐

1960년대에 야쿠자영화가 성행한 데에는 이유가 있다.
이 시기는 일본학생운동이 전국적으로 확산된 시대이다. 체재에 대한 불만과 답답한 현실로부터 탈피하고자 했던 학생들은 야쿠자영화를 보면서 대리만족을 느꼈다. 일반 대중들 또한 급속한 경제개발과 학원사태로 인한 시대적 혼란 속에서 의협심 강한 야쿠자의 활약을 삶의 활력소로 여겼던 것이다.

또 한 가지는 일본영화의 최고 전성기라고 할 수 있는 도쿄올림픽(1964)을 전후로 한 약 10년간 도호, 쇼치쿠, 다이에이, 닛카쓰, 도에이 등 5개의 메이저급 영화사가 1주일에 2편꼴로 영화를 양산했는데 TV보급으로 관객이 급감하자 새로운 활로를 모색하게 되었다. 그 대안으로서 부상한 것이 야쿠자영화인 것이다.

그 당시의 야쿠자영화는 처음에는 시대극 영화에 등장하는 사무라이들의 헤어스타일만 바꾼 채 내용과 형식에는 거의 변화가 없는 형태를 보였다. 하지만 여러 번의 변신을 통해 일본고유의 영화형식으로 자리잡게 된다. 야쿠자 범죄조직을 선한 악당과 악한 악당이라는 이분법으로 설정하여 선의 야쿠자가 악의 야쿠자의 비열한 행위를 잡아낸다는 기본 패턴이 반복되었다. 의리의 세계를 살아가는 야쿠자, 그 야쿠자에게 연모의 정을 품는 여인의 등장, 여인의 유혹을 뿌리치고 정의와 의리를 위해 말없이 사라지는 야쿠자 등, 인간적인 면보다는 영웅적인 면을 강조함으로써 대중들에게 카리스마 넘치는 존재로 다가오게 된 것이다.

1960년대 야쿠자영화의 스타트를 끊은 것은 다이에이에서 제작하고 다나카 도쿠조(田中德三)가 감독한 〈악명〉(1961)이었다. 이 영화는 주인공인 가쓰 신타로(勝新太郎)의 출세작이기도 하다. 인기에 힘입어 〈속 악명〉이 만들어지게 된다.

이어 도에이도 야쿠자영화를 내 놓기 시작한다. 사와지마 다다시(澤島忠) 감독의 〈인생극장 비차각〉(1963)이다. 이 작품에 다카쿠라 겐은 쓰루타 고지와 공연을 하는 형태로 야쿠자영화에 발을 디디게 된 것이다. 이 영화는 대히트를 치면서 시리즈물이 된다. 물론 이 이전에도 다카쿠라 겐은 이미 70여 편의 영화를 찍고 있었다.

다카쿠라 겐은 1931년 후쿠오카(福岡)에서 태어나 메이지대학을 졸업한 뒤 도에이영화사 제2기 신인발굴에 합격하여 영화계에 들어서 영화 〈전광

공수치기〉(1956)로 데뷔한다. 이후 수많은 작품에 출연하다 〈인생극장 비차각〉으로 야쿠자 전문영화 배우의 첫발을 내디디게 된 것이다. 1965년에 출연한 〈아바시리 번외지〉가 폭발적인 인기를 끌자 야쿠자영화의 최고의 배우가 된다.

<인생극장 비차각>

일본의 야쿠자영화는 할리우드의 갱영화는 달리 탐미주의를 통해 사라져 가던 봉건적 인간관계에 향수를 느끼게 하는 방식을 추구했고 비장의 미까지 구가했다. 따라서 야쿠자영화의 주인공들은 거칠기 만해서 좋은 것이 아니라 그와 동시에 슬픈 아름다움을 지니지 않으면 안 되었다. 다카쿠라 겐 또한 야쿠자영화의 주인공이 되면서 잃어버린 봉건 사회의 이상에 충실하기 위해 언제나 죽음을 각오하고 있는 비극적이고 금욕적인, 더 나아가 일종의 숭고한 아름다움까지 감돌게 하는 이미지를 구축해 나아갔다.

1970,80년대에는 각종 상을 수상하면서 화려한 배우의 길을 다져 나아간다. 1976년 제22회 아시아 영화제 남우주연상을 수상했고 1978년 〈행복의 노란 손수건〉으로 키네마 준포 남우주연상, 마이니치 콩쿠르 남우 연기상, 블루리본 남우주연상, 일본 아카데미 남우주연상을 수상했다. 그리고 1982년에는 〈엑기〉로 일본아카데미 남우주연상, 아시아

<아시바리 번외지>

영화제 남우주연상을 수상했다. 이 당시 그가 출연한 영화는 야쿠자영화가 아니라 자신의 일과 사랑과 그리고 인간애를 중요시 여기는 견실한 남자 이야기가 중심이었다.

한 시대를 풍미했던 대스타, 화려한 수상 경력이라는 수식어가 따라다니는 그이지만 일본인들은 그를 가리켜 특히 '겐짱'(健ちゃん)이라고 불렀다. '욘사마'의 '~사마'가 격식을 차린, 약간은 포멀한 느낌의 애칭이라면

'~짱'은 그야말로 애정과 친밀감을 듬뿍 담은 호칭인 것이다. 일본 영화계에는 그와 같은 이력과 경력을 지닌 사람이 수없이 많다. 그런데 유독 그에게 특별한 애정을 쏟는 것은 역시 배우 다카쿠라 겐의 좋은 이미지가 자연인 다카쿠라 겐의 그것과 동일하다는 데에서 오는 신뢰감 때문이기도 하다.

그는 매우 예의가 바른 사람으로 알려져 있다. 공연자는 물론 감독이나 프로듀서들에게도 항상 감사하다는 말을 잊지 않았고 대스타가 된 뒤에도 겸손한 자세로 일관했다. 그가 맡는 역은 주로 성실하고 과묵한 것들이었는데 그러한 모습은 자연인 다카쿠라 겐의 실제 모습과도 일치하는 것이었다. 또한 그는 40여 년간 200편 이상의 작품을 찍어 온, 오로지 영화를 위해 외곬인생을 걸어 온 유일한 인물이다. 이렇듯 다카쿠라 겐은 자기 일에 충실한 모범적인 인물로서, 그리고 일본의 국민스타로서의 장인정신을 유감없이 발휘하고 있다. 문화적인 예능인, 프로정신 강한 전문인, '인간미 넘치고, 강직하면서도 쓸쓸해 보이는 남자'의 이미지가 오랫동안 대중의 인기를 얻게 된 것이다.

소설『철도원』의 표지를 보면 알겠지만 주인공은 허리가 구부정한 노인이다. 하지만 후루하타감독이 키가 크고 꼿꼿한 다카쿠라 겐을 캐스팅한 것은 이 영화의 주인공 오토 역에 다카쿠라 겐이야말로 적격이라고 판단했기 때문이다.

감정을 드러내지 않기로 유명한 다카쿠라 겐이 이 영화에서는 여러 번 운다. 부인이 죽었을 때와 호로마이선이 폐선된다는 말을 들었을 때, 그리고 죽은 딸이 나타나 자신을 위해 밥상을 차려주며 인생을 격려해줄 때였다. 부인이 죽어감에도 불구하고 역을 비우고 올 수 없었던 그를 원망하다가도 그가 눈물을 흘리자 관객은 끝내 그를 동정하게 된다. 정년 전에 호로마이선이 폐선된다는 전화를 받고 이를 악물며 가슴으로 울 때 관중 또한 안타까워했다. 그리고 죽은 딸이 차려 놓은 밥상 앞에서 우는 모습을 보고 많은 사람들은 사랑하는 아내와 딸을 잃고도 한평생 외롭게 시골의 역을 지킨 그를 애처롭게 생각했다.

스타가 웃으면 대중도 따라 웃고 스타가 울면 대중은 함께 운다. 당시,

인터넷의 영화평에는 다카쿠라 겐이 우는 걸 보고 울었다는 감상이 많았다. 장인정신으로 멸사봉공한 아버지에 대한 눈물은 곧 다카쿠라 겐에 대한 눈물이기도 했던 것이다. 그만큼 이 영화는 다카쿠라 겐과 그의 이미지로 성공했다고 해도 과언이 아니다.

2) '한'(恨) 그리고 착한 딸

이 영화의 하이라이트는 역시 딸이 환영으로 나타나 아버지의 회한을 풀어 주는 대목이다. 즉 사실과 환상의 경계가 무너지는 부분이다. 태어난 지 두 달 만에 딸 유키코는 차가운 시체로 변해야만 했다. 그랬던 그녀가 17년이란 긴 세월 동안 저 세상에서 아버지를 지켜 보다 그를 위로하기 위해 찾아온 것이다. 하루는 인형을 든 꼬마 여자 아이로, 그 다음에는 초등학교에 들어갈 즈음의 여자 아이로, 마지막에는 예쁜 교복을 입은 여고생으로 말이다.

유키코는 아버지의 삶이 회한의 인생이라고 생각했다. 아내도 잃고 딸도 잃은 고독한 아버지, 철도원 일을 자식에게 대물림해주고 싶어도 그럴 수 없는 쓸쓸한 아버지, 정년을 얼마 남기지 않은 상태에서 직장을 잃어야 하는 무력한 철도원. 그녀는 아버지에게 직접 "무엇 하나 좋은 일 없었던 아버지"라고 했다.

아버지의 이러한 회한을 풀기 위해 딸은 이틀 동안 온 힘을 다한다. 딸에 대한 그리움을 달래주기 위해서는 딸이 커 가는 모습을 세 번에 걸쳐 보여 주고, 아내에 대한 향수를 달래주기 위해서는 빨간 조키를 입고 부엌에서 일하는 모습을 살짝 보여 주기도한다. 그리고 철도 일을 자식에게 물려주고 싶어 했던 미련을 없애주기 위해 딸은 방 안에 있

아버지 앞에 나타나 아버지의 한을 풀어주고 있는 딸

는 철도 부품을 하나하나 들며 철도에 대한 깊은 관심과 지식을 보이면서
아버지를 기쁘게 해 주었다. 게다가 멋진 철도원이라며 칭찬을 아끼지 않
는다. 또 가족의 따스한 정을 잊고 산 아버지를 위해서 따스한 밥상을 차
려 훈훈하게 아버지의 마음을 풀어 놓는다.

딸에게서 받은 아내의 환영, 그리고 다시금 느끼는 철도원으로서의 프
라이드, 눈물나는 밥상을 앞에 두고 옹고집 인생을 산 철도원 아버지는
눈물을 흘린다. 이 눈물은 외롭게 살아온 자신의 삶을 스스로 위로하는
눈물이며, 이제까지 일을 위해 살아 온 삶에서 아버지로 돌아오면서 흘리
는 회한의 눈물이었다. 이 눈물은 그에게 카타르시스를 주었다. 그래서 그
는 "나는 행복한 사람이야"라며 지난 회한을 푼다. 딸의 힘이었다. 이 영
화는 장인 정신이 뛰어난 한 아버지가 회한을 풀고 자신의 일에 몸을 바
치고 고요히 이 세상을 떠난다는 '한풀이' 영화로도 볼 수 있다.

'장인정신의 아버지. 딸. 한(恨)'

이 세 명제가 고리를 이루며 전개되는 영화하면 두 말할 것 없이 임권
택 감독의 〈서편제〉(1993)를 떠올릴 것이다.

〈서편제〉의 아버지는 비록 마을의 잔치판에 불려가 소리를 들려주며
생계를 꾸려 가는 처지이지만 자신의 소리에 대
해서는 대단한 자부심을 갖는 예인(藝人)이다. 그
는 수양딸 송화에게 판소리의 명인으로 키우기로
결심한다. 피나는 훈련을 시키다 못해 독약까지
마시게 한다. 마음에 '한'이 있으면 '한'이 소리로
화해서 좋은 소리가 나오게 된다고 믿었기 때문
이다.

호현찬 『한국영화100년』(문학사상사, 1999)에는
〈서편제〉에 대해서 다음과 같이 소개하고 있다.

영화 〈서편제〉

〈서편제〉는 한국영화의 특징인 한(恨)이 스며있는
영화라고 말한다. 판소리 자체가 남도 사람들의 역사
적, 지역적인 한이 흠씬 스며든 것이라고 말하는 사람

도 있지만, 〈서편제〉의 한은 단순한 한풀이를 넘어서 한의 의미를 보여주며, 한의 피안(彼岸)에서 예술의 극점으로 도달하여 지복(至福)한 화해와 평화의 세계에 도달하는 과정을 그린 영화라고도 말한다.

한국적 '한'을 잘 표현한 영화라는 것이 당시의 영화평이었음을 알 수 있다. '한'에는 여러 가지가 있다. 후회할 일로 쌓인 '회한'(悔恨), 가슴 아픈 일로 쌓인 '통한'(痛恨), 분한 일로 쌓인 '원한'(怨恨)이 있다. 〈철도원〉이 이 중에서 '회한'의 정서를 바탕으로 한다면, 〈서편제〉는 '통한'을 다루고 있다고 볼 수 있을 것이다. 그리고 영화 〈링〉은 '원한'의 영화이다.

그런데 '회한'의 영화이건 '통한'의 영화나 '원한'의 영화이건, 가장 중요한 것은 그 '한'을 어떻게 푸느냐에 있다.

우선 〈서편제〉를 보면 이 영화에서 사람들에게 '한'을 심어준 사람은 아버지이다. 딸에게 독약을 먹이고 아들에게 매몰차다. 그리고 평생 한을 지니고 산 사람은, 눈까지 멀게 되고 천대받는 소리꾼으로 살아가야만 했던 딸이다. 그 딸은 동생을 만나서 소리로써 한을 푼다. 그녀가 흘리는 눈물은 풀린 한의 결정체일 수 있다.

한편 〈철도원〉은 여러 사람에게 한을 심어준 사람은 아버지이다. 아내 혼자 저승으로 가게 했고 딸의 감기에도 비정했다. 그리고 평생 한을 지니고 산 사람도, 바로 마음의 부채를 평생 안고 산 아버지 자신이었다. 그 아버지는 딸의 환영을 만나 한을 푼다. 그 또한 눈물을 흘리는데 그것은 더 이상 한스럽지 않다는, 마음의 부채가 걷혀진 것의 결정체일 수 있다.

직업정신이 투철하고 모두 비정하기 그지없는 두 아버지를 한국의 딸과 일본의 딸은 모두 그 정신을 이해하고 거기에 순응하고 있다. 한국의 딸은 스스로의 한을 자력으로 풀어가며 예술로 승화시키고 있고, 일본의 딸은 자신의 한보다는 아버지의 한을 풀어주고 있다. 두 영화는 외형적으로는 '장인정신의 아버지. 딸. 한(恨)'이라는 유사점을 지니고 있고 내면적으로는 모진 아버지를 품는, 심청이처럼 착한 딸이라는 동양적인 정서를 지니고 있는 것이다.

일본에서도 '한'의 영화는 많다. 그런데 유령영화나 주군(主君)을 위해

47인의 사무라이가 벌이는 복수극 〈주신구라〉처럼 주로 '원한'을 다루는 것이 많다. '원한'의 영화는 카타르시스보다는 '공포'나 '긴장' 혹은 '대리만족'을 준다. 이에 반해 〈철도원〉과 같은 '회한'의 영화는 '눈물'과 '감동' 그리고 '정서순화'를 준다. 이 영화가 만들어진 1999년은 일본의 경제가 불황의 침체에서 벗어나지 못한 시대였다. 무기력한 현재, 미래에 대한 불안 등이 그들을 엄습했을 상황에서 그들에게 더욱 더 필요했던 것은 가슴 따뜻해지는 아름다운 이야기였을 것이다. 그래서 일본인들이 더욱 더 〈철도원〉을 보고 눈물을 흘렸는지도 모른다.

제2절 '홋카이도'의 발견

1 홋카이도

먼저 한국에서는 주로 눈축제와 삿포로 맥주, 삿포로 라면 등으로 알려져 있는 홋카이도(北海島)에 대한 기초적인 지식부터 알아보자.

일본의 행정구역은 1都1道2府43県으로 이루어진다. 도쿄토(東京都), 홋카이도(北海道), 오사카후(大阪府), 교토후(京都府)와 43개의 켄(県)으로 이루어진다. 보통 이를 합쳐 47도도부현(都道府県, 도도후켄)이라고 한다. 이 중 홋카이도는 일본지도에서 오른쪽 맨 위에 위치하는 큰 섬이다. 쓰카루(津軽)해협으로 혼슈와 연결되어져 있다. 북쪽에 위치하는 만큼 여름에는 비교적 시원하고 겨울에는 매우 춥다.

원래 이 지역은 오래전부터 토착민인 아이누족이 살고 있었다. 무로마치시대부터 '와진'(和人)이라고 불리는 본토사람들과 교류를 가지다 에도시대 억압을 받기 시작한다. 물론 여러 번 저항을 했지만 번번이 패하게 되어 메이지시대에 완전히 '와진'의 지배하에 들어가게 된다. 메이지정부는 홋카이도를 전반적으로 개발하였고 동화정책을 써서 그들의 문화나 관습, 언어를 폐지했다. 정책적 개발과 함께 수 백 년이 흐른 지금 홋카이도는 수많은 풍경을 만들어 나아가고 있다. 아니 사람들에 의해 다양한 풍경으로 발견되고 있다.

2 홋카이도의 원풍경

그럼, '와진'에 의해 개발되어지기 전, 홋카이도의 원풍경은 어떠한 모습이었을까.

1) 아이누라는 인종

아이누의 인종소속에 대해서는 「백인설」, 「몽고로이드설(황인종)」, 「오스트레일리아 원주민설」, 「고(古)아시아민족설」 등이 있었다. 여기에 고가네이 요시키요(小金井良精) 같은 사람은 위의 인종 그 어느 곳에도 속하지 않는 완전히 다른 인종이라고 보는 「인종고도설(人種孤島説)」을 주장하기도 했다. 이제까지 「몽고로이드설」이 널리 인정받아 왔는데 최근에는 여기에서 발전된 하나의 가설이 나오고 있다.

아주 오래 전의 몽고에는 남방계와 북방계가 있었는데 조몬시대(繩文時代) 전, 즉 지금으로부터 수만 년 전에 남방계의 몽고로이드가 북으로 이동하기 시작하여 오키나와와 일본열도에 전체에 정착하게 되었고 조몬문화를 이루었다. 그러다 야요이 고분시대에는 북방계의 몽고로이드가 대거 도래하면서 혼슈가 급속히 발전하게 되어 '와진'이 되고 거의 영향을 받지 않거나 발전이 늦어 원주민 형태로 남게 된 것이 '아이누'와 오키나와의 '류큐진'(琉球人)이라는 설이다. 따라서 '와진'도 '아이누진'도 선조는 같은 몽고로이드이며 조몬인에서 찾아야 한다는 입장이다. 기본적으로 일본열도를 단일민족으로 보려는 설이다.

아이누인

아이누의
집단촌인 고탄

2) 아이누의 생활

아이누에게는 기본적으로 원주민의 이미지가 강하다. 땅을 파고 기둥
을 세운 집에서 살고, 두꺼운 덮개를 어깨에 걸쳐 입은 이미지이다. 그들
의 생활은 기본적으로 어로나 수렵, 산채채집으로 이어나갔다. 자연과 계
절에 순응하며 생활을 이어 나갔는데 눈이 없는 계절에는 바다나 냇가로
나가 연어나 숭어를 낚거나 채소를 뽑았고 때로는 밭농사도 지었다. 나이
가 들면 결혼을 하였는데 18살쯤 되면 딸을 집 옆의 작은 방에 며칠 있게
하였다. 그 집에 들러 하룻밤을 보내면 부부가 되었는데 남자는 여러 집
을 다녀도 되었기 때문에 자연히 일부다처제였다. 여성의 지위는 매우 낮
아 집안 살림에서 밭일까지 온갖 노동은 여자들의 몫이었다. 눈이 많이
내려 밖에 나가지 못하는 겨울이 되면 남자들은 주로 목공예품을 조각했
고 여자들은 옷감을 짜거나 자수를 놓았다.

아이누들은 몇몇 가족이 모여 '고탄'이라는 부락을 형성하며 살았는데
고탄의 수장은 절대적인 권력을 쥐었다. 촌락의 질서를 위해 이들은 엄격
한 규율을 만들었고 또 지켰다. 규율을 위반하면 혼슈에서도 있었던 '구
가타치'(深湯:더운 물에 손을 담가 유무죄를 가리는 형)나 잘잘못의 결론이 날
때까지 토론을 시키는 방법 등이 사용되었다.

3) 아이누의 종교

그들은 태양, 달, 천둥, 바람, 불 등의 자연과 동식물, 그리고 가구류 등에도 신이 있다고 믿었다. 집안을 지켜주는 신, 불의 신, 창의 신, 마당의 신, 바다 신, 강의 신, 수렵을 도와주는 신 등 삼라만상이 신이라는 다신교라고 할 수 있다. 좋은 신이 있다고도 믿었지만 반대로 인간을 위협하고 병이나 재난을 가져다주는 악신도 있다고 생각했다. 마마에 걸리거나 몸에 종두가 생기면 악신이 찾아든 것이라 생각하고 몹시 두려워했다. 그래서 그것을 없애는 주술적 의례도 정성껏 올리는 풍습이 있었다.

4) 그림 속의 아이누

위의 개략적인 사실을 에도 후기인 간세이(寬政) 10년 이후 무라카미 시마노조(村上島之丞)가 홋카이도(에조시마(蝦夷島)라고도 했음)의 지리, 풍속, 산물 등을 조사해 그린 풍속화 「에조시마기관(蝦夷島奇観)」을 통해 이미지화해 보자.

우선 외양이다. 남자나 여자 모두 눈썹이 짙고 날카로운 눈매를 하고 있으며 코가 낮다. 이 모습을 보면 백인설의 주장이 약간은 무력함을 알 수 있다.

그들은 수렵이나 어로나 채집을 하며 생계를 이어갔다.

수렵으로 잡은 곰을 마을 사람들이 나누려 하고 있다.

아이누의 집이다.

집안의 구조는 지극히 간소했다.

3 홋카이도의 발견

메이지 이후 본토(혼슈)와 교류가 잦게 되자 홋카이도의 원풍경은 변하게 된다.

1) '정치'에 의한 발견

홋카이도는 먼저 메이지 정부에 의해 정치적인 목적에서 발견되어져 간다. 메이지 정부는 홋카이도 개척의 첫 사업으로서, 홋카이도를 개척할 인재를 양성하기로 한다. 그 목적하에서 메이지 5년(1875) 7월에 만들어진 것이 고등교육기관인 삿포로농학교이다. 현재의 홋카이도대학의 전신이다. 농학교라는 이름을 붙이기는 했지만 농학 이외에 지질학·측량학·토목공학처럼 홋카이도의 개척에 필요한 강의도 개설되었다. 또한 영어나 심리학 강좌도 만들어 폭넓은 지식을 지닌 인재양성에 힘썼던 것이다.

삿포로농학교의 기초를 이룬 것은 윌리엄 스미스 클락인데 그는 마사추세츠 주립대학 농과대학장과 8개월간의 농학교 학장을 겸직하면서 이 학교의 체제를 다듬어 나갔다. 그가 독실한 크리스찬이었다는 점은 중요하다. 그는 그리스도의 정신을 학생들에게 강조했다. 그의 영향을 받은 학생 중에 우치무라 간조(內村鑑三)·니토베 이나조(新渡戸稲造)처럼 그리스도교를 믿게 된 저명한 문학자와 사회학자가 배출되기 때문이다. 하지만 삿포로 농학교는 후에 조선이나 대만에서 있었던 식민지 농업정책의 원형이 되었다.

메이지 정부는 메이지유신으로 실업자가 된 수많은 무사들을 개척자 농민으로 재활시키려는 목적에서 홋카이도로 보냈다. 홋카이도는 정치적으로는 '식민'의 풍경으로 발견되었던 것이다.

2) '종교'에 의한 발견

삿포로농학교의 클락에게 영향을 받은 우치무라 간조(1861~1930)는 아메리카로 유학을 떠나게 된다. 그는 그리스도의 사랑을 몸소 실천하는 서구인을 접해 보고자 했다. 그러나 그가 접하게 된 것은 강도나 인종차별, 그리고 교회의 분열이었다.

그래서 우치무라는 '무교회주의'(無教会主義)의 입장을 취하게 되었다. 여기서의 '무'(無)란 교회를 무시한다거나 교회를 없애자는 뜻이 아니다. 무교회주의는 무 '교회주의'다. 즉 교회주의를 없애자는 것이다. 제도로서의 교회, 의식으로서의 교회, 겉껍데기만 붙잡고 있는 교회를 개혁하자는 것이다. 우치무라는 교회나 교파나 학파 등의 고정관념에 전혀 구

우치무라 간조

애받음 없이 자유롭고 대담하고 순수한 복음 진리를 중시했던 것이다.

그는 진정한 교회란 인간이 만든 건물이 아니라 신이 만든 우주에 있다고 했다. 그는 다음과 같이 말했다.

우리들의 진정한 교회는 우주입니다. 자연의 우주입니다. 이것이 우리들 무교회신자들이 이 세상에서 생각하는 교회입니다. 교회의 천장은 푸

른 하늘이고, 지붕에는 별들이 촘촘히 박혀 있습니다. 바닥은 푸른 들입니다. 마룻바닥은 꽃들로 깔려 있습니다. 악기는 소나무가지이고 악기를 켜는 것은 숲 속의 작은 새이지요. 단상은 산의 높은 봉우리. 설교자는 주님 당신이십니다. 이것이 저희가 말하는 무교회신자의 교회인 것입니다.

(1901年 3月雜誌「無教会」)

자연을 중시하는 기독교관. 홋카이도의 거대하고 원시적인 풍경은 일종의 경외의 대상이기도 하다. 우치무라는 이러한 홋카이도의 풍광을 눈앞에 두면서 자신의 종교를 만들어 간 것이다. 그전까지 일본의 기독교에서는 나타나지 않은 종류의 것이다. 이렇듯 홋카이도는 '숭고'한 풍경으로서 발견되었던 것이다.

3) '문학'에 의한 발견

메이지가 낳은 자연주의 소설가 구니키다 돗포(国木田独歩, 1871~1908)가 원래 태어난 곳은 도쿄에서 가까운 지바이다. 소년기에는 부친의 일로 야마구치와 이와쿠니에서 보냈는데 이 지역의 아름다운 자연경관이 소설가로서의 구니키다를 탄생시켰다고 말해지고 있다.

하지만 당시의 그는 시나 예술보다는 정치적인 야망을 키웠다. 그래서 주로 정치소설이나 역사소설, 위인전을 읽으며 야심을 가지고 도쿄로 상경하게 이른다. 하지만 이내 사회적·실리적인 가치보다는 개인이 갖는 감정, 감성, 꿈, 이상과 같은 가치를 믿게 되었고 종국에는 시 짓기와 여정(旅情)에 이끌리게 된다. 그러한 움직임은 당시로는 변방에 지나지 않아 가기를 꺼려했던 홋카이도나 시골로 이민을 떠나는 결단으로 이어지게 된다.

그가 자유의 천지, 개척의 땅에서 자신의 꿈을 펼치고자 찾아간 곳은 홋카이도의 소라치카와(空知川)였다. 그곳의 협곡에서 사는 사

소라치카와 공원에 있는
「숲에 자유가 있노라」 시비

람들의 모습을 자세히 묘사한 『소라치카와의 강가(空知川の岸辺)』를 썼고, 홋카이도의 자연림을 칭송하여 「숲에 자유가 있노라(山林に自由存す)」라는 유명한 시를 짓게 된다. 그 일부를 읽어 보면,

山林に自由存す	숲에 자유가 있노라
われこの句を吟じて	이 몸 이 한 구절을 읊노라니
血のわくを覚ゆ	피가 용솟음치는 것을 느끼누나
嗚呼 山林に自由存す	오호, 숲에 자유가 있노라
いかなれば	어찌하여
われ山林をみすてし	이 몸 이 숲을 몰랐더냐

그는 홋카이도의 자연에서 자신이라는 존재의 커다람, 왜소함, 천박함, 아름다움, 어리숙함을 발견한다. 풍경을 느낌으로써 자신을 발견하는 것이었다. 문학에 의해 홋카이도는 자아를 발견케 하는 일종의 '내면의 거울'로서 발견되는 것이다.

4) '영화'에 의한 발견

(1) 서구적 드라마를 위한 풍경

수려한 풍광을 자랑하는 홋카이도는 다른 지방에 비해 자주 영화의 배경이 되곤 했다. 무성영화시대부터, 홋카이도의 개척지와 산림이 자주 소재로 이용되었는데 주요한 작품으로서는 아베 유타카(阿部豊) 감독의 〈태양의 아들〉(1936)이 있다. 비행 소년을 교화시키려고 노동을 시키는 크리스트교 계통의 시설이 아름다운 경치 속에서 그려지고 있다. 같은 해 앙드레 지드의 소설을 각색하여 영화로 한 〈전원교향악〉도 만들어졌다. 예전부터 홋카이도는 혼슈와는 다른 정서의 문화권이었기 때문에 서양적 드라마의 배경이 어울리는 면이 많았다. 이런 점이 있어서인지 전후에도 구로사와 아키라 감독이 도스토예프스키의 『백치』를 번안한 〈백치〉를 홋카이도에서 찍었다. 〈전원교향악〉이나 〈백치〉 모두 인간의 정신적 갈등이

순백의 설경과 대비를 이루며 더욱더 부각되고 있다.

(2) 개척지와 식민지적인 풍경

홋카이도는 실직한 사무라이들이나 빈곤자들이 건너가 제2의 인생을 꿈꾸던 개척지이자 희망의 땅이었다. 하지만 원주민 아이누에게는 자유와 언어와 삶 자체를 억압받는 식민지가 되고 만다. 그러한 소재나 주제를 다룬 영화도 많이 제작되었다. 우선 1956년 사에키 기요시(佐伯淸) 감독의 〈대지의 사무라이〉는 메이지유신에 패한 동북지방의 무사들이 홋카이도를 개척하게 된 영화이다. 최근에는 〈GO〉와 〈세상의 중심에서 사랑을 외치다〉로 유명한 유키사다 이사오(行定勳) 감독의 메이지시대 개척자들의 삶을 그린 〈북쪽의 원년〉이 2005년에 개봉되었다.

우치다 도무(內田吐夢)의 〈숲과 호수의 축제〉는, 아이누민족의 복권을 위하여 일본인 여류화가에게 대항하는 아이누 청년(다카쿠라 겐)의 이야기이다. 이어 1959년 나루세 미키오 감독의 〈고탄의 휘파람〉은 아이누의 아버지와 아들이 '와진'의 차별 속에서 자아를 발견해 나아간다는 스토리이다.

홋카이도 개척사를 다룬 영화 〈북쪽의 원년〉

(3) 사랑과 향수를 자극하는 풍경

일본이 고도성장을 이루면서 혼슈는 점점 근대화되어 자연의 모습을 상실해 갔다. 사람들의 생활패턴과 의식도 산업사회에 맞춰 각박해지고 합리적으로 변해 갔다. 그러나 발전이 늦은 홋카이도는 아름다운 풍광과 윤택한 토지, 맑은 공기, 수 십 년 전의 일본의 모습을 그대로 유지했다. 그러자 혼슈 사람들은 자신들의 잃어가는 이웃애와 가족애, 사랑에 대해 점차 홋카이도에서 노스탤지어(향수)를 느끼게 되었다. 그러한 관점에서 만들어진 대표작이 〈남자는 괴로워!〉로 유명한 야마다 요지(山田洋次)

감독, 다카쿠라 겐 주연의 〈행복의 노란 손수건〉(1977)과 〈머나먼 저 산의 메아리〉(1980)이다. 그리고 〈러브레터〉(1995), 〈철도원〉(1999) 모두 사랑과 가족애를 홋카이도의 설경과 함께 담아내고 있다.

참고로, 다카쿠라 겐은 원래 후쿠오카현 출신이지만 일본의 배우 중에서 홋카이도와 관련된, 혹은 홋카이도를 무대로 한 영화를 가장 많이 찍었다. 〈아바시리 번외지〉(1965)부터 이미 거론된 〈행복의 노란 손수건〉, 〈머나먼 저 산의 메아리〉, 〈철도원〉과 〈해협〉에서도 주인공을 맡았다. 〈해협〉은 동북지방과 홋카이도를 잇는 쓰가루해협 공사를 맡은 현장감독의 의지와 불굴의 정신을 그린 작품이다. 다카쿠라 겐이 홋카이도와 어울리는 데에는, 말수가 적고 롱코트가 어울리는 다카쿠라 겐의 이미지가 남국적인 것보다는 북국적인 것에 가깝기 때문일 것이다.

이처럼 홋카이도는 영화에 의해 여러 풍경이 발견되고 있다. 그런데 여기서 중요한 것은 이러한 풍경을 발견하고 만들어 나아가고 또 향유하는 것이 혼슈 사람들이라는 점이다. 혼슈사람들의 향수를 달래는 환상의 세계로서의 홋카이도. 하지만 홋카이도 내부에서는 이러한 홋카이도의 이미지를 바꾸어 현실의 홋카이도를 알려야 한다는 자성의 목소리도 나오고 있다.

그러한 것처럼 우리들 자신에게도 홋카이도를 바라보는 각자의 시각이 있다면 재미있을 것이다. 또 자신만의 홋카이도의 풍경을 찾아낸다면 흥미로울 것이다. 그것이 식민지의 풍경이든, 눈축제와 같은 레저 산업의 풍경이든 간에 〈러브레터〉나 〈철도원〉과 같은 영화로 일원화되어 있는 '홋카이도=아름다운 설국'이라는 등식을 깨는 것이라면 더욱 묘미가 있을 것이다. 그래야만 환상이 아닌 참모습의 홋카이도에 다가설 수 있기 때문이다.

원제 : 世界の中心で、愛をさけぶ
감독 : 유키사다 이사오
주연 : 오사와 다카오, 시바사키 고
제작사 : 도호
상영시간 : 138분
장르 : 드라마, 로맨스
제작년도 : 2004년
개봉일 : 2004년 10월 8일
등급 : 12세 이상

제8장

사랑, 그 '전달'에 대하여

제1절 〈세상의 중심에서 사랑을 외치다〉 읽기

1 원작

1) 작가와 특성

이 영화의 원작이자 동명소설의 작가는 가타야마 교이치(片山恭一)이다. 가타야마는 무라카미 하루키 이후 최고의 선풍을 일으키고 있는 작가로서 그의 프로필과 대표작을 간단히 소개하면 다음과 같다.

1959년   에히메현(愛媛県) 출생. 후쿠오카시(福岡市) 거주.
　　　　규슈대학(九州大学) 농학부 졸업. 같은 대학에서 박사과정(농업경제학) 중퇴.

1986년   『낌새(気配)』로 잡지 『문학계』가 선정하는 신인상 수상.

1995년   『당신이 모르는 곳에서 세계는 움직인다(きみの知らないところで世界は動く)』로 단행본 데뷔.

1997년   『존 레논을 믿지 말라(ジョン・レノンを信じるな)』

2000년   『DNA에게 지지 않는 마음(DNAに負けない心)』

2001년   『세상의 중심에서 사랑을 외치다(世界の中心で、愛をさけぶ)』(이하 『세상의 중심에서』)가 300만 부를 넘김.

2002년 『만월의 밤, 모비딕이(満月の夜、モビイ·ディックが)』

2003년 『하늘 렌즈(空のレンズ)』

2004년 『비오는 날 고래들은(雨の日のイルカたちは)』

가타야마 고이치와
소설 『세상의 중심에서
사랑을 외치다』

그의 이름을 처음으로 세상에 알린 『낌새(気配)』는 네 번의 도전 끝에 쟁취한 쾌거였다. 이 작품 전에 응모한 『병동(病棟)』은 신인상 최종 후보작에 그쳤고 그 이듬해에 수상을 한 것이었다. 『낌새』를 심사했던 소설가 히노 게이조(日野啓三)는 그의 작품에 대해 다음과 같이 평하고 있다.

가타야마는 신인답지 않은 필력의 소유자이다. 농학부 대학원을 나온 이공계출신이라는 사실이 믿어지지 않을 정도이다. 시각이상의 후각적, 촉각적인 문장이 매력적이고……. (제63회 문학계 신인상 선평)

로 시작되고 있는데 그 외에도 소설로서의 완성도, 문장력의 탁월함이 호평을 받았다.

매력적인 문장력과 함께 그의 작품 세계는 일관된 성향을 지닌다. 그것은 누구나 좋아하는 청춘연애나 사랑을 테마로 한 것이 많다는 점과 영혼의 세계를 즐겨 쓴다는 점이다. 소설을 소개하면서 그 사실을 확인해 보자.

(1) 『당신이 모르는 곳에서 세계는 움직인다』

소년소녀 시절도 얼마 남지 않은 주인공 나와 가오루, 지코, 이 세 사람이 벌이는 기묘한 '연애'를 그린 청춘에 대한 장편소설이다.

(2) 『존 레논을 믿지 말라』

중학교 때부터 사귀던 애인과 헤어져 방황하던 '나'가 꿈 속에서 만난 존 레논과 대화를 나누다 마음을 둘 수 있는 곳을 찾아 방황한다. 자신을 바꾸려는 욕망, 바뀌지 않는 것에 대한 절망이 존 레논의 영혼과의 대화를 통해 펼쳐진다.

(3) 『만월의 밤, 모비딕이』

주인공인 대학생 고이누마, 그의 애인 가스미, 그리고 수수께끼 같은 친구 다케루를 중심축으로 '사랑하는 사람이 희망이라고는 전혀 없는 절망 상태에 있더라도 상대를 계속 사랑할 수 있을까'라는 주제로 펼쳐지는 청춘연애소설이다.

(4) 『하늘 렌즈』

인터넷에서 만난 4명의 소년소녀들이 현실과 사이버 공간의 구분이 애매해지면서 경험하게 되는, 삶과 죽음의 경계를 넘나드는 '사랑'과 '재생'의 이야기.

작가가 현대 일본사회를 비판한 『DNA에게 지지 않는 마음』이나 몇몇 작품을 빼면 거의 대부분의 소설이 청춘연애소설이다. 청춘의 연애와 사랑은 자칫하면 독자로 하여금 식상한 느낌을 주기 쉽다. 그러한 딜레마를 가타야마는 '꿈'이나 '환영' 등 몽환적인 세계로 '공간 이동'시켜 독자의 상상력을 뛰어넘는다. 이러한 신선한 구성과 더불어 단숨에 읽어 내리게 하는 필력이 더해져 대중적인 사랑을 받고 있다.

대중적인 인기와는 달리 평단의 반응은 차가운 편이다. 일본의 논픽션 작가 사노 신이치(佐野真一)는 어느 대담에서 『세상의 중심에서』의 폭발적인 인기에 대해 "이렇게 단순한 작품이 베스트셀러가 되다니 일본의 '읽는 힘'이 쇠퇴하고 있는 것"이라며 비난한 적이 있다. 하지만, 그가 비난하는 단순한 것이 접하기 쉽고 이해하기 쉽다는 장점으로 작용해 대중의 호응을 얻게 한 원동력이 된 것이다.

2) 『세상의 중심에서』

가타야마라는 작가를 일본 전국에 알린 한 권의 책이 바로 『세상의 중

심에서』이다. 300만 부나 팔렸는데, 일본문예사상 드문 일인 만큼 혹자는 기적이라고까지 했다. 이 소설은 2001년 일본 쇼갓칸(小學館)출판사에서 출간되었는데 발행 7일 만에 251만 부를 돌파하는 이변을 낳았다. 이러한 기록은 무라카미 하루키가 1987년 이래 지켜온 '일본 작가·소설 최다판매' 기록을 경신한 것이었다. 인기가 급상승하자 영화·드라마·라디오드라마로도 제작되어 일본열도에 '순애'와 '세카추'('세계의 중심'을 줄인 말)의 붐을 일으켰다. 이 작품이 그렇게 큰 인기를 끌 수 있었던 것은, 영화 〈착신아리〉와 〈세상의 중심에서〉에도 나왔던 시바사키 고(柴咲コウ)가 잡지 『다빈치(ダ·ヴィンチ)』에서 이 책을 소개했고, 출판사는 책표지 띠에 시바사키 고가 말한 '울면서 단숨에 읽었습니다'(泣きながら一気に読みました), '저도 이런 사랑을 한 번 해 보고 싶었습니다'(私もこれからこんな恋愛をしてみたいなって思いました)라는 문구를 찍어 넣었다. 시바사키 이외에도 여배우 고유키(小雪) 또한 이 책에 대해 여기저기에서 코멘트를 했다. 유명인에 의해 마케팅에 불이 붙여진 것이나 다름없다.

그것과 더불어 전국 각 서점의 문예담당자들이 그달의 추천소설로 일제히 이 소설을 내걸었기 때문이기도 하다. 그래서 이 소설을 '독자가 만들어낸 베스트셀러'가 아니라 '서점이 만들어낸 베스트셀러'라고도 한다.

내용은 어떠한 것이었을까?

이 작품의 묘미는 사랑하는 사람의 죽음이라는 '비극'에서 그치는 것이 아니라 주인공 사쿠타로(朔太郎)와 아키(アキ)의 못다 이룬 연정의 행방을 다루면서 인간에게 있어서의 소중한 것이 무엇인가를 제시한다. 작가는 이 작품에 대해 직접 다음과 같이 말했다.

죽음은 정말로 모든 것의 끝일까? 죽으면 그뿐일까 하고 줄곧 생각해 왔다. 개인이건 국가건 생활상의 안전을 최대의 과제로 생각하고 있다. 연애도 결혼도, 그리고 아이를 낳는 것도 위험 부담률이 높으니 차라리 하지 않거나 낳지 않는 것이 낫다고들 한다. 극단적으로 말해 죽은 듯이 살아가는 것이 가장 안전하다고 믿는 세상이 된 것 같다. 이런 게 싫었다. 그래서 좀 더 가슴 설레는, 비록 상처받는 일이 있더라도, 언제나 사랑을 추구하는 삶을 제시해 보고 싶었다. 세상 사람들이 나의 이런 생각을 어떻게 느낄까, 연애소설 형식으로 써서 그걸 한 번 확인해 보고 싶었다. (중략)

누군가를 정말 좋아하게 되면 스스로도 놀랄 정도로 아름다워지거나 세상이 달라 보인다. 인간이 선량해지고 가능성이 최고로 발휘되는 순간 또한 연애할 때이다. (중략)

물론 연애에는 추악한 면도 있다. 하지만 엣센스는 앞에서 말한 좋은 점. 그래서 난 사쿠타로와 아키가 주고받은 감성과 연애의 엣센스에 집착하면서 소설을 썼다. 다시 말해 인간의 가능성을 말하고자 이런 소설을 썼던 것이다. (「슈칸포스토(週刊ポスト)」 2003년 07월 11일자 인터뷰 기사에서)

인터뷰의 내용처럼 죽음 그 자체가 아니라 사랑하면서 사는 아름다운 삶, 혹은 상처를 받더라도 사랑하는 것이 더 아름답다는 메시지를 담고 있는 것이다.

② 감독 유키사다 이사오

1998년 〈오픈 하우스〉로 첫 장편영화 찍음
2000년 〈해바라기〉로 부산국제영화제 국제 비평가 연맹상 수상
2001년 〈GO〉로 일본아카데미상 최우수감독상,
　　　 일본국제비평가대상 감독상 등 수상
　　　 〈사치스러운 뼈〉
2002년 〈로큰롤 미싱〉
2003년 〈Seventh Anniversary〉
2004년 〈오늘 생긴 일〉
2005년 〈북쪽의 영년〉

위는 영화 〈세상의 중심에서〉를 만든 유키사다 이사오(行定勳) 감독의 이력이다. 이와이 슌지(岩井俊二) 감독의 〈러브레터〉와 〈스와로테일〉에서 조감독을 맡다가 1998년 〈오픈 하우스〉로 감독 데뷔했다. 그 후 거의 매년 한, 두 편의 작품을 만들어내는 활발한 활동으로 최근 가장 주목받고

유키사다 이사오 감독의 〈GO〉의 한 장면

있는 신진감독 중의 한 명이 되었다.

2000년 〈해바라기〉로 부산국제영화제에서 국제비평가 연맹상을 수상하면서 한국에 처음으로 알려졌고, 그 후의 재일한국인의 문제를 경쾌하게 다룬 〈GO〉(2001)로 더욱 더 친근하게 다가 온 감독이다.

그의 영화의 특징은 〈해바라기〉(2000), 〈사치스러운 뼈〉(2001), 〈세상의 중심에서〉(2004)와 같은 작품처럼 주로 사랑하는 사람의 죽음을 그리는 영화가 많은데 죽음 그 자체보다는 사랑하는 사람의 죽음 후, 이 세상에 남게 된 사람들의 모습을 여러 각도로 잡아내는 것이 특징이다. 현재는 죽음 이외에 역사 등에도 관심을 돌리고 있다. 그러한 성향 변화에 의해 탄생된 것이 앞에서도 언급한 홋카이도의 개척사를 다룬 〈북쪽의 영년〉(2004)이다.

이 감독의 또 다른 특징은, 인기소설을 영화화하는 경향이 짙다는 점이다. 〈GO〉는 2000년 나오키 문학상을 수상한 가네시로 가즈키(金城一紀)의 동명의 원작 소설을 영화화한 작품이다. 재일한국인이라는 다소 무거운 소재를 현재의 젊은 한국인 3세의 시각에 맞춰 산뜻하게 풀어내며 평단의 지지를 이끌어냈다.

〈오늘 생긴 일〉(2004)은 대학을 졸업한 친구들이 집들이에 모여 자신들이 살아가는 얘기를 담담히 풀어 가는, 그야말로 우리네 삶의 한 장면을 자연스럽게 연출한 영화이다. 이 영화 또한 시바사키 유카(柴崎友香)의 원작 『오늘 생긴 일』을 바탕으로 하고 있다. 〈세상의 중심에서〉 또한 앞에서 말한 바대로 베스트셀러를 영화화했다.

물론 감독이 시나리오를 직접 쓰는 경우도 많지만 기존의 소설을 바탕으로 하는 경우는 허다하다. 가령 〈피와 뼈〉, 〈링〉, 〈나라야마부시코〉, 〈철도원〉도 원작이 베스트셀러로 정평이 나 있는 것들이었다.

영화사상에 있어서 영화와 소설과의 밀월관계는 깊다. 그 관계는 크게

'영화가 소설을 낳는 경우'와 그 반대인 '소설이 영화를 낳는 경우'로 대별된다. 전자의 경우는 흔히 '영화소설'이라고 불린다. 최근의 예를 들자면, 한류스타인 배용준이 주인공을 맡아 화제가 된 허진호 감독의 〈외출〉을 김형경이 소설화한 경우이다. 물론 이 경우 영화와 소설이 동시에 진행되었다고 해야 더욱 정확할 것이다. 따라서 '영화 소설 커플 창작'이라고 해도 좋을 것이다. 영화 개봉과 맞춰 소설도 출간되었는데, 일단 영화 시나리오를 얼개로 재창작한 것이므로 영화를 의식하고 지어진 소설이라고 할 수 있다.

영화 〈외출〉

영화가 소설을 낳는 경우보다는 후자, 즉 소설이 영화를 낳는 경우가 더 많다. 인기소설을 영화로 할 경우, 비교적 원작에 충실하여 원작을 읽는 듯한 느낌의 것이 있는가 하면, 원작의 커다란 골격만 빌려올 뿐 대폭적으로 각색하는 것이 있다. 유키사다 감독의 경우는 주로 후자에 속한다. 그는 영화를 '시나리오를 깨부수는 과정'으로 정의내리기도 했다. 이러한 그의 철학은 〈세상의 중심에서〉에 그대로 반영되고 있다. 원작이 30대에 접어든 남자가 백혈병으로 죽은 첫사랑을 회상하는 것만으로 이루어졌다면, 영화는 그 남자의 현재 약혼녀(『세상의 중심에서』를 읽고 울었다는 시바사키)도 등장하고 배경도 쇼와시대의 80년대로 되돌려놓고 있다.

죽음과 역사 문제에 관심이 많고 소설을 영화로 재창조하는 데 천부적인 자질을 가지고 있는 유키사다 감독은 스스로 "일본 영화의 고정된 틀을 깨부수는 역할을 하고 싶다"고 입버릇처럼 말한 것처럼 앞으로도 영화에 대한 역동적인 투지를 계속 보일 것이다.

③ 영화 읽기 : '단카이 주니어세대'를 위한 추억

1) 줄거리

〈세상의 중심에서〉는 일본에서 관객 700만을 동원한 흥행작인데 내용은 30대 사쿠타로의 지나간 첫사랑을 절절하게 그린, 그야말로 신파조의 통속멜로물이다.

통속멜로물에는 몇 가지 반드시 들어가야 할 것이 있다. 눈물, 주인공의 죽음, 불행인데 이 영화는 그러한 요소를 전부 넣은 멜로물의 교과서적인 작품이다.

사쿠타로는 이미 약혼자가 있는 몸이지만 결혼에 대한 설레임도 그다지 없는 덤덤한 상태이다. 그러던 어느 날 약혼녀인 리쓰코가 메모만 남겨둔 채 홀연히 사라진다. 우연히 그녀가 시코쿠에 가 있다는 것을 알게 된 사쿠타로는 그곳으로 향한다. 시코쿠는 사쿠타로의 첫사랑이 깃들어 있는 곳이다. 첫사랑 아키, 그것도 불치병에 걸려 죽고 만 아키에 대한 아픈 추억을 되뇌인다. 사쿠타로와 아키는 이 세상의 중심이라고 불리는 호주의 울룰루로 향하는 공항에서 아키가 쓰러지는 바람에 영원한 이별을 맞이하게 된다. 사쿠타로의 과거는 약혼녀 리쓰코와도 연결되어 있었다. 아키의 마지막 음성을 담은 카세트 테이프를 전달해 주게 된 어린 날의 리쓰코. 시코쿠에서 사쿠타로는 과거의 사랑만으로 살아가는 것이 아니라 현재의 사랑을 소중히 키워가야 함을 느낀다. 또한 사쿠타로의 과거를 알게 된 리쓰코는 더욱더 사쿠타로를 이해하게 된다. 사쿠타로와 리쓰코는 함께 호주의 울룰루, 즉 세상의 중심에서 함께 사랑을 외치게 된다.

세상의 중심인 울룰루로 향하는 주인공들

위와 같은 내용은 어떻게 보면 진부한 이야기일 수도 있다. 그럼에도 불구하고 인기가 있었던 것은 원작이 초대형 베스트셀러라는 후광과 영화 자체가 지니는 영상미, 그리고 배우

들의 열연 때문일 것이다. 이와 더불어 자주 지적되는 것은, '단카이주니어(團塊ジュニア) 세대'의 정서에 절묘하게 부합했기 때문이라는 것이다.

2) '단카이 주니어세대'

'단카이 주니어'는 1971년부터 74년에 있었던 제2차 베이비붐 시기에 태어난 세대를 일컫는다. 1947년대부터 1949년에 있었던 제1차 베이비붐 때 태어난 사람들은 '단카이세대'(團塊世代)라고 했기 때문에 제2차 베이비붐 시기의 사람들은 '단카이 주니어세대'라고 했다. 매해 200만 명 이상 태어났으므로 총 800만 명이 훨씬 넘는다. 부모가 단카이세대일 수도 있고 그렇지 않을 수도 있다. 그래서 혹자는 부모까지 단카이세대인 사람을 '진짜 단카이 주니어세대'(真性団塊ジュニア世代), 그렇지 않은 것을 '가짜 단카이 주니어세대'(ニセ団塊ジュニア世代)라고 부르기도 한다. 어느 쪽이든 이들은 떼지어 집단으로 움직이는 것을 좋아하고 여느 세대보다 감성이 풍부한 것이 돌고래와 흡사하다 하여 '돌고래세대'(イルカ世代)라고도 한다. 80년대 중학교와 고등학교 시절을, 90년대에는 대학생활과 사회생활의 초년병 시절을 보내다 현재에는 사회적으로 중핵적인 자리를 차지하며 왕성한 사회활동을 벌이고 있는 세대이다. 따라서 마케팅에 있어 타깃이 되는 경우가 많다. 인구가 많은 세대이므로 소비층으로서도 타깃이 되는 것은 당연한 이치이기도 하다.

향후 일본의 10년간의 소비는 단카이 주니어세대가 주축이 되어 이루어질 것이라고 주장하고 있는, 일본의 세대별 문화 연구자인 미우라 아쓰시(三浦展, 컬추럴스터디즈 연구소 소장)는 단카이 주니어세대를 다음과 같이 정리하고 있다.

(1) Japan as No.1세대

단카이 주니어세대는 일본의 중산층이 형성될 때 태어난 세대이다. 일본의 중산층은 고도경제성장이 시작된 1955년경부터 시작되어 1973년에 인구의 60% 이상이 중산층이 된다. 경제적으로 최고의 활황기에 태어난 경우이다. 따라서 단카이 주니어세대는 중산층을 목표로 하는 세대가 아니라 이미 'Japan as No.1'의 시대에 태어났기 때문에 그전에 있었던 서구 지향이 사라지고 오히려 일본적인 것에 자신감과 흥미를 보이게 된다.

(2) 집단세대

단카이 주니어세대는 같이 움직이는 것을 좋아한다. '빨간 신호도 같이 건너면 무섭지 않다'라고 생각하며, 누가 물건을 사면 따라 산다.

(3) 마이 룸 세대

단카이 주니어세대는 유아기 때부터 자기 방을 갖은 세대이다. 이 세대들이 자주 보는 잡지들은 방구조 개선과 같은 특집이 항상 인기를 끌었다. 그만큼 독방을 쓰는 세대라는 말이다. 따라서 그들은 자신의 기호에 맞는 가구를 사고 자신이 좋아하는 음악을 들으며 또 좋아하는 그림을 걸어 둔다. 더욱이 방 밖에서도 자신이 좋아하는 공간을 즐겨 찾고자 한다. 이러한 그들의 욕망을 채워주는 것이 '워크맨'과 '편의점'이다. 24시간 언제든지 원하는 것을 살 수 있고 또 24시간 언제든지 음악을 들을 수 있다.

위와 같은 분석을 바탕으로, 음반시장이나 백화점 등의 각종 업체에서는 단카이 주니어세대의 소비를 늘리기 위해 갖은 전략을 세우고 있다.

위의 특성으로 보아, 이 세대들의 마음을 사로잡기 위해서는 우선, 일본적인 정서가 있어야 하고, 집단적 감성에 호소할 수 있는 것이어야 하며 그들의 공간을 채워줄 기호품이 있어야 한다. 영화 〈세상의 중심에서〉는 이러한 조건을 어느 정도 충족시키고 있다.

〈세상의 중심에서〉는 사랑에 대한 일본적인 정서를 듬뿍 담고 있다. 우선 영화의 주무대가 일본에서는 비교적 도시화가 덜 된 시코쿠의 섬으로 설정된 것이다. 바닷가 마을과 섬은 섬나라 일본인들이 항상 그리워하고 편안함을 느끼는 풍경인 것이다. 그리고 영화 속에서 그리는 고등학생들의 모습이나, 죽어간 자를 '추모'하고 그리워하고 또 '진혼'하려는 자세는 일본인들이 좋아하는 정서이다.

집단적 감성에 호소하는 것도 탁월했다. 1980년대의 젊은이들의 문화를 곳곳에 투입함으로써 집단적 향수를 불러일으키는 데에 성공했다. 소설에서는 사쿠타로의 고등학교 시절이 어느 연대인가 분명치 않다. 하지만 영화에서는 1986년으로 명확하다. 1980년대는 일본 경제가 최대를 맞이하던 시대이다. 가전제품은 홍수를 이루었고 경제는 활황을 맞이하다 못해 거품이 일기까지 했다. 즉 버블경제를 맞이

워크맨으로 음악을 듣고 있는 주인공 사쿠타로

하기 시작했던 시대이다. 그 버블이 꺼지기 시작한 것은 1990년대 초부터이다. 초년기에 번영을 누리다 청, 중년기에 경기침체기를 맞이하며 어두운 시대를 함께 한 단카이 주니어세대에게 영화 속 80년대의 추억은 고단한 현실을 잊고 달콤한 과거를 상기시켜주는 청량제나 초콜릿과 같은 역할을 했다.

영화에서 사쿠타로와 아키는 심야방송에 엽서를 보내 서로의 마음을 전하고 있고 워크맨에 녹음한 테이프를 교환하며 커뮤니케이션을 취하고 있다. 워크맨은 그야말로 80년대의 젊은이들의 상징물이다. 영화 속에서처럼 워크맨을 타기 위해 심야방송에 엽서를 보내기도 했고, 혼자서 음악을 듣다 나르시시즘(자아도취)에 빠지기도 했다. 이처럼 이 영화는 80년대 음악과 당시에 첫 선을 보인 '소니 워크맨' 등의 시대적 소품들을 등장시켜 단카이 주니어세대들의 노스탤지어를 공략했고 그것이 힘든 사회적 환경에 처해 있던 단카이 주니어세대에게 먹힌 것이었다.

지금까지 다룬 영화 중에서 〈센과 치히로〉는 10대에서, 〈링〉시리즈는 20대, 〈쉘 위 댄스?〉는 40대, 〈철도원〉은 5,60대, 〈나라야마부시코〉는 70대를 위한 것이라고 할 수 있다. 〈세상의 중심에서는〉는 바로 단카이 주니어세대로 이루어진 30대에게 폭발적인 인기를 모았다. 〈센과 치히로〉가 10대에게 '환상'을 심어주고, 〈링〉시리즈가 공포를 즐기는 20대에게 '새로운 버전의 호로물'을 제공했고, 〈쉘 위 댄스?〉가 힘든 가장들에게 '숨통 트이는 일상'을 선사하고, 〈철도원〉이 5,60대의 멸사봉공정신을 '위안'했으

며, 〈나라야마부시코〉가 70대라는 '황혼의 삶'을 생각하게 했다면, 〈세상의 중심〉는 '인간이란 아픈 과거를 넘어 새롭게 사랑하고 또 새롭게 살아갈 수 있는 굳센 존재'라는 것을 생각하게 한 영화이다. 과거의 사랑과 다가올 미래의 사랑에 대해 가장 많이 불안해하는 30대를 위한 영화이고 또 그 전략이 성공한 영화인 것이다.

제2절 사랑, 그 '전달'에 대하여

1 고대

1) 사랑의 세레나데 : '우타가키'

'우타가키'(歌垣)란 고대 농촌에서 남녀들이 산이나 들에 모여 시가를 읊으며 춤을 추며 노는 축제를 말한다. 축제는 축제이나 궁극적인 목적은 구애에 있었다. 방식은 남자편과 여자편으로 나눠 남자가 먼저 마음에 드는 여자에게로 다가가 시가(詩歌)를 읊는다. 즉 사랑의 세레나데를 시 한 수로 읊는 것이다. 서로 마음이 통하면 커플이 되는 경우도 있고 남자의 시가에 제대로 답가를 하지 못한 여자는 그 남자와 잠을 자야 하는 경우도 있었다. 현대적인 감각에서 보면 지나치리만큼 성적으로 개방된 문화라고 할 수 있는데 당시에는 그것이 하나의 자연스러운 풍습이었다.

우타가키는 일본 고유의 것이 아니라 중국의 귀주(貴州)나 운남(雲南)에도 있었고 동아시아 남방에서도 보편적으로 이루어졌다고 전해진다. 일본에서 처음으로 보이는 우타가키의 원형은 신화에서 보인다.

우타가키 유적지

남신인 이자나기와 여신인 이자나미가 기둥을 돌다 "어머! 너무도 멋진 남신이시군요"하자 이를 받아 남신이 "아니! 이런 멋진 여신을"하며 응수한 것을 우타가키의 원조로 보고 있다. 여신이 먼저 말을 거는 것은 좋지 않다 하여 결국 이 두 신은 다시 돌면서 남신이 먼저 말을 걸었는데 이것이 원형이 되어 그 후 인간세계에서 벌어지는 우타가키에서도 남자 쪽이 먼저 시가를 던지게 된다.

일본고대의 우타가키의 장소로 알려진 곳은 오사카의 '우타가키야마'(歌垣山), 쓰쿠바의 '쓰크바산'(筑波山), 사가현의 '기시마야마'(杵島山) 등이 있는데 가장 오래되고 유명한 곳은 '쓰쿠바산'이다. 이바라기현(茨城県) 서남부, 지금의 쓰쿠바 근처에 위치하는 산으로서 흔히 '서쪽의 후지, 동쪽의 쓰쿠바'(西の富士, 東の筑波)라고 일컬어질 만큼 후지산과 견주어지는 유명한 산이다. 봉우리가 두 개로 나뉘는데 서쪽 봉우리를 '남체'(男體), 동쪽 봉우리를 '여체'(女體)라고 부르고 있다. 쓰쿠바산에 대한 전설은 『히타치풍토기(常陸国風土記)』에 다음과 같이 서술되어 있다.

어느 신이 후지산을 찾아가 하룻밤 묵게 해 달라고 요청하자 거절당했다. 하는 수 없이 쓰쿠바산에 가서 청하자 쾌히 받아들이며 환대해 주었다. 이에 감복한 신이 "나날이 드높아질 것이며, 나날이 사람이 찾아들어 축복할 것이며, 먹을 것 풍부하고, 날로 번창할 것이니 천대만세에 걸쳐 유락(遊楽)이 끊일 날 없을지어다"라고 축복해 주었다. 그 후부터 후지산은 항상 눈으로 뒤덮여 오르기 힘든 산이 되었고 쓰쿠바산은 사람들이 찾아가 가무와 연회를 즐기는 명산이 되었다는 이야기이다. 이러한 유래 설화를 증명이라도 하듯이 쓰쿠바산은 언제나 사람으로 들끓었으며 점차 남녀의 구혼, 구애의 장으로 발전했던 것이다.

경치좋은 곳에 가서 마음에 드는 사람에게 자신의 연정을 표현하는 우타가키는 고대인들이 공식적으로 허락받고 하는 신명나는 사랑전달 혹은 구애의 장(場)이었던 것이다. 시가로서 상대의 마음을 구하려는, 매우 로맨틱한 방법이라고 할 수 있다.

2) 사랑의 몸짓 : '소데후루'

우선 일본 최고의 시가집인 『만엽집(万葉集)』에 나오는 시가 두 수부터 감상해 보자.

〈누카타노오키미(額田王)〉
あかねさす 紫野行き 標野行き
野守は見ずや 君が袖振る
(자초 무성한 들녘 시메노에 가노라니
들녘지기가 볼까 무섭네 그대 날 향해 소매 흔드는 것을)

〈오아마노미코(大海人皇子)〉
紫草の にほへる妹を 憎くあらば
人妻ゆゑに 我れ恋ひめやも
(자초처럼 아름다운 그대를 미워한다면
남의 아내가 되었다한들 어찌 소매를 흔들었겠소)

처음에 나오는 시가를 지은 누카타노오키미(額田王)는 일본 역사에 빛나는 7세기 무렵의 여자 가인(歌人)으로서 두 남자로부터 동시에 사랑을 받은 것으로도 유명하다. 형제가 동시에 이 여인을 사랑했었기 때문에 기록으로 남는 일본 최초의 삼각관계의 주인공이기도 하다. 원래 누카타노오키미는 오아마노미코(후의 덴무천황(天武天皇))와 결혼하여 딸까지 낳는데 그 후 성격이 난폭한 형 덴지천황(天智天皇)의 후궁이 될 수밖에 없어 헤어지게 된다.

누카타노오키미

위 노래는 헤어진 두 사람이 시메노(標野, 황실전용 수렵지)에 약초를 캐러 갔을 때 우연히 만나 주고받게 된 시가이다. 이미 헤어진 전 남편이 들녘지기가 보고 있는 것도 아랑곳 않고 이쪽을 향해 '소매를 흔들어' 주자, 과거는 과거이고 지금은 덴지천황의 부름을 받은 몸이라는 누가 볼까 두렵다고 여자가 한 수 읊는다.

이에 대한 답가로 전 남편, '풀처럼 향긋한 당신을 조금이라도 미워한다면 형의 아내가 된 당신을 어

찌 연모할 수 있을까' 즉 의역한다면 '형의
아내이든 아니든, 아름다운 당신을 연모하
지 않고는 견딜 수 없다'는 내용이다. 우스
갯소리로 일본 최초의 불륜의 사랑을 노
래한 시가라는 말도 한다.

　여기서 우리가 주목할 것은 소매를 흔
드는 '소데후루'(袖振る)이다. 소매를 흔드는
것에 여자 쪽은 왜 난감해 했을까? 왜냐하
면 그 당시 소매를 흔드는 것은 애정의 표
현이기 때문이다. 옛날의 기모노는 소매가 길고 통이 넓었다. 때문에 흔들
면 제법 멀리서도 펄럭이는 것이 보였다. 오늘날에도 반갑거나 헤어질 때
손을 흔드는 경우가 많은데 소매까지 펄럭여 보이며 감정을 적극적으로
표현한 것이 '소데후루'인 것이다.

　현대 일본 여성의 기모노에 '후리소데'(振袖)라는 것이 있다. 젊은 여성
이 입는 소매가 긴 정장용 기모노로서 주로 성인이 되는 스무 살 즈음부
터 입기 시작한다. 화려하고 소매통이 길어 발랄하면서도 자유분방한 분
위기를 낸다. 그래서 하루빨리 성인이 되어 후리소데를 입을 날을 손꼽아
기다리는 소녀들이 많았다. 현대에서는 고대에 있었던
것처럼 소매를 흔들어 애정을 표현하거나, 남성의 요구
에 소매를 흔들어 OK사인을 보내는 문화는 없다. 하지

결혼 전에 입는 기모노 후리소데

만 걸을 때마다 바람에 나부끼는 소매는 남자들의 시
선을 모으기에 충분하다. 남자들이 다른 기모노를 입
은 여성보다 후리소데를 입은 여성에게 더욱 관심을 갖
는 이유는 또 하나 있다. '후리소데=미혼여성'이라는 등
식이 있기 때문이다. 후리소데를 입은 것만으로도 아직
미혼이라는 사적인 사실이 드러나게 되는 것이다. 결혼
을 하고 나면 후리소데를 입지 않고 소매가 짧고 옷자
락에 가문(家紋)을 넣은 '도메소데'(留袖)라는 기모노를
입는다.

기혼녀가 되면서 후리소데의 소매가 절단되는 것은 '이성에 대한 자유 분방'의 절단의 은유이다. 사랑의 전달의 문화가 의복사에도 철저히 반영되고 있는 재미있는 현상이라 하지 않을 수 없다.

2 중고 헤이안시대의 풍류 : '꽃을 곁들인 편지'

꽃은 아마도 인류가 애용한 선물 제1호였을지도 모른다. 구하기 쉽고 받기 쉬운 것. 꽃의 위력은, 고운 색으로 사람의 마음을 열게 하고 그 향기로 사람의 정신을 황홀하게 혹은 아련하게 만드는 데 있다. 그래서 사랑을 고백할 때 꽃을 주는 것은 바로 이러한 위력을 빌리기 때문이었을 것이다.

헤이안시대(9세기)에는 꽃, 나무, 풀을 주어 사랑을 고백하는 일도 있었고 편지에 꽃가지나 나무, 풀을 곁들여 보내기도 했다. 물론 그 누구에게나 보낼 수 있었지만 이 방법이 빛을 발할 때는 역시 사랑을 고백할 때였다.

그냥 꽃, 나무, 풀만 보내는 방법보다는 편지에 곁들이는 것이 더 많았다. 우선 남자는 마음에 드는 여인에게 정성을 다한 편지를 쓴다. 상대의 이미지에 맞는 편지지를 고르고, 그 안에 멋진 와카(和歌)를 곁들인 다음, 자신의 연정을 알리는 마음을 넌지시 쓰고, 그 다음에 편지를 둘둘 말아 묶은 뒤 거기에 꽃 같은 것을 곁들인다. 마지막 작업이 편지를 받아 보는 사람 눈에 가장 먼저 띄는 부분이기에 심혈을 기울여야 한다. 꽃이나 풀, 나무이면 다 좋은 것이 아니라 계절에 맞는 것, 상대의 이미지에 맞는 것, 편지의 내용과 연관이 있는 것이어야 했다.

봄에는 벚꽃이나 갖은 풀을, 가을에는 싸리와 단풍이 애용되었는데, 이 편지를 받고 상대가 마음에 들면 똑같이 정성을 다해 보냈고 마음에 들지 않으면 답장을 주지 않거나 시든 것들을 곁들여 보냈다. 자신이 걱정이 많고 우울하여 사랑할 마음의 여유가 없다는 것을 알릴 때 시든 꽃만큼 적절한 것은 없을 것이다. 이러한 편지문화는 고전작품에서 많이 찾을 수 있다.

여기서는 헤이안시대에 가장 자유분방하게 산 것으로 유명한 이즈미시키부(和泉式部)라는 여인이 꽃을 받는 장면을 보기로 하자.

이즈미시키부는 처음에 다치바나 미치사다(橘道貞)와 결혼을 하여 딸을 낳았는데 이내 남편을 저버리고 다메타카친왕(為尊親王)과 좋아하는 사이가 되었다. 신분이 낮은 집 딸이자 지방관리의 아내였던 여자와 친왕(왕자)이 열애를 벌인다는 사실은 이내 장안의 화제가 되었고, 딸의 자유분방한 행동에 화가 난 부친은 딸과의 인연을 끊었다. 그러나 그 관계도 오래가지 않았다. 왜냐하면 친왕이 26세라는 젊은 나이에 요절하고 말았기 때문이다. 그러자 이번에는 친왕의 친동생인 아쓰미치(敦道)친왕의 구애를 받게 된다. 이미 정실이 있는 친왕이 이즈미시키부를 자신의 저택으로 데리고 들어오려 하자 정처는 집을 나가는 형국에 이르게 된다. 이때까지의 세 남자와의 관계를 글로 써서 남긴 것이 유명한 『이즈미시키부 일기(和泉式部日記)』이다. 그런데 이 사랑도 오래 가지 못하고 아쓰미치친왕이 27세에 요절하자 그 집을 나와 궁녀가 되어 궁중으로 들어가게 된다. 궁중에서 일을 하다 당대의 최고 권력가인 후지와라 미치나가(藤原道長)의 집안일을 도맡아 했던 사람과 결혼을 하였다.

4명의 남자 중에서 가장 적극적이었던 것은 아쓰미치(敦道)친왕이었다. 어느 날 이즈미시키부가 두 번째 남자인 다메타카친왕과 사별하고 1주기를 맞이하고 있을 즈음 아쓰미치친왕은 그녀에게 '다치바나'를 보낸다. 다치바나는 감귤나무인데 웬만한 교양과 와카를 아는 사람이라면 이 다치바나를 둘러 싼 유명한 와카를 알고 있었다. 일본 최대의 와카집인 『고킨와카슈(古今和歌集)』의

五月まつ 花橘の 香をかげば 昔の人の 袖の香ぞする

라는 와카이다. '5월을 기다리는 다치바나 꽃의 향기가 옛 사람의 소매향기를 생각나게 한다'라는 시가이다. 여기서 말하는 옛사람이란 1년 전에 죽은 다메타카친왕으로서 그를 추도하는 여인을 위로하는 효과를 내고 있다. 아쓰미치친왕이 굳이 이런 편지를 보낸 것은 위로를 하기 위해서만

은 아니었다. 위로와 더불어 자신과의 교류도 생각해 보라는 일종의 세련된 구애방법이었던 것이다.

이것을 받은 이즈미시키부는 연애의 귀재답게

薫る香に　よそふるよりは　ほとどぎす　聞かばやおなじ　声やしたると

라고 적어 보냈다. '향기나는 꽃도 좋지만 직접 만나 듣고 싶네 그대 목소리. 형님과 같은 소리인지 어떤지'라는 뜻으로, 구애해 오는 남자 이상의 적극성을 보이고 있다.

꽃과 시로 마음을 표현하는 멋진 방법으로 헤이안 귀족들은 자신들의 연정을 전달했던 것이다.

3 근대의 '연애편지'

'연애'는 근대에 서양에서 수입된 말이다. 기독교의 정신이 유입되면서 '러브'(Love)라는 개념도 처음으로 유통되었다. 그전에는 '시노부'(偲ぶ)나 '오모우'(思う), '고이시이'(恋しい)라는 말로서 애틋한 감정을 대신했다. 주로 지식인, 특히 서양문학을 많이 접하던 문학자들이 '러브'나 '연애'라는 용어를 먼저 받아들였고 그것을 몸소 실천하거나 다시 소설이나 시로 재표현함으로써 서민들에게로까지 퍼지게 되었다.

실생활에서나 창작활동에 있어서 연애와 사랑을 몸소 실천한 대표적인 사람으로 기타무라 도코쿠(北村透谷, 1868~1894)를 들 수 있는 데 도코쿠는 일본근대사람들의 연애관에 커다란 영향을 끼친 사람이다. 시인이자 소설가이며 사상가인 도코쿠가 태어난 1868년은 문명개화기의 원년이 된 메이지 정부가 들어 선 해이다. 메이지유신에 공을 세운 번(藩)출신의 유력자들이 파벌을 이루며 정치를 한 번벌(藩閥)정치가 강해지자 이에 맞서서 민주주의와 인권의 확립 및 국회 개설을 요구하던 자유민권운동이 일었다. 도코쿠는 이 운동에도 참가했고 기독교를 믿게 되면서부터는 평화주의운동까지 했다.

20세 되던 어느 날, 도코쿠는 이시사카 미나(石坂ミナ)라는 기독교 신자 여성과 사랑에 빠지게 된다. 도코쿠가 미나에 대해 강한 연애 감정을 가졌을 때 그는 연애편지를 쓰기 시작했다. 그는 1888년 1월 21일, 겨울에 미나에게 다음과 같은 연애편지를 보낸다.

> 나를 사랑하는 엔젤은 흰눈과 같은 부드러운 손으로 나를 살며시 잡고서는
> 어떤 무엇과도 견줄 수 없는 예쁘고 아름다운 꽃 같은 얼굴로
> 나의 까칠한 뺨으로 다가와서
> 꿈에도 잊지 못할 키스를 해 주었소.
>
> 엔젤은 내게 다가와 나를 격려해 주기도 하고
> 생기를 불어 넣어 주기도 했으며
> 엔젤은 내게 다가와 신이 내게 말한 무언(無言)의 말씀을 말해주니
> 나는 신의 뜻에 따라 생명을 얻게 되었고
> 마음을 청정히 하여 신의 명령을 받아들였다오.

비교적 시적인 연애편지라고 할 수 있는데, 지극히 서구적 취향으로 쓰고 있는 것을 알 수 있다. '엔젤'이나 '키스'와 같은 서구어가 많이 등장하고 있으며, 미나가 기독교 신자인 것을 찬양하기라도 하듯 종교적 메신저라고 극찬하고 있다. '신이 보낸 나의 천사'라는 최고의 찬사는 유럽의 소설에 많이 나오는 상투적인 표현이다. 문장의 길이 또한 구구절절 사랑의 표현을 끊임없이 이어간다. 편지지도 서양의 여자 그림이나 천사가 있는 것을 사용하였다.

근대 초기의 연애편지

이렇게 열렬한 연애편지를 쓸 만큼 여자를 사랑했음에도 불구하고 도코쿠는 '연애는 고귀하고 순수하며 아름다워야지, 정욕적이어서는 안 된다'는 강한 금욕주의에 빠져 그녀 곁을 떠난다. 그러다 우여곡절 끝에

이듬해에 결혼을 하기는 했는데 순수연애의 이상을 지키지 못했다는 자기혐오에 빠져서 산다. 연애와 민권운동을 고민하다 도코쿠는 26세에 자살하고 만다.

도코쿠 이외에도 시마자키 도송(島崎藤村)이나 다니자키 준이치로(谷崎潤一郎), 다자이 오사무(太宰治)와 같은 일본근대문학자들도 절절한 연애편지를 남겼다. 그들 또한 도코쿠처럼 서구적 미사여구로 상대의 마음을 사려 했으며 근대의 상징인 '우체국'을 통해 엽서나 서신으로 보내졌다. 앞서 살펴 본 헤이안시대부터 전해지던 와카를 통한 짧고 은유적인 표현의 연애편지, 인편으로 꽃가지를 곁들여 보내지던 연애편지는 서구화의 물결에 밀려 서서히 자취를 감추게 되는 것이었다.

4 서구적 문화의 극치 : '밸런타인 초코'

사랑의 전달에 있어서의 서구화의 극치는 뭐니뭐니해도 역시 '밸런타인데이'일 것이다. 원래 서양의 밸런타인데이는 크리스트교의 사제인 밸런타인의 순교와 고대 로마 때부터 풍요를 기원하던 2월 15일의 축제인 '루페루카리아'(Lupercalia)가 결합되어 생긴 날이다. 이 날 서로 감사와 사랑하는 마음을 편지로 전하는 날이다.

이날을 일본은 초콜릿을 선물하는 새로운 풍습으로 만들어 버린다. 흔히 애기되어지는 것처럼 백화점의 소비전략이 낳은 문화이지만 일본의 독자적인 문화를 낳으며 오래 전부터 정착되었다.

1) 미각에 호소하는 초코

시가(詩歌)나 꽃 혹은 연애편지가 각각 청각과 시각, 그리고 감성에 호소하는 방법이라면 초콜릿에 사랑의 마음을 담아 전달하는 것은 미각에 호소하는 방법이다. 일본인에게 있어서도 초콜릿은 역시 달콤한 사랑의 상징이다. 그런데 일본인들이 처음부터 초콜릿을 좋아했던 것은 아니다. 일본에서 처음으로 초콜릿이 상품화되어 대중 앞에 선보이게 된 것은 1877년 도쿄의 어느 과자점에서였는데 블랙 초콜릿이었다. 이것을 본 사람들이 소의 피에 설탕을 넣어 굳혀 만든 과자라는 소문이 있었기 때문이다. '소의 젖'(우유)이 와전되어 '소의 피'가 되었다. 그러다 미국에서 기술을 받아들인 모리나가(森永)와 독일에서 받아들인 메이지(明治)가 초콜릿을 양산하면서 대중의 인기를 끌게 되었고, 이들 회사나 백화점이 내건 '초콜릿=연인들의 과자'라는 선전에 의해 밸런타인데이의 필수품이 되었던 것이다.

2) 의리상 주는 초코

여러 사람이 일거에, 어느 한 날에 고백을 해도 된다는 형태는 고대 시대의 우타가키와 흡사하다. 고대 남녀가 우타가키를 며칠 두고 몸치장을 하고 상대를 매료시킬 시 한 수를 준비했다면 현대의 젊은이(여성)들은 백화점에 가서 가장 맛있어 보이고 예쁜 초콜릿을 사거나 집에서 손수 만들거나 한다.

재미있는 것은 밸런타인 초코를 사랑하는 남자에게만 주는 것이 아니라 '기리 초코'(義理チョコ)라 하여 직장 상사나 주위의 남자들에게 모두 나누어 주는 것이다.

이제까지 일본인들이 행해 왔던 여러 가지의 사랑 전달법을 보았지만 여성은 늘 받는 자리에 있었다. 그러던 것이 밸런타인데이 때에는 여성이 남성에게 사랑을 고백해도 된다. 현재는 많이 다르지만 일본에서도 전통적으로 '여자는 조신하게 남자 뒤를 따라야 한다'는 통념이 있었다.

이러한 관념의 시초는 우타가키에서도 잠시 언급했던 「이자나기 이자나미 신화」에서 출발한다. 이 두 신은 천신으로부터 부부가 되어 일본 국토를 낳으라는 명을 받는다. 부부가 되기 위해서는 기둥을 돈 뒤 합방을 해야 했다. 그런데 기둥을 돌면서 여신인 이자나미가 먼저 "어머! 너무도 멋진 남신이시군요"하며 말을 걸었고 남신인 이자나기가 "아니! 이런 멋진 여신을" 하며 응수했다. 그런데 두 사람사이에서 아기가 태어났는데 뼈가 없었다. 하는 수 없이 이름을 히루코라 짓고 일어서기만을 기다렸지만 세 살이 되어도 끝내 일어서지 못했다. 그러자 이자나기와 이자나미는 이 아이를 갈대배에 실려 떠 보내고 만다. 신을 낳고 국토를 만들어야 할 임무가 있었기에 두 부부신은 천신에게 조언을 구하게 된다. 그러자 천신이 말하길, 기둥을 돌다 여신이 먼저 말을 건 것이 좋지 않았으니 이번에는 남신이 먼저 말을 걸어 보라 했다. 조언대로 하니 건강한 아이를 낳게 되었다고 한다.

이러한 신화는 고대 일본사회에 있어서의 남녀의 지위를 그대로 반영한 것이다. 비단 신화나 고대 사회뿐만 아니라 최근까지 법적 지위나 집안에서의 지위에 있어서 여성의 지위는 그리 높지 않았다. 따라서 사랑과 결혼의 주도는 언제나 남성의 특권이었다. 사랑 고백 또한 남성 쪽이 먼저 하는 것이 관례였다. 그런 분위기에서 공인된 하루만의 '상위'(上位)는 여성들에게는 매혹적인 것이었다. 서구에서 보다 일본에서 밸런타인데이가 더욱 화려하게 치러지는 것은 도입 당시 그만큼 여성의 지위가 낮았음을 반증하는 것이라는 지적도 있다.

5 현대적 버전

물론 현대 일본인들은 초콜릿 말고도 좀 더 다양한 방식으로 사랑의 마음을 전달한다. 이를 사쿠타로의 일생에 빗대어 보면, 초등학생 사쿠타로는 우선 마음에 드는 여학생이 있으면 그 여학생의 신발장이나 책상 서랍에 편지를 넣어 둘 것이다.

중학생 사쿠타로는 어떨까? 영화 속 사쿠타로는 카세트 테이프에 마음을 전했지만 요즘의 중·고등학생 사쿠타로는 학교나 학원에서 만나는 마음에 드는 여학생에게 메일이나 문자를 보낼 것이다. 아니면 학교 담에 남몰래 '아이아이가사'(相合傘) 그림을 그려 넣고 소문이 나길 기다릴지도 모른다. 아이아이가사란 남녀가 함께 우산을 쓰는 것을 말하는데 그림으로

그릴 때에는 우산 밑에 두 사람 이름을 써넣는
다. 아무개와 아무개가 사귄다는 소문을 낼 때에
도 이 그림을 학교 벽에 그려 넣기도 한다.

아이아이 가사

　대학생 사쿠타로는 단체미팅인 '고콘'(合コン)이
나 소개팅에서 만난 여자에게 브랜드품을 하나
사주거나 이벤트를 준비해 환심을 살 것이고, 결
혼한 사쿠타로는 결혼기념일마다 선물을 챙기며
사랑을 표현할 것이다. 홀아버지 노인이 된 사쿠
타로는 동네 공원에서 매일 만나는 할머니와 게
이트볼을 하면서 상대의 과거얘기를 들어주는
것으로 애정표현을 할 것이다.

　역사의 흐름과 함께 사랑하는 마음을 전달하
는 방식에도 변화는 있기 마련이다. 특히 시대가 숨가쁘게 변하고 있는 21
세기, 몇 년 후면 다른 문명의 기기가 인간의 생활을 지배할 것이다. 따라
서 시 한 수나 꽃, 아니면 편지는 그렇다 치고 문자나 메일도 무색해질 특
이한 방법이 유행할지도 모른다. 또한 밸런타인데이는 사라지고 또 다른
어떤 날이 만들어질 수도 있다. 그렇다면 지금의 30대들이 〈세상의 중심
에서〉의 테이프나 심야방송 장면을 보고 향수에 잠기었듯이, 초콜릿을 보
내고 휴대폰으로 문자를 보내며 마음을 전달하는 영화 장면을 보고 추억
에 잠길 날이 생각보다 빨리 올지도 모를 일이다.

원제 : 梟の城
감독 : 시노다 마사히로
주연 : 나카이 기이치, 쓰루타 마유
제작사 : 후지 산케이 그룹
상영시간 : 120분
장르 : 액션, 시대물
제작년도 : 1999년
개봉일 : 2001년 3월 10일
등급 : 15세 이상

제9장
영웅시대와 닌자

제1절 〈올빼미의 성〉 읽기

1 시대적 배경부터

1) 3대 영웅시대

15세기 중엽의 약 100여 년간은 온 나라 백성들이 불안과 고통 속에서 살던 '전국시대'(戰國時代)이다. 후계자 계승문제로 쇼군(將軍)과 다이묘(大名)가 동서로 나뉘어 10여 년간 치열하게 싸운 '오닌의 난'(應仁の乱, 1467~1477)이 있었고 이후 중앙의 권력이 무력해지자 각 지방의 영웅들이 무력을 앞세워 천하를 노린 '군웅할거시대'가 이어졌기 때문이다.

이런 난세에 일본인들이 가장 흥미를 지니는 3대 영웅이 나오게 된다. 바로 오다 노부나가(織田信長), 도요토미 히데요시(豊臣秀吉), 도쿠가와 이에야스(德川家康)이다. 이들은 난세를 극복하고 '담대함'과 '지략'과 '인내'로 차례차례 천하를 통일하게 되는데, 이들을 둘러싼 유명한 교카(狂歌),

織田がつき、羽柴がこねし 天下餅 座りしままに 食うは德川
(오다가 찧고 하시바가 빚은 천하라는 이름의 떡을 가만히 앉아서 먹기만 하는 도쿠가와)

처럼, 노부나가가 온갖 준비를 하고 하시바(히데요시의 옛성)가 먹기 직전까지 만들어 놓자 이에야스는 힘도 들이지 않고 먹기만 했다는 비유가 있듯이, 오다 노부나가가 통일의 기반을 잡고 히데요시가 그것을 기반으로 전국을 통일했다면 이에야스는 통일된 전국을 꾸려 나아갔다.

그런데 재미있는 것은 통일을 이루는 과정에 있어서 세 사람의 성격이 아주 달랐다는 점이다. 조금 전에 말한 교카(狂歌)와 더불어 이들의 성격을 적절히 비유한 것이 있다. 바로 울지 않는 두견새를 놓고 세 명이 보였을 행동의 비유이다.

노부나가는 '울지 않거든 죽여버리라 두견새야'(泣かぬなら 殺してしまへ ホトドギス), 히데요시는 '울지 않거든 울게 해 보겠다 두견새야'(泣かぬなら 泣かせてみましょう ホトドギス), 이에야스는 '울지 않거든 울 때까지 기다린다 두견새야'(泣かぬなら 泣くまで 待とう ホトドギス)라는 식으로 말이다.

노부나가의 괴팍함, 히데요시의 지략, 이에야스의 인내를 잘 나타내는 하이쿠라고 할 수 있다.

오다 노부나가는 일본 중부의 오와리 지방에서 태어났는데 어렸을 적에는 바보처럼 행동했지만 속으로는 천하의 제일인자가 되려는 큰 야망을 품고 있었다. 그 뜻은 생각보다 빨리 이루어져 스무 살 즈음에 일본전국의 반을 차지하는 오와리 지방을 손에 넣었고 그 후 교토로 가 쇼군 아시카가 요시아키(足利義昭)를 추방하면서 자신의 시대를 맞이하게 되었다. 자신의 위업과 권위를 과시하기 위해, 지금의 사가현에 아즈치성(安土城)을 축조하여 통치를 하게 된다. 이 시대를 그래서 아즈치 시대(安土時代)라고 한다. 노부나가는 백성이 잘 살 수 있도록 산업발전에 힘을 기울여 상공업자들에게 활기를 불어 넣어 주어 아즈치시대는 평화와 번영을 누릴 수 있게 되었다.

오다 노부나가

서서히 세력 확장을 해 나아가기 위해 주고쿠(中国)지방에서 모리(毛利)와 싸우고 있던 히데요시를 격려하러 가던 어느 날 혼노지(本能寺)에서 하룻밤을 자게 되었는데 13,000명의 병력을 거느린 가신(家臣) 아케치 미쓰히데(明智光秀)가 반란을 일으켰다. 도저히 대항이 될 것 같지 않자 노부나가는 절에 불을 지르고 그 속에서 자살하고 만다. 대통일을 코앞에 둔 좌절이었다.

노부나가가 혼노지에서 뜻하지 않은 변을 당하고 죽자 그 뒤를 이어 천하통일의 대업을 이어받은 것이 도오토미 히데요시이다. 빈농의 아들로 태어난 히데요시는 어릴 적 절로 보내졌으나 노부나가의 휘하에 들어가 지극한 충성심을 보이며 두각을 나타내어 점점 높은 자리에 오르게 되었다. 혼노지에서 유명을 달리한 노부나가의 원수를 갚고 노부나가가 이루지 못한 뜻을 이어받아 전국을 통일하게 된다. 일본에서는 입지전적 인물이자 전대미문의 출세영웅으로 통한다.

천하를 거머쥐자 히데요시는 함께 공을 세웠던 다이묘(大名)들에게 포상으로 토지를 많이 나누어 주려는 과대망상에 빠져 두 번에 걸친 조선침략을 감행하기에 이른다. 1592년의 첫 번째 침략 때에는 규슈의 나고야(名護屋)로 직접 가 지휘를 했으나 조선의 끈질긴 저항으로 일본으로 되돌아오고 만다. 두 번째 침략도 결국 히데요시가 죽고 말자 실패로 끝나게 된다.

도요토미 히데요시

히데요시는 생전에 자신의 권위를 내세우기 위해 다이묘들을 동원하여 오사카에 아즈치성과 맞먹는 크고 화려한 오사카성(大阪城)을 짓고 성 밖에다 교토와 사카이(界) 지방에서 상업활동을 벌이던 대상인(大商人)들을 이주시켰다. 오사카를 중심으로 커져가는 경제와 함께 문화와 예술도 밝고 생동감 넘치는

도쿠가와 이에야스

것이 많이 창조되었다. 화려하고 장엄한 성의 건축과 그 내부를 장식하는 호화찬란한 장지그림 및 병풍으로 대표되는 이 시대의 문화를 모모야마(桃山)문화라고 한다.

노부나가와 히데요시가 전국통일 작전을 벌이고 있는 동안 이에야스는 음양으로 두 사람을 도우면서도 착실히 자신의 세력기반을 키워 나아갔다. 오다 노부나가와는 최후까지 대등한 관계를 유지했으며 히데요시에게는 방심하지 못할 경쟁자로서 임했다. 하지만 히데요시가 능란한 솜씨로 천하를 통일하자 좋든 싫든 히데요시에게 복속하는 척했다. 겉으로는 히데요시를 보필하면서 뒤로는 동쪽 지방(에도)으로 눈을 돌려 세력 확장에 전력을 기울였다.

마침 무모한 침략전쟁에 힘을 쏟느라 국내의 다이묘를 제대로 통제 못한 채 히데요시는 죽고 마는데 죽어가면서까지 도쿠가와 이에야스에게 56세에 낳은 다섯 살짜리 아들 히데요리(秀頼)를 부탁했으나 허사였다. 히데요시가 죽자마자 이에야스는 히데요리를 제치고 여러 다이묘를 자기편으로 만든 뒤 1600년 세키가하라(關ヶ原)전투에서 지방 제후를 압도하여 일본 전역의 실권을 장악하였다. 같은 해 정이대장군(征夷大將軍)이 되고 에도에 막부를 개설하여 패자(覇者)로서의 지위를 합법화하였다. 이로써 에도는 250여 년간 국가정치의 중심지로서 눈부신 발전을 거두었다.

이에야스는 권력을 도쿠가와 집안의 전용물로 만들기 위해 온갖 힘을 다 썼다. 이러한 이에야스에게 무엇보다도 걱정이 된 것은 히데요시의 아들 히데요리를 중심으로 정권만회의 기회를 노리던 오사카성의 세력이었다. 그래서 이에야스는 1614년부터 1615년 사이에 두 차례에 걸쳐 오사카 전투를 일으켰는데 이 싸움에서 도요토미의 잔당을 완전히 멸망시킴으로써 대망의 천하통일을 완성하였다. 오다 노부나가, 도요토미 히데요시의 뒤를 이어 여러 가지 정책을 수행하여 일본 근세 봉건제사회를 확립한 것이었다.

이에야스는 사농공상을 제정하고 히데타다(秀忠) 때부터는 조선으로부터 통신사를 받아들이고 경제적으로도 여러 금광을 찾아 금산출량을 늘렸고 교역선을 증대시켰다. 하지만 이에야스와 그의 아들 히데타다 그리고 그의 손자 이에미쓰(家光)에 걸친 3대에 이르러 쇄국정치를 펼치기도 했다. 쇄국정책으로 막부의 권력은 한층 강화되었으며 상공업의 발전으로 에도와 오사카는 번창했다.

위의 사실을 간단히 도표화하면 다음과 같다.

	오다 노부나가	도요토미 히데요시	도쿠가와 이에야스
생몰	1534~1582	1536~1598	1542~1616
시대형성	아즈치시대(安土時代)	아즈치 모모야마시대 (安土桃山時代)	겐로쿠시대(元禄時代)
중심지	아즈치의 아즈치성	오사카의 오사카성	에도의 에도성
위업	천하통일의 기반	천하통일 완성	천하통일 유지 및 에도 막부설립
성격	급하고 난폭함 과감, 결단력	출중한 지략가	인내, 겸손, 기다림
지도력	정보전	인재등용	관용, 대국관(大局觀)

일본 역사상 비슷한 연배의 남자가, 비슷한 지방(현재의 중부지방)에서 각기 다른 성품과 전략으로 천하를 통일하기 위해 벌인 대서사시는 후대 소설가들에 의해 보다 드라마틱한 역사로 각색되어 전해 내려오고 있다. 대표적인 것이 한국에서도 유명한 소설 『대망』(요즘은 『도쿠가와 이에야스』로 번역된 것도 있음)이다.

소설뿐만 아니라 영화나 TV드라마로도 다수 재창조되었는데 특히 NHK의 대하드라마로 가장 많이 제작되었다. 영화보다 드라마 쪽 제작이 많은 것은 그들의 인생과 통일과정을 짧은 시간 내에 전부 그려 넣을 수 없다는 시간상의 제약 때문이었을 것이다.

영화의 경우, 다음과 같은 것이 있다.

(1) 오다 노부나가나 그의 시대를 배경으로 한 것

마키노 마사히로(マキノ正博) 감독 〈오다 노부나가〉(1940)

고노 요시카즈(河野壽一) 감독 〈홍안의 젊은 무사 오다부나가〉(1955)

〈풍운아 오다 노부나가〉(1959)

구로사와 아키라 감독 〈가게무샤〉(1980)

(2) 도요토미 히데요시나 그의 시대를 배경으로 한 것

시노다 마사히로(篠田正浩) 감독 〈올빼미의 성〉(1999)

(3) 도쿠가와 이에야스나 그의 시대를 배경으로 한 것

이토 다이스케(伊藤大輔) 감독 〈반역아〉(1961)

위의 정리로 알 수 있듯이 영화 〈올빼미의 성〉(1999)은 도요토미 시대를 배경으로 한 것이다.

2 영화 이해

1) 줄거리

영화 〈올빼미의 성〉은 천하를 통일한 히데요시 시대를 배경으로 어둠 속의 자객인 닌자를 주인공으로 다루면서 역사와 픽션의 절묘한 조화를 이뤄내고 있다. 하지만 오락성이 떨어지고 인물 관계도가 복잡하며 일본 역사 속의 사실을 많이 차용하고 있어 이해하기도 힘들고 지루한 감이 있다. 따라서 영화의 줄거리를 자세히 소개해 보기로 한다.

시간은 노부나가 때로 거슬러 올라간다. 노부나가는 전국통일을 꾀하던 중 어둠 속에서 여러 정보를 장악하고 있던 닌자가 자신의 과업에 위해를 끼칠 존재가 될 것이라고 느끼자 제거하기로 결심한다. 성격이 난폭하기로 유명한 노부나가는 당대 최고의 닌자 집단인 '이가'를 쑥대밭으로 만든다. 닌자와 그 가족까지 몰살당하는 과정에서 간신히 살아남은 주인공 주조는 노부나가에 대한 복수를 꿈꾸며 산 속에서 은둔하고 있었다.

은둔하는 사이에 노부나가는 부하에게 쫓겨 자살했고 천하는 히데요시에게로 넘어갔다. 천하를 통일한 초로의 히데요시에게는 이제 두 가지 소망만이 있을 뿐이었다. 첫째는 아들에게 천하를 남겨 주려는 것이었고, 둘째는 조선과 명나라를 쳐서 그 땅을 대신들에게 나눠 주는 것이었다. 그러나 53세에 얻은 아들이 세살에 요절하자 비탄에 빠져 슬픔에서 헤어나지 못했다. 이때 호시탐탐 정권을 노리고 있던 이에야스는 은거중인 주조를 이용해 히데요시를 암살하고자 한다.

노부나가의 제일의 충신을 죽이는 것은 곧 노부나가에 대한 복수를 달성하는 것이라고 생각한 주조는 닌자 세력을 모아 히데요시의 거점지인 오사카로 향한다. 이에야스의 계획과 주조의 실행을 뒤에서 원조한 것은 사카이(堺) 지방의 상인 소큐였다.

오사카로 향하던 길에 주조는 여러 사람을 만난다. 먼저 고하기라는 미모의 여자를 만나 뜻하지 않게 하룻밤을 함께 하게 된다. 또 다른 사람은 어렸을 때 함께 자란 '이가' 단원인 기사루와 고헤이인데, 기사루로부터는 도움을 받게 되며 자신의 과거를 부정하고 출세욕에만 불타 있는 고헤이로부터는 계속 방해를 받는다.

한편 아들을 잃고 슬픔에 빠져 있던 히데요시는 조선출병 쪽으로 관심을 돌린다. 히데요시가 전쟁을 직접 지휘하기 위해 규슈의 나고야성(名護

오사카로 향하던 길에
위험에 처한 주조

屋城)으로 출진할 때 이에야스는 히데요시의 측실인 요도기미(淀君)가 회임을 한 사실을 알게 된다. 후계자가 생기면 히데요시도 정신을 차릴 것이고, 더불어 다이묘들이 히데요시 암살 모반에 섣불리 동조하지 않을 것이라고 내다본 이에야스는 즉시 암살을 중지토록 한다. 그리고 워낙 신중하기로 유명한 이에야스는 만일을 위해 암살계획을 알고 있던 인물들을 제거한다. 인물제거의 임무를 맡은 것은 '이가'와 쌍벽을 이루던 '고가'라는 닌자 집단이었다.

이 사실을 알게 된 주조는 '고가'를 기습하고 자신의 일생의 과업이었던 '복수'의 매듭을 짓기 위해 히데요시의 침실까지 잠입한다. 그러나 자신이 영웅으로 생각했던 히데요시가 나약한 한낱 노인에 불과한 모습을 보자 웃음을 터뜨린 채 암살을 포기한다.

무사히 성을 빠져나온 주조 대신 옛 동료 고헤이가 히데요시 암살자로 몰려 공개 처형당하고 주조는 고하기와 행복하게 살아간다.

2) 주제

이상의 내용처럼 약간은 복잡한 서사구조를 지니고 있기 때문에 주제 또한 여러 가지가 나올 수 있다. 사랑, 권력, 의리 등이 있겠는데 영화에서 그리고 배치되어 있는 다양한 이항대립 중에서 어디에 관점을 맞추느냐에 따라 영화의 메시지도 달라질 수 있다.

(1) 히데요시와 이에야스

영웅들이 벌이는 지략과 권력의 냉혹함을 볼 수 있다. 히데요시는 커다란 스타일의 대륙적 야망을 지녔다면 이에야스는 그 야망가를 제거하여 편하게 천하를 잡으려는 지략가일 수 있다. 또한 히데요시가 희로애락을 그대로 표현하는 '자연인'이었다면 이에야스는 치밀하게 계산하는 '관리인'이었다. 유능한 관리인이 그렇듯이 이용가치가 없다고 판단되면 가차 없이 제거하는 냉철함도 가지고 있었다. 그 영웅에게 이용당한 닌자들의 애환은 이 두 영웅의 대립에 의해 보다 극명하게 드러난다.

(2) 이가와 고가

일본 역사 안에서 사무라이가 화려한 양지의 영웅이라면 닌자는 어둠 속의 악인으로 치부되어 왔다. 일본의 최고의 일류집단이었던 이가(伊賀)와 고가(甲賀) 모두 어쩔 수 없이 권력자의 하수인 밖에는 될 수 없다는 '존재의 비극성'이 클로즈업 된다.

(3) 주조와 고헤이

두 사람 모두 사랑과 의리로 자신의 정체성을 고민하는 인간적인 모습을 그대로 보여주고 있다. 하지만 한 사람은 '복수', 또 한 사람은 '출세'에 목숨을 걸었는데 그들에게 최후로 남는 것은 '허무'와 '죽음'이었다. 이 영화를 본 사람들에게 가장 관심을 갖게 되는 부분이라고 할 수 있다.

(4) 히데요시와 주조

최고의 영웅과 닌자가 대면하는 장면은 이 영화의 클라이막스 부분이라고 할 수 있다. 권력자와 권력자의 하수인 관계에 있어서 역전이 일고 있는 장면으로서 두 사람 모두 '진정한 나는 누구인가'를 화두로 삼는다. 영웅과 닌자에 대한 정체성에 대한 고민과 더 나아가 우리들로 하여금 각자의 '정체성'의 문제를 되씹어 보게 하는 명장면이다.

그리고 난세를 살아가고 살아남기 위해 냉철해야 했던 닌자의 처세를 알 수 있다. 닌자는 타인에게 부여받은 임무를 수행하는 듯하지만 결국은 자신을 위해 일한다. 그러한 닌자의 속성은 주인공 주조를 통해 상세히 나타나고 있다. 히데요시가 천하를 호령하는 일에 열정을 쏟았다면, 닌자는 자기 자신을 움직이고 다스리는 일에만 심혈을 기울인다. 주인공 주조는 히데요시를 암살하려는 임무를 위해 자신의 모든 것을 건다. '세상과의 싸움'과 '자기와의 싸움'의 대립이 볼 만하다.

3) 역사와 허구

이 영화는 시바 료타로(司馬遼太郎, 1923~1966)의 대표소설인 『올빼미의

성(梟の城)』을 바탕으로 하고 있다. 료타로는 일본의 대표적인 역사소설가로서 『올빼미의 성』으로 60년대에 나오키상을 수상했다. 그는 『료마가 간다(竜馬がゆく)』, 『언덕 위의 구름(坂の上の雲)』 등 일본 역사에 현대적인 해석을 가한 소설을 주로 써온 작가로 일본에서는 국민작가로 불리고 있다. 그와 이 영화를 만든 시노다 마사히로 감독은 오랜 친분을 맺어 온 사이로서 일본 영화계의 거장이 문학계의 거장의 작품을 영화화한다고 하여 화제가 되기도 했다. 시노다 마사히로 감독은 그 어느 작품보다 심혈을 기울여 만들었고 그러한 노력을 영화 이곳 저곳에서 발견할 수 있다.

그 하나가 역사적인 건축물과 경관을 철저한 고증을 바탕으로 재현한 점이다. 히데요시가 교토에 세운 초호화 저택이자 그가 만년에 살았으며, 영화 속에서는 주조와 고헤이가 지붕에서 몇 번이고 만나던 후시미성(伏見城)과 슈라쿠다이(聚楽第), 두 차례에 걸친 임진왜란(일본에서는 각각 분로쿠의 역(文禄の役), 게이초의 역(慶長の役)이라고 함)을 위해 축조한 나고야성(名護屋城, 현재의 후쿠오카현), 교토나 나라와 같은 시가지는 고증과 함께 최신의 디지털 합성기술을 구사되어 리얼감 넘치게 영상화되었다.

또한 히데요시의 부인 역을 감독의 부인이 직접 해냈고 영화 속의 노(能)는 인간국보인 간제 히데오가 맡았는데 그는 히데요시가 노를 추는 장면을 대역하기도 했다.

한 마디로 이 영화는 역사적 고증에 힘쓴 대작이라고 할 수 있다. 그렇기에 불필요한 오해가 생길 수 있는 것이 바로 역사적 사실과 허구의 경계가 애매모호해진다는 사실이다. 시바 료타로의 소설을 읽지 않았거나 일본 역사를 잘 알지 못하는 사람이라면 영화 내용을 역사적 사실로 이해하기 쉽다. 그러면 영화에 나타나는 허구적 역사를 몇 가지 알아보자.

(1) 히데요시 암살

'도요토미 히데요시 암살'은 허구이다. 이러한 허구적 소재를 정말로 일어났던 현실처럼 받아들이게 한 것은 히데요시가 조선을 침략한 분로쿠(文禄) 시대를 생생히 재현해 역사적 인물들이 살아 움직이는 듯하게 표현했기 때문이다. 물론 영화는 원작소설에 따랐기 때문인데, 소설에서 시바 료타로는 특유의 고증으로 이러한 허구를 만들어냈다. 소설에는 '히데요시 암살' 미수 사건이 실제로 일어났을 수도 있다는 것을 입증할 만한 사료와 설화 등을 제시하고 있다. 시바 료타로는 암살 미수 사건을 입증하기 위해 『속본조통감(続本朝通鑑)』을 동원했다. 그 책에 기록된 '분로쿠 3년(1594) 8월 24일에 이시카와 고에몬이라는 자가 그의 어머니를 비롯한 동료들과 함께 팽살형(烹殺刑, 삶아서 죽임)에 처했다'라는 글귀와 아에노쿠니 신사에서 구전되어 전해져오는 '분로쿠 시대에 후시미 성에 잠입했던 닌자 이야기'이다. 하지만 역사적으로 검증받고 있지는 못하다.

(2) 고헤이라는 존재

이름을 떨치지 못하고 어둠 속에서 살아야만 하는 닌자로서의 삶에 염증을 느껴 무사가 된 고헤이는 사랑보다는 무사로서의 성공에 관심을 갖는다. 동료 닌자였던 주조가 히데요시 암살 임무를 맡게 되었다는 사실을 알게 되자 그를 붙잡아 공을 세우려 한다. 하지만 끝내는 누명을 뒤집어쓰고 뜨거운 물가마에 넣어지는 공개처형을 당한다.

영화 속의 고헤이는 이시카와 고에몬(石川五右衛門)에서 따온 인물이다. 이시카와는 일본인이라면 누구나 아는 역사상의 대도(大盜)였는데 그의 행적을 기록으로 남긴 사람은 스페인무역상 아비라 히론이라는 사람이었

히데요시 암살을 위해 성으로 잠입한 주조

다. 그는 전국시대부터 모모야마시대 말까지 약 20여 년간 일본에 체재하면서 「일본왕국기(日本王国記)」라는 보고서를 로마의 예수회에 보냈는데 그 문서에 이시카와가 붙들려 펄펄 끓는 가마 속에 담겨져 공처사형 당했다고 썼다. 이시카와의 사형 원인에 대해서는 대도적질을 하다 잡혔다는 설과 히데요시 암살을 기획하다 향로가 갑자기 소리를 내어 탄로가 나 붙들렸다는 설 등이 있다.

전대미문의 인물, 극적인 삶이 후대에 전해져 현재까지 가부키나 조루리의 히로가 되고 있다. 이시카와 고에몬 또한 사실적 근거는 없지만 히데요시 관련에서 보면 주조보다는 고헤이 쪽이 히데요시 암살과 관계가 깊은데 영화에서는 주조에게 그 임무를 맡기고 있다.

이상으로 대표되는 사실과 허구의 절묘한 교차가 이 영화의 재미를 더해주는 요소라고도 할 수 있겠다.

4) 감독 시노다 마사히로

1931년생이다. 쇼치쿠 영화사를 통해 오시마 나기사 감독등과 1960년대 누벨바그를 주도했다. 〈사랑의 편도 차표〉(1960)로 감독 데뷔했으며 〈메마른 호수〉(1961)는 당시의 대표작이다. 역사적 사실이나 인물을 영화화했는데 주로 모더니즘 감각으로 각색하는 것이 특징이다. 〈샤라쿠〉(1995), 〈올빼미의 성〉(1999) 등이 있다.

제2절 모모야마시대와 닌자

1 모모야마시대

영화를 보다보면 히데요시를 둘러싼 것들이 모두 황금빛을 발하고 있음을 알 수 있을 것이다. 거대한 황금저택, 그 안을 장식하는 황금장지문과 병풍, 그가 마시는 황금찻잔, 손에 쥔 황금부채 그리고 부인의 황금 기모노, 하물며 덮고 자는 이불까지 황금이불이다. 히데요시가 황금을 좋아해서인가? 아니면 자신의 권위를 나타내기 위해서인가? 둘 다 맞는 말일 것이다. 황금 혹은 황금빛이 풍요와 화려함을 상징하듯 히데요시가 지배하던 시대는 금 은광 개발을 적극적으로 장려하여 풍요롭고 화려한 문화를 낳을 수 있는 재정기반이 구축되었던 것이다.

보통 노부나가가 이룬 시대는 '아즈치시대', 히데요시가 이룬 시대를 '모모야마시대'라고 하는데 그 기간이 1568~1600년으로 짧고 또 시대적 문화적 성격이 비슷하여 합쳐서 '아즈치 모모야마시대'(1568~1600)라고 하기도 하고 그냥 '모모야마시대'하고도 한다. 아즈치가 지명을 뜻했듯이 모모야마 또한 히데요시가 거쳐 했던 교토의 후시미성을 모모야마라고 부른 데에서 기인한다. 비록 몇 십 여 년에 불과하지만 화려한 황금의 시대이자 개방의 시대였고 후대에 남길 빛나는 문화를 많이 양산했다. 특히 히데요시의 모모야마시대는 더욱 그러했다.

1) 유럽과의 교역

이가의 잔류 닌자 일당은 생계를 위해 서커스단을 운영했다. 그리고 주조를 만나 히데요시 암살에 동참하게 되면서도 신분의 노출을 꺼려 서커스 일을 계속한다. 서커스단이라는 것 자체가 유럽의 문화이지만 주조를 사랑했던 여인 고하기의 복식이 완전히 유럽풍으로 되어 있는 것은 당시 유럽 문화가 일반인들의 생활에까지 침투되어 있음을 알 수 있는 부분이다.

야마구치에 있는 사비에르 동상

전국시대 이미 유럽과의 교역이 시작되었는데 유럽인들이 일본에 들여 온 것은 철포와 천주교였다. 1543년 노부나가의 아버지가 이마가와 집안과 싸우고 있을 때 규슈남쪽의 어느 섬 근처로 낯선 배가 다가왔는데 이들이 바로 처음으로 일본에 온 포르투갈인이었다. 그들이 지닌 철포를 보고 일본인들은 놀랐고 이어 철포제작법까지 제작하는 데에 성공하게 된다. 철포가 전해진 40여 년 후 노부나가는 철포를 사용한 전술을 발휘하여 승승장구했던 것이다. 그리고 히데요시 또한 그 기술을 이어받았다.

철포에 이어 1549년에는 천주교도 전래되었다. 예수회의 스페인 선교사인 프란시스코 사비에르(1506~1552)가 가고시마에 건너 와서 적극적인 포교활동을 벌였다. 그런데 사비에르는 정치에도 식견이 높아 포교활동 이외에도 포르투갈과의 무역문제에도 많은 조언을 해 주었다. 그러나 이들이 정치적 개입이 심해지고 일본 고래의 신불신앙을 부정하자 천하통일을 이룬 히데요시는 이윽고 천주교금지령을 내린다.

하지만 그들은 몰래 포교활동을 했고 포르투갈과 스페인과의 교류로 일본은 유럽의 문화를 맛보게 된 것이다. 그때까지는 없었던 '빵'이나 '다바코' 등 먹거리나 기호품에 이르기까지 다양했다.

2) 경제자치구 사카이(界)

영화 속에서 히데요시 암살계획을 적극적으로 민 사람은 사카이의 대상(大商) 이마이 소큐(今井宗久) 였다. 그는 노부나가와 친숙했던 인연에 힘입어 처음에는 생선류를 취급하였는데 그 후 장사가 잘 되자 무기상으로 변모한다. 그러자 노부나가와 히데요시로부터 갑옷, 투구, 화약 등의 주문은 물론 은산(銀山)경영권까지 독점하였다. 그 후 찻가게를 경영하기도 했다. 상인은 전술에 필요한 무기를 권력자에게 주고, 권력자는 사업권을 상인에게 주는 식의 철저한 거래로 결탁했던 것이다.

이마이의 거점지는 현재 오사카에 있는 사카이(界)였다. 이 도시는 세토나이카이(瀬戸内海)와 기나이(畿内, 교토를 둘러싼 지역)를 연결하는 중요 항구였고 포르투갈과 스페인의 상선 및 동남아시아 여러 지역과의 무역항으로서 일본에서 가장 부유한 도시였다. 따라서 사카이의 대상(大商)들은 막강한 힘을 발휘했기 때문에 권력자들은 이런 자치지구를 억압하는 대신 결탁하는 수법을 써서 자신들의 지배체제에 이용하려했다.

히데요시와 가장 밀착했던 상인은 고니시 유키나가였다. 고니시는 일찍

천수각과 해자

이 명나라와의 무역으로 막대한 재산을 모은 상인이었다. 고니시 가문은 히데요시의 규슈정벌에 군량을 수송해 주는 등의 활약으로 나중에는 다이묘로 출세하기에 이른다.

영화에서 이마이는 이에야스와 결탁한 것으로 그려진다. 그 이유는 히데요시가 조선침략을 강행하면 사카이의 경제가 침체되기 때문이라고 판단했기 때문이다.

3) 건축 · 미술 · 다도

(1) 성(城)

이 시대의 문화는 학문보다는 건축, 회화, 다도, 노(能)의 발달이라고 표현할 수 있다. 특히 통일 정신과 무가의 권위를 조형적으로 과시한 성(城)은 그 어느 시대보다 화려하게 축조되었다. 노부나가는 아즈치성을, 히데요시는 오사카성을 세웠는데 높은 벽, 하늘높이 치솟은 천수각(天守閣), 깊이 파 놓은 해자(垓字), 높이 쌓아 올린 돌담은 나중에 축조되는 이누야마성이나 나고야성에까지 영향을 미친다.

히데요시가 자신의 권력의 심벌인 성을 오사카에 짓기로 한 것은 당시의 다섯 기나이(畿内), 즉 야마시로(山城), 야마토(大和), 가와치(河内), 이즈미(和泉), 셋쓰(摂津)의 중심지로서 교토와 가깝고 세토나이카이와도 근접해 있어 수상교통의 요지이기 때문이었다. 그 밖에 평야로 이루어져 전략상에도 유리했고 사카이와 같은 부유도시도 있어 거대한 경제력을 이용할 수 있기 때문이었다.

성은 주로 거주의 목적, 군사적 목적, 정치적 목적에 의해 축조되는데 히데요시의 경우는 이 세 가지를 모두 해낼 수 있는 성을 세우고자 했다. 1583년 드디어 대규모의 공사가 시작되었다. 석공 목공 대장장은 물론이고 백성들까지 동원되었다. 산에서 캐낸 돌을 뗏목으로 운반하는 등, 불철주야로 노역한 결과 사방을 한 눈에 둘러볼 수 있는 천수각, 눈이 부실 정도의 황금 다실(茶室), 금은보화와 무기로 그득한 창고의 웅장한 성이 완성되었다. 이 성은 본성과 요도가와(淀川)의 물을 끌어 들여 이중으로 둘러친 해자까지 합치면 무려 13km에 달하는 거대한 규모였다.

성에는 크게 검은 벽으로 되어 있는 '검은 성'(黒い城)과 '흰 성'(白い城)이 있다. 두 가지로 나뉘게 된 것은 히데요시가 지은 오사카성의 천수각 벽에 검은 옻칠의 널빤지를 썼는데 당시의 다이묘들이 흉내를 내어 유행하게 되었다. 그 후 도쿠가와 시대에는 불에 잘 타지 않는 흰 옻칠이 개발되었다. 도쿠가와가 이를 장려하여 흰 성이 많아지게 되었다. 따라서 검은 성은 히데요시 계통의 오래된 성이고 흰 성은 도쿠가와 계통으로서 새로운 성의 양식이다.

(2) 회화

성이 화려한 만큼 그 안을 장식하는 것들도 화려하게 되었다. 영화 속의 장지문의 그림이 상당히 휘황찬란했음을 기억한다. 미술사에 있어서는 이 시대에 처음으로 장지문에 그리는 회화가 탄생하게 된다. 힘차고 통일감 넘치는 표현과 주제가 많았는데 대표적인 화가로 가노 에이토쿠(狩野永德)를 들 수 있다. 그가 24세에 다이도쿠지 슈코인(大德寺聚光院) 장지에 그린 약진감 넘치는 「사계화조도오(四季花鳥図襖)」는 유명하다. 노부나가는 그에게 아즈치성의 천수각의 장지벽에 그림을 그리게 했는데 그 솜씨가 출중하여 노부나가를 크게 만족시켰다고 한다. 그 후 에이토쿠 일가는 히데요시의 오사카성, 슈라쿠다이의 그림도 맡게 되어 모모야마 미술의 틀

을 형성하게 된다. 이들이 노부나가
와 히데요시를 위해 그렸던 장지벽화
는 성의 운명과 함께 소실되어 지금
은 볼 수 없지만 현재 남아 있는 「당
사자도병풍(唐獅子図屏風)」 등으로 그
의 중후했을 화풍을 짐작할 수 있다.

가노 에이토쿠를 중심으로 한 가
노파(狩野派) 이외에도 후기에는 하세
가와 도하쿠(長谷川等伯)를 중심으로
하세가와파(長谷川派)가 활약을 했는
데 이들은 무사들에게 어울리는 기
백 넘치는 그림을 그렸다.

낙중낙외도

한편 평화를 구가하던 시대였던 만큼 풍속화도 나오게 된다. 가노 히데
요리(狩野秀頼)가 교토 거리의 경관을 파노라마로 그린 「낙중낙외도(洛中洛
外図)」도 이 시대의 대표작이다. 앞서 서술한 바대로 이 시대에는 유럽의
문화가 많이 침투해 있었다. 당시에는 유럽을 남만(南蛮)이라고 했는데 회
화에 있어서도 남만풍의 것이 많이 나왔다.

(3) 다도

히데요시는 차를 즐겨 마신 것으로 유명하다. 전국을 통일하고 한 시
름 놓게 되자 향기 좋은 차를 마시면서 예술을 즐겼던 것이다. 히데요시
가 차의 세계를 이해하고 만끽하게 된 데에는 다성(茶聖) 센노리큐(千利休)
의 공이 크다.

리큐는 사카이의 어느 부자 상인 집 아들로 태어나 차를 공부하게 되
었고 커서는 그 실력을 인정받아 노부나가의 '사도'(茶頭)를 지내는데 그가
혼노지에서 자결하자 그 후에는 히데요시에게로 갔다. 리큐는 히데요시
에게 3천 석(三千石)의 쌀을 하사받았고 천황으로부터도 '리큐거사'(利休居
士)라는 호를 부여받았는데 그 명성을 들은 다이묘나 무사, 조닝(서민), 승
려들은 너나할 것 없이 리큐식의 다도를 배우려 들었다. 리큐는 되도록이

리큐와
그가 살던 집

면 히데요시의 입에 맞는 차를 타서 내놓았다. 히데요시는 절대 '미지근한 차'는 마시지 않았다. 무사 기질에는 따뜻한 차가 제격이라고 생각했기 때문이었다.

하지만 영원히 히데요시의 마음을 사로잡을 수는 없었다. 왜냐하면 리큐의 차의 세계가 점점 히데요시의 취향과는 거리가 먼 것이 되기 시작했기 때문이다. 히데요시는 무조건 화려하고 번쩍이는 황금계통을 선호했다. 물론 처음에는 그것에 맞춰 황금으로 된 넓은 다실을 만들어 차를 맛보게 하거나 다이묘들을 초대하여 다도회를 벌이기도 했다.

그러나 리큐의 차의 세계는 소박하고 차분한 멋을 이상으로 하는 '와비차'의 경지를 구현하는 것이었다. '와비'(侘び)란 한적한 가운데 느끼는 정취, 소박한 멋, 한거(閑居)하는 상태를 아름답다고 느끼는 미적 감각이다. '와비차'를 즐기기 위해서는 화려하고 값비싼 도구보다는 소박하고 정갈한 것이 필요하며, 다실 또한 되도록 작고 검소한 공간이어야 했다.

어느 날 히데요시는 갑자기 리큐에게 칩거를 명했다. 리큐의 제자들이 히데요시의 마음을 돌리려 했으나 헛수고로 끝났고 결국 리큐는 할복을 언도받는다. 히데요시의 할복명령의 이유에 대한 정설은 아직까지 없다. 하지만,

첫째, 이름을 날리게 되자 거만해진 리큐가 오만방자하게도 히데요시가 드나들었던 절 다이토쿠(大德寺) 문에 자기 마음대로 동상을 세웠기 때문이라는 설이 있다. 경내로 들어가기 위해서는 허리를 굽히고 문을 들어

가야만 했는데 그러기 위해서는 자연히 리큐상 앞에서 허리를 굽히게 된다. 천하의 히데요시의 자존심이 허락치 않는 일이었다는 것이다.

둘째, 다기(茶器)매매에 관련되어 검은 돈을 만들었기 때문이라는 설이다. 소박한 멋을 주창하던 리큐의 철학과 거리가 먼 추측이라 설득력이 약하다.

리큐의 사인은 분명치 않으나 그가 당대와 후대에 걸쳐 일본의 다성(茶聖)으로 길이 남는 것만은 명백한 사실이라고 할 수 있다.

(4) 노(能)

영화 중반, 아들을 잃어 시름에 빠져 있던 히데요시는 대망의 후계자(히데요리)가 태어나자 더할 나위없는 기쁨에 빠진다. 그러자 자신의 가문이 대가 끊기지 않고 영원히 번창할 수 있다는 것을 과시하기 위해 요시노(吉野)로 꽃구경을 간다. 히데요시는 그대로 귀경하지 않고 발길을 고야마산(高野山)으로 돌려 그곳에서 노(能)를 연기하기로 했다. 그 정보를 입수한 주조는 노 연기자로 분장을 하고 직접 노를 연기하는 히데요시를 암살하고자 접근했다. 하지만 갑자기 내린 비로 상연은 중지되고 계획은 실패로 돌아간다.

일본의
전통 무대극인 노

이 장면을 통해 알 수 있듯이 히데요시는 일본의 전통가면극인 노를 그 누구보다 사랑했던 사람이다. 현재 일본에서 상연되고 있는 노의 형식은 히데요시 시대보다 200여 년 전인 1370여 년경 노의 배우이자 각본가인 간아미(觀阿弥)와 그의 아들 제아미(世阿弥)에 의해서이다. 이 두 부자의 연기를 본 아시카가 요시미쓰(足利義滿)가 그들을 적극적으로 후원을 하자 노는 더욱 더 발전할 수 있었다.

히데요시가 노를 열심히 후원했던 이유는 우선 병사들의 사기를 높이기 위해서였는데 차츰 노의 세계에 빠져 스스로 등장하는 상연종목을 10개 이상 쓰고 연기까지 했다.

노의 세계는 한 마디로 실외에서 밤에 벌이는 '정적인 무대예술'이다. 표정없는 가면, 뒷배경에 커다란 소나무만이 그려져 있는 간결한 무대, 느린 배우들의 동작, 북과 피리의 단조로운 음악이 전부이다. 노의 배우들은 결코 뛰지 않으며 모든 동작은 상징성을 지닌다. 고개를 약간 숙이는 '구모루'(クモル)는 슬픔을 나타내고, 고개를 위로 향하는 '데루'(テル)는 기쁨을 나타낸다. 웃음소리도 내지 않고 울음소리도 내지 않는다.

이러한 절제된 행동과 감정으로 추구되는 세계는 극적인 스토리의 전개나 화려한 가무의 세계가 아니라 '엄숙한 정숙미'의 세계이다. 만월의 달빛을 조명삼아 천천히 이어지는 배우들의 느린 동작과 말로 표현되는 '느림의 미학'은 보는 이로 하여금 긴 호흡을 요구하며 사색을 깊게 하고 자연을 느끼게 한다.

황금으로 대표되는 히데요시의 물질주의와 자기과시, 그리고 외모나 어릴 때의 별명(원숭이)으로 대표되는 경박한 이미지의 히데요시가 노를 즐긴 것은 어울리지 않는 것이라고 말하는 사람도 있다. 하지만 전국을 통일하려는 영웅에게 필요한 것은 정신과 마음을 다스리는 일일 것이다. 그런 것에 노만큼 좋은 예술도 없다.

1603년 정이대장군으로 임명된 도쿠가와 이에야스는 노를 상연하면서 자축했다. 또한 히데요시가 데리고 있던 배우들 모두에게 녹을 주고 에도에 살게 할 정도로 이 시대에 노는 최고의 전성기를 맞이한다.

무력으로 천하를 통일한 것만이 영웅이 아니라 예술을 사랑하고 치세

할 때 비로소 참다운 영웅이 될 수 있음을 시사하는 부분이다.

2 닌자

영화제목이 〈히데요시의 성〉이 아니라 〈올빼미의 성〉으로 된 것은 역시 이 영화가 닌자들을 주인공으로 하고 있기 때문이다. 낮에는 나뭇가지에 앉아 있다 밤에 새나 쥐를 잡아먹는 야행성 조류의 대표 올빼미는 닌자의 비유이다.

이 영화는 우리들에게 닌자의 구체적 모습을 다각도로 보여준다. 닌자를 대표하던 집단, 닌자들이 벌이는 기법, 그리고 닌자의 정체성의 문제를 과장 없이, 어떻게 보면 약간은 밋밋한 느낌이 들 정도로 차분하게 보이고 있다. 닌자는 한자로 '忍者'라고 표기하는데 '숨어 다니다'라는 뜻의 '忍'이 들어가 있듯이 적진에 몰래 숨어들어가 요인을 암살하거나 정보를 캐오는, 한 마디로 스파이라고 할 수 있다.

닌자의 세계를 영화를 중심으로 알아보자.

1) 이가(伊賀)와 고가(甲賀)

주조가 속해있던 집단은 이가였고 그들과 라이벌 관계에 있었던 것은 고가집단이었다. 전국시대(戰國時代), 전국의 다이묘들은 군대를 거느리고 있었지만 명예를 중시 여기는 그들에게 암살이나 간첩행위를 명할 수는 없었다. 하지만 적과의 전투에서 반드시 필요한 것은 정보였기 때문에 정보를 수집하고 유언비어를 유포하고, 방화나 암살에 능한 닌자를 동원하지 않으면 안 되었다. 하지만 닌자들이 언제나 정치적 비호아래 활동한 것은 아니었다. 영화에서처럼 권력자들의 경계 대상이 되어 초토화되는 경우도 많았다.

이가집단, 즉 이가닌자는 미에현(三重縣) 서부에 있는 이가지방을 거점으로 하고 있었다. 전국시대가 끝나갈 무렵 전국통일의 꿈을 이루려던 노

부나가는 이세지방을 수하에 넣으려고 그의 아들로 하여금 이가지방의 권력자인 기타바타케(北畠) 집안을 수차례에 걸쳐 공격케 했다. 유명한 '덴쇼 이가의 난'(天正 伊賀の乱)이다. 그러나 전투는 기타바타케 편에 선 이가 닌자의 도움으로 노부나가 쪽의 대패로 끝났다. 이에 분노한 노부나가는 이가마을을 불태우고 남녀노소를 불문하고 살해했다. 그로 인해 이가마을 사람은 물론 닌자 집단까지 초토화되고 만다.

그러다 노부나가는 가신인 아케치 미쓰히데(明智光秀)의 반란으로 자살하게 되었는데 우연히 사카이시를 구경하던 이에야스는 아케치 군사들에게 포위당하고 만다. 위험에 빠진 이에야스를 위해 급파된 것은 핫토리 한조(服部半蔵)였다. 한조는 노부나가의 공격으로 괴멸상태에 빠진 이가마을에서 살아남은 몇몇 닌자를 모아 신출귀몰의 수법으로 이에야스를 구해낸다. 영화에서 이에야스가 히데요시 암살을 이가닌자에게 부탁한 것은 이가닌자의 실력을 그 누구보다도 잘 알기 때문이었다.(영화에서 핫토리 한조는 주조를 추격하는 자로 그려진다)

하지만 이에야스는 암살계획이 불필요해지자 계획을 안 이가닌자를 없애기 위해 고가닌자가 투입한다. 고가닌자는 한조보다 더 빨리 아케치 군사들에게 포위당한 이에야스를 구해 주었던 존재로 이에야스는 그 실력을 잘 알고 있기 때문이다.

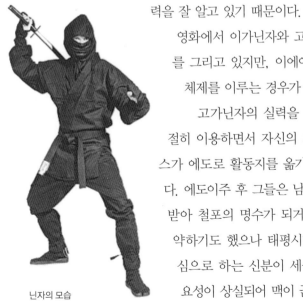

영화에서 이가닌자와 고가닌자는 극렬한 라이벌 관계를 그리고 있지만, 이에야스를 구출할 때와 같은 협의 체제를 이루는 경우가 더 많았다고 한다.

고가닌자의 실력을 인정한 이에야스는 그들을 적절히 이용하면서 자신의 기반을 다져 나아갔다. 이에야스가 에도로 활동지를 옮기자 고가닌자들도 따라가게 된다. 에도이주 후 그들은 남보다 뛰어난 화술(火術)을 인정받아 철포의 명수가 되거나 철포부대의 대원으로서 활약하기도 했으나 태평시대가 도래하고 사농공상을 중심으로 하는 신분이 세습화되자 인술(忍術) 전수의 필요성이 상실되어 맥이 끊기게 된다.

닌자의 모습

2) 닌자의 비술(秘術)

영화는 주조와 고헤이의 대결, 주조와 고가닌자의 싸움, 핫토리 한조의 등장, 주조의 히데요시 침실 침입 등에서 닌자의 비술을 다양하게 보여준다. 줄타기, 갈퀴손 끼고 벽 타기, 지붕위에서 달리기, 건물 사이 날기, 천정에 붙어 있기, 수리검(手裏劍) 던지기, 마키비시(卷菱, 마름이라는 풀모양의 침(針)으로 어떤 방식으로 던지더라도 뾰족한 부분이 위로 향하게 되어있어 상대의 발을 찌를 수 있음), 잠수하기, 거울로 사각지대보기, 연막탄 던지기, 변신하기 등.

이와 같은 것들은 닌자들의 기술(忍術) 중에서도 격투술에 포함된다. 격투술에는 몸을 감추는 '은신술', 정체를 바꾸는 '변신술', 위기에서 빠져 나와 도망치는 '둔주술'이 있다.

격투술과 함께 닌자들이 가져야 할 것은 적을 교란시키기 위한 위계술(僞計術)이다. 오늘날까지 전하는 12위계술을 보자.

(1) 미신을 이용하여 상대를 놀라게 하는 '경인술'(驚忍術)

(2) 비나 바람을 이용하는 '우조술'(雨鳥術)

(3) 상대의 잠든 상태를 살피는 '시청술'(試廳術)

(4) 동물소리로 상대의 신경을 분산시키는 '위음술'(僞音術)

(5) 달아나는 것처럼 하다 다시 덤비는 '도지술'(徒止術)

(6) 몰래 잠입하는 '염입술'(魘入術)

(7) 적을 속이기 두 가지 태도나 정보를 동시에 보이는 '쌍인술'(双忍術)

(8) 포박을 푸는 '해박술'(解縛術)

(9) 대원을 미리 잠입시켜 적진의 동태를 파악하는 '착전술'(着前術)

(10) 대원을 잠입시킬 때 실력자 순으로 보내는 '이행술'(離行術)

(11) 불을 질러 교란시키는 '방화술'(放火術)

(12) 적의 졸병으로 변장하는 잠입하는 '천졸술'(賤卒術)

3) 닌자의 정체성

닌자들은 완벽한 닌자가 되기 위해 '5도'(五道)를 지켰다. '닌자오도'(忍者

五道)라는 것이다.

(1) 食

닌자는 검지 하나로 자기 몸을 지탱할 수 있을 정도의 힘이 필요하다. 그와 동시에 날렵함을 유지하기 위해 식사조절이 상당히 중요하다.

(2) 香

닌자는 오감을 연마해야 한다. 청각, 후각, 촉각, 미각, 시각의 5감각이 필요한데 이러한 오감을 살리는 데에 향을 사용했다. 향을 피워 정신을 안정시켰으며 잠자는 감각을 일깨웠다.

(3) 薬

자신들의 상처를 치유하기 위한 약을 제조해야 했다. 지식과 기술을 조화시켜 과혹한 신체를 달랠 수 있는 약을 개발하기도 했다.

(4) 気

구자법(九字法)이라고 하는 기술을 써서 어떠한 역경이라도 극복할 수 있는 정신력을 키웠다. 영화 첫 부분에서 양손으로 여러 모양을 엮어내는 수인(手印)이 바로 그것이다.

'臨·兵·鬪·者·皆·陣·列·在·前'의 9자가 있다. 밀교에서는 도인(刀印)이라고 하는데 사념을 물리칠 때 행한다. 결인(結印)이라고도 한다. 닌자의 정신 수양은 불가와 통한다. 주조가 은거 중에 불상을 조각하는 것의 의미도 거기에서 찾을 수 있다.

(5) 体

정좌·마사지·호흡을 조절하여 건강한 몸을 유지한다.

닌자가 닌자답기 위해서는 피와 뼈를 깎는 훈련과 자기절제가 필요했다. 하지만 닌자는 늘 권력자의 하수인, 어둠 속의 염탐꾼, 살해자, 위장이라는 마이너스적인 이미지를 동반한다. 그만큼 닌자 자신은 늘 자신의 정체성에 회의를 느끼거나 혼란을 느끼며 살았다. 그래서 이 영화는 '진정한 나는 누구인가?'라는 질문을 계속 던지고 있는 것이다.

닌자 주조가 스스로에게 질문했듯이 우리들은 우리에게 물어 본다. '진정 나는 누구인가?' 때로는 닌자처럼 자신의 정체성에 혼란을 느끼는 자신을 향해서 말이다.

원제 : 猫の恩返し

감독 : 모리타 히로유키

주연 : (성우)이케와키 지즈루, 하카마다 요시히코

제작사 : 스튜디오 지브리

상영시간 : 75분

장르 : 애니메이션(판타지)

제작년도 : 2002년

개봉일 : 2003년 8월 8일

등급 : 전체

제1절 〈고양이의 보은〉과 모리타 히로유키

1 지브리의 후계자

애니메이션 〈고양이의 보은〉은 '지브리 스튜디오'의 작품이다. 미야자키 하야오가 기획했고 모리타 히로유키(森田宏幸)가 감독을 맡았다. 미야자키 하야오는 너무도 유명하고 또 앞에서도 언급한 바가 있어 우리에게 익숙한 인물이나 모리타 히로유키는 생소한 것이 사실이다.

1960년대 '도에이 동화'에 있었던 다카하타와 미야자키는 그곳을 나와 '스튜디오 지브리'(이하 지브리)로 독립하였고 그 두 사람은 수많은 TV용, 극장용 애니메이션을 만들게 된다.

40여 년간 두 사람은 명실상부하게 일본애니메이션계의 거장이 되었고 지브리는 하나의 문화권력이 되었다. 하지만 이 세상에서 영원한 것은 없는 것처럼 90년대 후반부터 지브리는 서서히 세대교체 준비를 시작했다. 다카하타와 미야자키,

스튜디오 지브리 전경

모리타 히로유키 감독

특히 미야자키의 후계자로 내세울 신인 감독을 발굴하려 했다.

1997년 〈원령공주〉를 제작하고 난 후 미야자키 감독은 공식적으로 은퇴를 선언했다. 〈원령공주〉는 그의 모든 역량을 기울인 대작이었고, 그 역시 이제 나이가 들었기에 지브리의 최전선에서 손을 떼겠다고 한 것이었다. 그의 복안에 있었던 후계자는 곤도 요시후미, 바로 〈귀를 기울이면〉을 제작한 감독이었다. 미야자키와 다카하타는 곤도 요시후미를 지브리의 차세대 주인으로 점찍고 그의 첫 작품 〈귀를 기울이면〉의 제작을 도왔다. 그리고 미야자키는 잘 알려진대로 〈원령공주〉를 끝으로 은퇴를 발표했다. 그러나 곤도 요시후미가 젊은 나이에 급환으로 그만 죽게 되자 미야자키는 어쩔 수 없이 자신의 은퇴를 번복하고 〈센과 치히로의 행방불명〉을 제작했다.

다시금 신인발굴에 눈을 돌린 미야자키 감독은 지브리에서 연출력과 기술력을 어느 정도 인정받았던 모리타 히로유키를 테스트 하게 된다. 그의 잠재력과 데뷔작의 연출력을 검토한 미야자키는 자신이 기획하고 있던 〈고양이의 보은〉이라는 신작을 맡겼던 것이다. 그도 그럴 것이 첫 작품부터 오리지널 작품을 만들게 할 수는 없기 때문이다. 〈고양이의 보은〉은 95년작인 〈귀를 기울이면〉의 원작자 히이라기 아오이가 쓴 것을 바탕으로 하는데 이 작품에는 〈귀를 기울이면〉에 등장하는 고양이 남작 '바론', 뚱뚱한 흰 고양이 '무타'가 또다시 등장한다. 미야자키 하야오가 히이라기에게 마음껏 원작을 쓰되 연결되는 요소만을 후속작에도 포함시켜 달라고 당부했기 때문이다.

미야자키의 전략은 성공했다. 오리지널 작품이 아닌, 성공작의 후속작을 만드는 것만으로도 심적 부담은 상당히 줄기 마련이다. '일본영화제작자연맹'(映連)의 발표자료에 의하면, 〈고양이의 보은〉의 흥행수입은 64.6억 엔(약 650억 원)이었다. 이것은 2002년에 일본에서 개봉된 영화 중에서는 제1위이다.

자신만의 독특하고 환상적인 분위기 연출로 〈고양이의 보은〉을 지브리

수채화의 맛을 살린
〈홋케쿄 옆집의 야마다군〉

의 새로운 바람으로 자리 매김시킨 모리타의 세계는 어느 면에서는 '탈 미야자키'적인 요소에 의해 구축되고 있다. 그러한 경향은 '색채'와 '주제'에서 두드러진다.

　모리타는 〈고양이의 보은〉에 앞서 〈홋케쿄 옆집의 야마다군〉(1999)의 원화관련의 일을 했었다. 〈홋케쿄 이웃집 야마다군〉은 아사히신문에 연재되었던 이시이 히사이치의 4컷짜리 동명만화가 원작이다. 감독인 다카하다 이사오는 "내용에 있어서도 그림에 있어서도 단순함을 지향할 것이다"라는 의견을 밝힌 바 있다. 제작 전부문에 컴퓨터가 사용된 디지털 애니메이션이면서도 수채화의 담백한 맛과 원작의 선이 살아있는 수작으로서 디지털 애니메이션의 차가움을 찾아보기 힘들다. 이웃처럼 친근한 일본인의 일상을 그리고 있는 이 작품의 원작 만화를 셀을 일절 사용하지 않고 100% 디지털화하여 4컷만화 특유의 단순한 캐릭터와 짧은 다리를 아주 자연스럽게 표현한 것이 바로 모리타였던 것이다. 수채화로 모든 그림을 그린 것 같은 따뜻한 감촉은 〈고양이의 보은〉에서도 유감없이 발휘된다. 미야자키의 색채가 화려하고 선명했다면 모리타의 색채는 수채화처럼 부드럽고 단조롭다.

　'주제'의 경우, 미야자키가 인류애나 환경문제를 비롯하여 '지구 전체를 생각하는 장대한 테마'를 즐겼다면 모리타의 경우는 '인간으로서 사는 삶'을 말하고 있다.

여하튼 이 작품으로 모리타는 미야자키에게 확실하게 인정을 받게 된다. 그리고 곤도 요시후미의 〈귀를 기울이면〉에 미야자키의 색채가 짙게 남았던 것과는 달리 모리타 히로유키는 그 동안의 지브리의 스타일과는 다른 작품을 새로이 만들어 내면서 세간의 관심을 모으기 시작했다. 탄탄한 기획력을 지닌 40대의 모리타는 앞으로 지브리의 차세대 주자라는 타이틀을 확고부동한 것으로 만들 것이다.

2 〈고양이의 보은〉 읽기

1) 줄거리와 주제

〈고양이의 보은〉은 이해하기 쉽고 편하게 볼 수 있는 작품이다.

게으르고 삶에 대한 의욕도 없는 여고생 하루가 차에 치일 뻔한 고양이를 구해주면서 벌어지는 이야기이다. 도와 준 하루에게 고양이는 두 발로 일어나더니 은혜를 갚겠다는 말을 남기고 사라지는데, 이 고양이는 고양이 왕국의 왕자인 룬이었다. 고양이 왕국의 대왕은 하루를 룬과 결혼시키려 하고, 하루는 정체를 알 수 없는 목소리가 이끄는 대로 고양이 사무소 지구옥을 찾아가 훔베르트 폰 지킹겐 남작(바론)을 만난다. 고양이들의 황당한 은혜 갚기는 갈수록 도를 지나친다. 고양이 왕의 신하가 찾아와 왕이 하루를 왕자의 신부로 삼고 싶어한다며 왕국으로 초대하겠다고 말한다. 꼼짝없이 고양이 왕국에 끌려갈 위기에 처한 하루는 고양이 남작

〈고양이의 보은〉의
등장인물
하루, 룬, 바론

바론과 그의 친구인 뚱보 고양이 무타, 까마귀 토토와 탈출을 시도한다. 어려운 위기가 계속 되는 가운데 결정적인 도움은 준 것은, 룬 왕자와 왕자가 사랑하는 시녀 고양이 유키였다. 유키는 언젠가 인간의 거리에 나갔다 먹을 것이 없어 죽을 지경에 빠져 있었는데 그때 하루가 쿠키를 건네주어 기력을 되찾은 고양이이다. 그들 덕에 무사히 탈출한 하루는 바뀌어 있었다. 매일 늦잠 자던 버릇도 없어졌고 굳건한 정신력의 소유자로 변해 있었다. 매사에 적극적인 사고의 소유자로 변한 것이다.

한 마디로 소녀가 '이상한 나라'(고양이 왕국)에 가서 이상한 경험을 하고 오는 판타지이다. 어떠한 '이상한 나라'였고 그곳에서 어떠한 경험을 했는지 〈센과 치히로〉와 비교해 보자.

	〈고양이의 보은〉의 하루	〈센과 치히로〉의 치히로
모험전의 모습	게으르고 소침함	여리고 나약함
이상한 나라	고양이 왕국	신들이 찾는 온천장
가게 된 이유	고양이의 보은(1)	길을 잃음
이상한 나라에서	호위호식	가혹한 노동
위기	고양이가 되어 고양이와 결혼하는 것	이름을 빼앗긴 채로 있으면 영원히 유바바의 하녀가 됨
위기극복	고양이 보은(2)	하쿠의 도움. 사랑
모험후의 모습	부지런하고 자신감있게 행동함	변함없음

표로 정리해 보았듯이 〈고양이의 보은〉은 한 마디로 은혜를 갚겠다는 고양이 대왕의 과잉된 '은혜갚기'(고양이의 보은(1))를 못 견디다 탈출하는 주인공이 예전에 은혜를 입었던 왕자고양이와 그가 사랑하는 고양이 유키의 도움(고양이 보은(2))으로 무사히 빠져 나왔다는 이야기이다. 〈센과 치히로〉의 세계처럼 감시로 가득찬 어둡고 혹독한 환경, 일하지 않으면 살아남을 수 없다는 무거운 조건으로 가득 찬 나라가 아니라, '은혜갚기' 차원에서 원하는 것이라면 뭐든지 해 주겠다는 그야말로 천국과도 같은 곳이다. 밝고 심각하지 않은 환경임에는 틀림없다.

게다가 그곳은 유머의 왕국이기도 하다. 두 발로 서서 말하는 고양이, 고양이들의 과장된 표현과 표정, 생선 목걸이에 생선투성인 파티 음식, 상대방의 상황이 아무리 급박해도 능청스럽게 제 할 일만 하는 고양이 성격을 그대로 표현한 여러 장면 등, 독특한 유머를 선사한다. 유머와 함께 그려지는 판타지는 경쾌하고 부담감이 없다. 그래서 〈센과 치히로〉에서 불행에 빠진 치히로에 대해 느껴야 했던 중압감은 없다.

이러한 세계를 하루는 왜 빠져 나오려 했을까. 거기에 이 애니메이션의 첫 번째 주제가 있다. 한국 속담에 '평양감사도 제 싫으면 그만이다'라는 말이 있다. 평양감사 자리는 놀기 좋은 보직의 대명사이다. 평양은 조정이 있는 한양에서 멀리 떨어져 있어 신경 쓸 필요 없어 좋고 대동강변의 평야지대에서 생산되는 농산물이 풍부하고 또 중국과 통하는 관문이라 온갖 귀한 물건을 접할 수 있다. 게다가 미인 기생이 많기로 유명한 곳이기에 일하기 편하고 놀기 좋은 곳이 바로 평양이었던 것이다.

공부에 대한 스트레스도 없고 엄마의 잔소리도 없을뿐더러 화려한 드레스를 입고 먹을 것 풍부하고 매일 춤추며 놀 수 있는 나라에서 하루는 '평양감사'가 아니라 '평양공주'가 되어 늘어지게 살 수 있었을 것이다. 하지만 공부 스트레스 대신 결혼 스트레스가 있고 엄마 잔소리 대신 대왕고양이의 엄포가 있으며, 드레스에는 늘 생선 목걸이를 차고 다녀야 했다. 맛있는 음식이라고는 늘 비린내 나는 날생선이다. 그뿐만 아니라 얼굴도 고양이로 바뀌었고 말조차 '그랬음니양~'과 같은 고양이말을 써야 했다.

그것은 '자기다운 삶'이 아니었다. 즉 인간의 삶이 아니라 고양이의 삶

하루를 데리러 온
고양이 대왕 행렬

이었던 것이다. 그래서 하루는 탈출을 결심했고 또 인간세계로 돌아와 그간 자신이 지겨워했던 일상이 얼마나 '자기다운 삶'을 만들어 나아갈 수 있는 고마운 곳이었던가를 체득이라도 했듯이, 새로운 사람이 되어 열심히 산다. '자기다움'을 키워줄 수 있는 곳에서 '자기의 시간을 가지면서' '열심히 살자'라는 주제, 즉 '지금·여기'에 충실하자는 주제는 이제까지의 지브리 애니메이션, 그 중에서도 판타지 계통에서는 그다지 전면에 내세우지 않았던 것이다.

두 번째 주제는 '적당한 보은'과 '은혜의 순환'이다.

표에서도 있었듯이 이 작품에는 두 가지 보은이 나온다.

첫 번째 보은은 '과잉된 보은'이다. 너무도 사랑하는 아들 룬 왕자의 목숨을 구해 준 것에 감사하는 것까지는 좋으나 상대의 처지를 고려하지 않고 보은의 세례를 퍼붓는 고양이 대왕측의 보은(보은①)이다. 이 보은은 도를 넘어 하루를 룬 왕자에게 시집보내려는 선까지 이르게 된다. 보은이 오히려 상대의 비극의 씨앗이 되고 만다.

두 번째 보은은 정상적인 '보은'이다. 바로 고양이 유키의 보은(보은②)이다. 유키가 하루에게 입은 은혜의 정체는 영화의 후반에 가서야 밝혀지는데 유키는 궁정에서 일을 하는 시녀였는데 룬 왕자와 사랑에 빠져 있었다. 그러던 어느 날 어쩌다 인간세계로 나가 길을 잃고 배고픔에 허덕이게 된다. 이때 하루가 비스킷을 건네주었던 것이다. 그 은혜를 못 잊었던 유키는 룬 왕자와 함께 하루의 탈출을 돕는다. 은혜를 은혜로 갚는 정상적 보은은 모두를 행복하게 하는 씨앗이 된다.

③ '고양이'와 '보은'

〈고양이의 보은〉에서는 차갑고 약삭빠르기로 정평이 나있는 고양이가 은혜를 갚는 동물로 등장한다. 한국인이 이런 보은의 애니메이션을 만들었다면 어떠한 동물을 주인공으로 했을까. 아마도 개였을 것이다. 적어도 고양이는 아니었을 것이다. 왜냐하면 한국에서의 고양이의 이미지는 '보은'보다는 '복수'에 가깝기 때문이다.

그럼, 우리로서는 상상이 잘 안 가는 '고양이'와 '보은'의 결합은 어떻게 이루어졌는가를 생각해 보기로 하자.

이 작품의 원어제목은 〈네코노 온가에시(猫の恩返し)〉이다. '온가에시'(恩返し)는 '보은'이라는 뜻이다. '온가에시'는 일본문화를 잘 나타내는 주요 키워드가 될 만큼 일본인들의 정신문화에 깊이 박혀 있는 정서이기도 하다. 『국화와 칼』의 베네딕트는 일본인의 사회적 결합이나 인간적 유대관계를 지탱해 주는 조직적인 원리 중의 하나로 은혜를 베풀고 그 은혜에 보답하는 것이라고 했다.

1) 동물보은설화

따라서 보은에 대한 설화도 많다. 일본인이라는 〈고양이의 보은〉이라는 애니메이션의 제목으로 연상되는 유명한 몇 가지 설화가 있다. 먼저 그 제목부터가 매우 유사한 「학의 보은(鶴の恩返し)」이다.

(1) 「학의 보은(鶴の恩返し)」

옛날 어느 마을에 가난한 젊은 남자가 살고 있었다. 눈이 펑펑 내리는 추운 겨울날 길을 가다 날개에 화살을 맞고 울고 있는 한 마리의 학을 발견한다. 남자가 화살을 뽑아 주자 학은 고개를 숙이며 인사를 한 뒤 하늘로 날아올라 갔다. 어느 날 혼자 사는 가난한 청년 집에 아리따운 아가씨가 찾아 와 길을 잃었으니 하룻밤만 재워 달라는 것이었다. 그런데 이상하게도 이 여인은 그 다음 날에도 또 찾아 왔고 그 후에도 계속 찾아 왔다. 그러다 두 사람은 부부가 되어 함께 살게 되었다. 긴 겨울 동안 먹을 것이 없자 여인은 베를 짜기 시작했고 사내는 그걸 시장에 내다 팔았는데 제법 큰 돈이 되었다. 그러자 남자는 아내에게 자꾸만 더 많이 짜라고 했다. 나날이 지쳐가는 여인은 베를 짜러 들어갈 때마다 절대 안을 들여다봐서는 안 된다고 했다. 처음에는 그 말을 명심하고 지켰지만 점점 베틀짜는 소리가 약해지고 신음소리까지 들리자 참지 못하고 들여다보고 말았다. 그런데 놀랍게도 안에 있는 것은 자기 아내가 아니라 학이었다. 놀란 나머지 소리를 내자 깃털을 뽑아 베를 짜던 학은 이내 여인으로 바뀌었다. 남편 앞에 다가와 자신은 언젠가 화살에 맞아 죽을 뻔했던 그 학인데 학이라는 것이 탄로 난 이상 인간과 함께 살 수 없다며 다시 학이 되어 하늘로 올라갔다. 아내를 잃은 남자는 부인을 혹사시킨 것과 약속을 지키지 않은 자신을 원망하며 언제까지나 하늘만 쳐다보며 살았다는 이야기이다.

위의 「학의 보은」은 인간에 의해 살려진 동물이 은혜를 갚는데 바로 결혼을 통한 것이었다. 〈고양이의 보은〉에서 보이는 고양이와 인간의 결혼이라는 설정은 「학의 보은」을 바탕으로 하고 있다. 그런데 문제는 원래 은혜를 갚는 동물이 인간으로 바뀌어야 하는데, 〈고양이의 보은〉에서는 인간에게 고양이로 변하라, 그렇게만 한다면 고양이 왕국에서 호강시켜 줄 것이라는 일방적이며 명령하달적인 방식으로 은혜를 갚으려 한다.

둘을 간단히 비교해 보면, 「학의 보은」에서는 '지나친 욕심과 약속을 저버리는 것은 불행을 초래하는 것'이라는 메시지를 읽을 수 있다면, 〈고양이의 보은〉에서는 남을 생각지 않는 감사도 경우에 따라서는 '비례'(非禮)가 된다는 것이다.

(2) 「우라시마 다로(浦島太郎)」

「학의 보은」만큼이나 유명한 보은설화로서 「우라시마 다로」가 있다.

옛날 옛날에 젊지만 가난한 청년 어부 우라시마 다로가 있었다. 어느 날 바닷가에 있노라니 동네 꼬마 녀석들이 조그마한 거북이를 괴롭히고 있는 것이었다. 거북이를 불쌍히 여긴 우라시마 다로는 아이들에게 돈을 주고 거북이를 바다에 풀어주었다. 다음날 바닷가에 나가니 커다란 거북이가 다가 왔다. 아기 거북이를 도와 준 은혜에 보답하기 위해 용궁으로 모시겠다는 것이었다. 바닷속 용궁은 그야말로 천국이었다. 우라시마 다

옛날이야기「우라시마 다로」

로는 자신을 반갑게 맞이해 주는 아리따운 공주님, 물고기들의 반짝거리는 춤과 맛있는 음식에 넋이 나가 세월 가는 줄도 모르고 즐겁게 지냈다. 그러하길 어언 3년. 하지만 점점 고향에 홀로 두고 온 노모가 걱정이 되어 공주에게 이만 돌아가겠다고 했다. 그러자 공주는 선물로 검은 보물상자를 주면서 어떠한 일이 있어도 열면 안 된다고 했다. 거북이 등에 타고 다시 인간세계로 돌아오기는 왔는데 전에 자기가 살던 곳이 아니었다. 집도 없어지고 늙으신 어머님도 보이지 않았다. 지나가는 행인에게 묻자 그 행인은 몇 십 년 전에 이곳에 우라시마 집안이 있었다고 했다. 용궁에서의 3년은 곧 300년이었던 것이었다. 허무해진 우라시마 다로는 보물상자를 열면 다시 좋은 일이 있을지도 모른다고 생각하고 열고 만다. 그 순간 흰 연기가 흘러나오더니 타로는 눈 깜짝할 사이에 백발의 할아버지가 되었다.

모든 옛날이야기나 설화, 전설은 기본 화형(話型)을 유지하면서 여러 형태로 작은 이야기가 각색되어 유포되기 마련이다. 「학의 보은」은 젊은 남자 대신 노부부가 학을 구해준 것으로 유포되는 경우도 많다. 「우라시마 다로」 또한 용궁에 가서 공주님의 구혼을 받아 결혼생활을 했다는 이야기도 있다.

많은 것을 다 거론할 수는 없고 일단 위의 내용으로 〈고양이의 보은〉와 비교해 보면 비슷한 점이 많다. 우선 이상향으로 데리고 가 은혜를 베푼다는 것이다. 하루가 갔던 곳도 음악과 산해진미가 있었는데 타로 또한 용궁에서 호사로운 대접을 받는다. 그리고 타로 또한 '평양감사도 제 싫으면 그만이다'식으로 놀고먹는 것에 염증을 느낀다. 그는 바닷가에서 노동을 하며 하루하루를 착하게 살던 청년이었다. 따라서 '용궁'은 '자기의 시간'과 '자기다움'을 빼앗아 간 공간이었다. 그래서 다시 인간의 세계로 돌아오려 했던 것이었다. 하지만 그러한 결심은 너무 늦은 것이었다. 3년이란 긴 세월을 무위도식한 후였다. 〈고양이의 보은〉의 하루는 단 하루사이에 결심을 하고 되돌아와 '자기 시간'으로 돌아 올 수 있었지만, 3년이란 긴 세월 자신을 잊고 향락에 빠져 있던 우라시마 다로는 결국 '자기 시간'으로 돌아 올 수 없었다. 자기 분수를 모르고 너무 먼 곳에 가서 정신 잃고 산 우라시마 다로도 문제이지만, 은혜를 갚는다는 식으로 용궁에 묶어 두려다 그것이 안 되자 조건이 붙은 선물과 약속파기시의 가혹한 처벌을 전제로 한 공주의 은혜갚기의 방식도 문제이다.

〈고양이의 보은〉의 대왕이나 용궁의 공주는 모두 인간세계보다는 자신의 공간이 최고의 이상향이라고 믿는 강한 신념의 소유자들이다. 하지만 이상향은 각자마다 다르다는 것에 대한 인식은 부족했다.

위의 '동물보은설화'를 보았듯이 애니메이션 〈고양이의 보은〉은 여러 설화를 재결합시키면서 현대적 감수성으로 바꾼 것이다. 가난한 청년 대신에 감수성 예민하고 공부에 시달리는 여고생을 등장시켜 잠시 이상향을 맛보이게 한 뒤 그래도 '지금·여기'를 어떻게 사느냐에 따라 인간은 행복할 수도 불행할 수도 있다는 메시지를 보내고 있는 것이다.

2) '고양이'와 '보은'

앞서도 서술했듯이 한국 사람에게 '고양이'와 '보은'의 결합은 왠지 어색하다. 오히려 개 쪽이 더 어울릴 것이라고 말하는 사람이 많을 것이다. 물론 일본에서도 개의 이미지는 '충직'과 '보은'으로 통한다. 「하치코(ハチ公)」라는 개의 보은 이야기나 영화는 아직도 일본인의 심금을 울린다.

(1) 하치코(ハチ公) 이야기

1920년대의 일이다. 충견 하치는 아키타현의 사이토 집안에서 도쿄의 우에노 박사집으로 보내진다. 우에노 박사집에서 하치는 사랑을 듬뿍 받았고 하치 또한 주인을 잘 따랐다. 우에노 박사는 도쿄대 교수였는데 어느 날 교수회의를 끝마치고 같은 농학부의 동료였던 교수의 방에 들어가게 된다. 한두 마디 이야기를 나누다 그만 쓰러진 채 의식을 잃고 만다. 그러나 매일 주인을 마중 나갔던 하치는 이 사실을 알지 못하고 박사의

〈하치이야기〉의 한 장면

퇴근시간에 맞추어 학교 교문에서 기다리고 있었다. 이미 저 세상 사람이 된 박사를 하치는 3일 동안 아무 것도 먹지 않고 기다렸다. 그리고 우에노 박사의 장례가 끝났어도 하치는 시부야 역에서 돌아오지 않는 박사를 매일 마중 나가며 서 있었다. 계속 박사가 출퇴근하던 시부야역에서 돌아오지 않는 박사를 기다리자 사정 모르던 역무원과 주변의 상인들은 하치를 쫓아내기 바빴다. 그러던 어느 날 하치를 우에노 박사에게 준 사이토 씨가 사람들에게 하치의 이야기를 알려야겠다고 생각하여 아사히신문에 그 사연을 기고하였는데, 의외로 이 이야기가 크게 다루어져 전국적으로 보도되었다.

이 이야기는 일본에서 1987년에 만들어졌고 한국에서도 〈하치이야기〉라는 타이틀로 2002년에 개봉되었다.

그럼, 이러한 충견이 아닌 고양이이라는 동물을 선택한 이유는 어디에 있을까?

(2) 고양이의 이미지

일본인에게 고양이의 이미지는 좋은 편이다.

「ＭＤＢネットサーベイ」(http://www.mdb-net.com/w_report/ report16.html)에서 전국의 20세~59세 남녀를 대상으로 2004년 9월 17일에서 9월 21일에 실시한 앙케트 중의 「일본인이 좋아하는 애완동물」을 인용한다.

일본인이 좋아하는 애완동물(중복체크)

1. 개(75.3%)
2. 돌고래(55.5%)
3. 펭귄(42.3%)
4. 고양이(41.9%)
5. 토끼(39.5%)

가축 중에는 개에 이어 고양이가 있었다. 참고로 한국갤럽에서 2004년 5월에 조사한 「한국인이 좋아하는 애완동물」에 의하면 그 수치로 보아 한국인들은 일본인만큼 고양이를 좋아하지 않는다.

한국인이 좋아하는 애완동물

1. 개(47.3%)
2. 고양이(2.2%)
3. 새(1.6%)
4. 토끼(1.0%)
5. 햄스터(0.4%)

고양이에 대한 호감은 고양이의 성격에 대한 호감일 수도 있다. 이러한 호감은 다양한 방법으로 표현된다. '키티짱'(キティちゃん) 인형처럼 다양한 인형은 많은 어린이에게 사랑을 받고 있으며, 애니메이션 〈이웃집 토토로〉나 〈마녀의 택배편〉, 나쓰메 소세키의 소설 『나는 고양이로소이다(吾輩はで猫である)』 등에서도 좋은 이미지의 고양이가 나온다. '마네키 네코'(招き猫)라는 것도 있다. 한쪽 앞발로 사람을 부르는 시늉을 하는 고양이 장식물로 손님과 재물을 불러들인다 하여 상점 문앞에 세워둔다.

일본인 중에 〈고양이의 보은〉의 주인공을 고양이로 한 것에 저항을 느끼는 사람은 거의 없을 것이다. 그 밖에도 〈슈렉2〉처럼 고양이는 비교적 애니메이션에 친숙한 캐릭터라는 점도 이유가 될 수 있을 것이다.

마네키네코

제2절 '이향'과 '이상향'

1 이향방문담

〈고양이의 보은〉은 17세 소녀가 '인간의 세계'에서 고양이의 왕국이라는 별세상, 즉 이향(異鄕)에 갔다 온 것이 이야기의 기본이 된다.

이향으로 갔다 오는, 달리 말해 공간의 이동이 사건의 전개의 필수적 요소라고 할 수 있다. 그 공간의 이동은 아래의 노선을 따라 연결되어 있다.

인간계 (하루가 사는 곳) → 사무소 → **경계** (바론이 경영하는 상담소)
→ 계단이 있는 탑 → **이향** (고양이 왕국)

〈고양이의 보은〉에서는 인간이 이향으로 향하는데, 그 반대로 이향인(異鄕人)이 이향에서 인간계로 오는 경우도 있다. 이 두 방향으로의 움직임을 간단히 그림으로 하면 다음과 같다.

이향방문의 유형

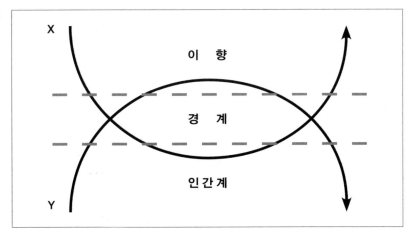

1) 이향자의 인간계 방문

먼저 이향자의 인간계 방문은 X 포물선이다. 이향에서 인간계로 왔다 다시 이향으로 떠나는 구조이다. 이런 방문담의 최초이자 최고(最古)의 이

252 일본 영화 일본 문화

야기는 『다케토리모노가타리(竹取物語)』이다.

(1) 『다케토리모노가타리』

옛날 어느 곳에 가난한 할아버지 할머니가 살고 있었다. 할아버지는 산과 들로 나가 대나무를 해서 생계를 이어갔다. 언제나처럼 산에 대나무를 하러 갔는데 유난히 빛나는 대나무가 하나 있었다. 희한하여 다가가 보니 대나무 속에 손가락 세 마디쯤 되는 어린 여자 아기가 예쁘게 앉아 있었다. 할아버지는 이 아이를 데리고 와 빛난다는 뜻의 '가구야히메'라는 이름을 붙여준 뒤 소중히 키운다. 가구야히메는 석 달 만에 보통사람 크기의 어여쁜 아이로 성장했다. 할아버지집은 날로 부자가 되어 장안의 거부가 되었고 가구야히메의 미모가 사방에 퍼지자 5명의 귀공자가 청혼을 하러 왔다. 그들은 당대 최고의 권세를 자랑하는 권세가의 아들들이었다. 할아버지는 혼기가 꽉 찬 가구야히메에게 마음에 드는 남자 아무하고나 결혼하라고 했지만 어찌된 일인지 가구야히메는 계속 거절하기만 했다. 할아버지의 채근이 심해지자 가구야히메는 5명에게 인간의 힘으로는 이루기 힘든 난제를 낸다. 부처님이 득도하셨을 때 사용했다는 사발, 상상의 산인 봉래산에 있다는 금은보화로 된 나뭇가지, 불에도 타지 않는 쥐가죽으로 만든 옷, 용의 목에 달린 오색빛 구슬, 제비들이 아기제비를 낳을 때 술술 낳도록 둥지 안에 넣는다는 보랏빛 조개를 가져오라는 것이었다. 모두 얻어오지 못하고 가구야히메의 곁을 떠난다. 마지막으로 천황이 구혼을 했지만 그것도 거절한다. 왜냐하면 가구야히메는 달세계에서 온 선녀였는데 그곳에서 죄를 지어 그 벌로 인간 세계에 내려 보내졌기 때문이었다. 보름달 밝은 밤에 선녀는 달세계로 가야만 했다. 가구야히메는 할아버지 부부에게 불사약을 주며 자신이 그리우면 그 약을 먹으라는 말을 남기고 승천했다. 비탄에 빠진 할아버지는 가구야히메가 그리웠지만 끝내 약을 태우고 이 세상에 남기로 한다.

가구야히메를 키우는 할아버지와 할머니

이 모노가타리에서 이향은 천상계로서 달나라이고 경계는 대나무이다. 경계의 기능은 가구야히메가 인간계로 오는 통로가 되어주며 나중에는 금대나무로 쑥쑥 큼으로써 할아버지 집을 부자로 만들어 준다. 경계는 천상계와 인간계를 매개시키지만 천상계와 인간계는 결국 대치되고 만다. 달나라에서 온 가구야히메는 그 어떤 고뇌도 없는 극락의 세계로 다시 가고, 할아버지 부부는 희로애락과 고뇌 투성인 인간계에 남기로 한다. 행여 왕래는 있을지언정 영원히 사는 것은 거부한다. 따라서 인간계와 천상계의 결혼도 불허된다. 사랑은 있을 수 있지만 육체적 결합은 회피된다. 정신적 사랑은 자유이나 육체적 혼합이 어려운 것은 인간계의 불결함이 전이될 것에 대한 두려움일지도 모른다. 달나라에서 지은 죄를 속죄하기 위해서는 청정무구의 신체를 보존하고 귀환해야만 했던 것이다.

(2) 『하고로모전설(羽衣伝説)』

『다케토리모노가타리』이상으로 유명한 것이 바로 『하고로모전설』이다. 하고로모(羽衣)는 깃털처럼 가벼운 옷이라는 뜻으로 선녀나 도사가 입는 옷을 가르킨다. 한국에서 말하는 「선녀와 나무꾼」 이야기이다.

일본 중부 지방에서 있었던 일이다. 8명의 선녀가 백조가 되어 인간세계로 내려와 계곡에서 목욕을 하고 있었다. 지나가던 남자가 그것을 보고 집에서 키우던 흰 개를 시켜 옷을 훔쳐오게 했다. 목욕을 마친 선녀들은 하나하나 옷을 입고 다시 백조가 되어 하늘로 올라갔지만 막내선녀만이 옷을 못 찾고 홀로 남게 되었다. 그러자 남자가 다가가 몸을 가려주자 할 수 없이 그 남자와 결혼하기에 이른다. 남자는 아내에게 옷을 보이면 다시 하늘로 올라갈까봐 꼭꼭 숨겨 놓았다. 수년이 흘러 두 사람 사이에는 남자아이 둘, 여자아이 둘이 태어나게 되었다. 이 정도라면 하늘로 올라갈 생각을 하지 않겠다 싶어 방심하고 옷을 보여주고 만다. 그러자 여자는 다시 그 옷을 입고 백조가 되어 하늘로 올라가 버렸다.

이 설화의 천상계와 인간계를 잇는 경계는 백조이며 옷이다. 여기서 백조는 인간들은 지닐 수 없는 청정함을 뜻한다. 이 설화에서는 가까스로 결혼을 했지만 역시 천상계에서 온 자는 끝내 자신의 세계로 돌아가는 구조로 되어있다. 무리한 결혼은 파경을 이르는 결말을 가져오고 있다. 그만큼 일본의 설화에서는 이향자와 인간의 결합을 거부한다. 따라서 일본의 '동물보은설화'에서 모티브를 따온 〈고양이의 보은〉이기에, 만약 하루가 타의에 의해 고양이 왕국에서 결혼을 한다 해도 그 결말은 아마 하고로모 전설과 같은 것이 될 것이다. 결국 인간계로 되돌아왔을 것이다.

2) 인간의 이향 방문

이번에는 인간이 이향에 갔다 오는 이야기이다. Y포물선 부분으로 알기 쉽게 말하면 서양의 「이상한 나라의 앨리스」버전이다. 일본에서는 앞서 언급한 「우라시마 다로」가 가장 대표적인데 여기서는 『우쓰호모노가타리(宇津保物語)』를 소개해 본다. 이 작품은 도시가게라는 남자가 비금(秘琴)을 전수받아 그의 일족이 음악으로 번창한다는 내용으로 된 11세기에 지어진 일본 최초의 장편소설이다.

주인공 도시카게는 16세 때 견당사로 임명되어 배를 타고 중국으로 건너가던 중, 배가 난파되어 하시국(波斯国)이란 곳에 도착한다. 그곳에서 선녀는 도시카게를 자신의 자식처럼 여기며 음악을 가르쳐준다. 그리고 아수라(阿修羅)에서 얻어 온 영목(靈木)으로 이 세상에 둘도 없는 금(琴)을 30개 만들어 놓는다. 그리고는 30개 중에서 가장 영험 있는 소리를 내는 2개의 비금(秘琴)을 골라 주면서 도시카게 일족 이외에는 그 어느 누구에게도 보여주거나 들려주어서는 안 된다는 금기를 전한다. 또한 "비금소리가 들리는 곳이라면 비록 사바세계라 할지라도 반드시 찾아 가겠노라"고 말했다. 음악에 의해 두 사람의 인연은 이어진 것이었고 다시 말하면 비금소리가 천상계와 인간계를 이어주는 다리가 되는 것이었다.

『우쓰호모노가타리』의 한 장면

도시카게에게 음악을 전수한 것은 선녀만이 아니었다. 7명의 선인이 나타나 극락정토의 음악을 전수시켜줌은 물론이요, 일족을 일으킬 거대한 사람이 될 것이라는 예언까지 해 주었다. 하시국에서 도시카게는 23년의 세월동안 비금을 타는 기법을 연마한 뒤 귀향한다. 그의 솜씨에 놀라 천황이 궁궐의 요직에 앉히려하자 그것을 거부한 채 딸에게 그 비법을 전수하고 죽어간다. 그 후에도 3대에 이르러 비법이 전수되고 도시카게 일족은 번영하게 되었다.

설화나 『다케토리모노가타리』에 비해, 이야기의 구조가 방대하고 등장인물들 간의 관계가 복잡한 장편소설이다. 이 소설에서 그리는 이향은 주인공 도시카게에게 예술과 음악의 명가를 이루겠다는 '혼'과 '의지'를 선사한다. 물론 금은보화도 선물받아 천황에게 봉납하여 총애를 받기도 하지만 더욱 중요한 것은 역시 '예술에 대한 정념'이었다.

우라시마 다로가 금기를 어겨 할아버지가 된 것과는 달리 도시카게는 금기를 어기지 않기 위해 피나는 노력을 한다. 그리고 그것을 마지막까지 지킴으로써 그의 집안은 명가로서 흥할 수 있었다. 설화나 옛날이야기의 황당하고 허무한 결말과는 달리 한 인간이 하늘이 주신 기회를 가벼이 여기지 않고 피나는 노력으로 더욱 더 큰 결실을 맺게 했다는 구조는 인간답고 교훈적이다.

2 이상향

〈고양이의 보은〉에서 하루는 인간계가 아닌 '이향', 즉 '고양이의 왕국'이 '이상향'일 수도 있겠다며 기대를 건다. '이향'이란 내가 살던 고향과 다른 곳을 뜻하고 '이상향'은 유토피아를 뜻한다. 하지만 '이향=이상향'의 등식이 언제나 성립하는 것은 아니다. 〈고양이의 보은〉에서 하루가 찾은 이향은 고양이 왕국이었지만 그곳은 이상향이 아니었다. 그녀가 원했던 이상향은 실컷 자고 먹고 공부를 하지 않아도 좋은 곳이었다. 하지만 정작 가 보니 생선 투성이 음식에 결혼을 강요하는 억지의 세상이었다.

가구야히메가 돌아간 달세계와 우라시마 다로가 간 용궁은 그곳 사람들에게는 이상향일지 몰라도 인간계의 사람들에게는 그렇지 못했다. 그래서 가구야히메의 할아버지도 우라시마 다로도 영원한 생명을 부여받을 수 있는 그곳을 포기한다. 이상향에 가서 소중한 것을 받고 돌아 온 경우는 도시카게뿐이다.

그럼에도 불구하고 인간은 '이상향'을 꿈꾼다. 걱정이 없고 마음과 몸이 평화로울 수 있는 이상향은 종교에서 제시하기도 하고 소설 등을 통해 그려지기도 한다. 크리스트교의 '천국', 불교의 '정토', 도연명의 '무릉도원'이 그것이다. 그런데 이러한 곳은 생전에 갈 수 없는 곳이거나 쉽게 갈 수 없는 곳이기에 사람들은 아예 생전에 이상향을 지어 그곳에서 정신적인 평화와 행복을 느끼고자 했다.

1) 최고 권세가가 지은 호조지(法成寺)와 평등원(平等院)

일본 헤이안 중기에는 딸들을 궁중으로 입궐시켜 중궁이 되게 한 뒤 외척정치를 펼치는 섭정정치가 성행했다. 대표적인 집안으로 후지와라(藤源)를 들 수 있는데 그 중에서도 최고의 권력가는 후지와라노 미치나가(藤原道長)였다. 나는 새도 떨어뜨린다는 그의 권세에 사람들은 부러움과 함께 언젠가는 둥근 달도 기울기 마련이라며 시기했다.

부귀와 권세는 많은 고민과 사념을 동반한다. 게다가 당시에는 얼마 안 있어 1050년이 되면 불법이 다 되어 이 세상이 주체할 수 없을 정도로 혼란에 빠진다는 말법사상(末法思想)이 횡행했다. 다가올 정신적 공황에 대비하기 위해 미치나가는 자신만의 절을 만든다. 1020년 극락왕생과 이 세상에 정토를 재현하기 위해 교토에 69체의 아미타불을 모시는 무량수전을 지었다. 장대하고 호화롭게 짓기 위해 사재는 물론 국고에서까지 염출했다.

이도 부족하자 교토 근처의 우지(宇治)라는 곳에 별장이자 이 땅의 이상향인 '평등원'을 짓는다. 평등원은 일본의 10엔 주화에 나오는 그 건축물로도 유명하다. 구조는 봉황이 날개를 편 모습을 연상시키는 완벽한 좌우대칭의 설계로 되었고 본당의 기둥은 봉황의 그림으로 가득하다. 그래서 그곳을 봉황당이라고도 한다. 봉황당 안에는 아미타여래좌상이 안치되어 있고 그 뒤의 벽화에는 보살들이 구름 위에서 악기를 타며 하늘을 날거나 춤을 추거나 합장하는 모습을 담아 그야말로 극락정토의 분위기를 물씬 풍기고 있다. 평등원 앞의 호수는 달밤에 본당의 우아한 자태를 드리워 주며 이 세상의 시름을 잊게 해주는 역할을 했을 것이다.

그러나 호조지와 평등원이라는, 이상향을 지어 백만 년 살 것 같던 미치나가는 호조지를 지은 지 7년 뒤에 그 절 본당 앞에서 병으로 죽고 만다. 신앙심과 극락왕생을 바라는 간절함이 엿보이는 임종이라고 할 수 있다.

2) 일본 최고의 호색가가 지은 로쿠조인(六条院)

당대 최고의 권세가뿐만 아니라 최고의 호색가도 이상향을 꿈꾸었다. 일본인들에게 일본의 카사노바로 불리는 사람은 히카루 겐지(光源氏)이다. 그런데 사실 히카루 겐지는 모노가타리 속의 주인공이다. 히카루 겐지의 탄생은 후지와라노 미치나가 때문이다. 그는 문학 애호가이기도 했는데 당대의 최고 여류 문학자들인 무라사키시키부(紫式部)나 이즈미시키부(和泉式部)를 궁정이나 자신의 저택으로 불러들여 작문회를 벌이기도 했다. 그리고 당시 귀했던 종이를 무라사키시키부에게 주면서 재미있는 이야기를 쓰도록 주문했고 무라사키시키부는 미치나가의 부귀영화를 소재로 장편

모노가타리를 지었는데 그것이 바로 너무도 유명한 『겐지모노가타리』인 것이다.

주인공 히카루 겐지는 비천한 궁녀출신을 어머니로 둔 제2황자이다. 하지만 미모와 자태, 성격, 그 모든 면에서 정실에서 태어난 제1황자보다 훌륭했다. 천황은 황자를 귀여워했지만 주위의 시샘이 그의 인생에 해를 끼칠 것을 염려해 겐지(源氏)라는 성(姓)을 하사하여 귀족으로 살게 했다. 원래 천황가는 신과 같은 집단이어서 성은 갖지 않았던 것이었다. 히카루 겐지는 '빛나는 겐지'라는 뜻으로 '빛나다'라는 형용사는 외모나 인품에 대한 극찬을 아끼지 않을 때 쓰는 말이었다.

16세 때 결혼을 하였으나 성격차이로 부부금슬은 그다지 좋지 않았다. 어린 나이에 어머니를 잃은 히카루 겐지는 자신의 어머니와 닮은 여인에게 흠모의 정을 품게 되었다. 다름 아니라 천황의 왕비로서 자신에게는 계모에 해당하는 연상의 여인이었다. 비오는 날 밤 몰래 왕비의 침소에 잠입한 겐지는 그녀와 패륜적인 관계를 맺고 만다. 이윽고 회임한 왕비는 히카루 겐지를 쏙 빼닮은 황자를 낳게 된다.

왕비를 손에 넣은 후에도 히카루 겐지의 여성 편력은 계속되었다. 거리 행차를 나갔을 때 어느 가난한 집의 처자의 청초함에 이끌려 그녀와 하

교토의
풍속박물관에 있는
히카루 겐지 인형

룻밤을 지새웠고, 바느질을 잘 하는 연상의 여인에게도 끌렸으며, 전염병을 고치기 위해 산으로 기도하러 들어갔을 때에도 어린 소녀를 몰래 납치하여 자신의 집에 기거케 했다. 그는 미녀들에게만 관심이 있는 것이 아니었다. 궁궐에서 일하는 나이든 할머니를 성희롱했고 코가 크고 빨개 보는 이로 하여금 웃음을 터뜨리게 했던 추녀의 집에도 들락거렸다.

춤이면 춤, 시가면 시가, 게다가 놀이까지 잘 하는 만능 재주꾼에다가 패션 감각까지 있는 미남 왕자에게 장안의 여인들은 모두 넋을 잃고 만다. 하지만 히카루 겐지의 호색적 생활은 여러 여인들에게 마음의 상처를 안겨 주게 된다. 대부분의 여인들은 히카루 겐지와 보낸 하룻밤을 추억으로 생각하며 그 상처를 보듬고 살았지만 어느 한 여인은 생령(生靈)이 되어 히카루 겐지가 다른 여자와 자는 것을 방해하기에 이른다.

하지만 히카루 겐지에게 무서울 것은 없었다. 그는 자신의 잘생긴 외모 정도면 이 세상은 그 어떠한 짓이라도 용서받을 수 있다는 식이었다. 그러한 자신감은 천황으로 즉위할 이복형인 제1황자의 왕비가 될 여자까지 건드리게 했다. 꼬리가 길면 잡히는 법이듯 여인과의 동침이 발각되자 그는 대역죄로 몰려 장안에서 멀리 떨어진 해변으로 귀향을 보내지게 된다. 조정에서는 그의 호색기질을 막기 위해 남자 신하만을 파견할 정도였다. 하지만 천하의 플레이 보이 히카루 겐지는 그 지방의 최대 졸부의 딸을 아내로 맞이하고 만다.

3년이란 세월이 흘러 도읍으로 소환되자 히카루 겐지는, 계모 왕비와 자기와의 사이에서 태어난 아이를 천황의 자리에 올리며 당대 최고의 권력을 누리게 된다. 이때 그가 생각해 낸 것이 이 땅에 이상향을 지어 보겠다는 것이었다.

그가 지은 것은 후지와라노 미치나가가 지은 절이나 별장이 아니었다. 바로 '육조원'이라고 하는 대저택이었다. 교토의 육조거리에 총면적 6만 3500평방미터의 부지를 4등분하여 '춘하추동'의 정취를 나타내는 정원과 연못을 만들어 놓고 그때까지 관계를 맺어 온 여인 중에서 각각의 계절에 어울리는 여인을 안채에 들여 놓았다. 이들에게는 의상까지 계절에 어울리는 것을 입혔다. 봄의 저택에는 화려한 분홍빛 의상을, 여름 저택에서

는 푸른빛, 가을저택에서는 단풍색, 겨울저택에서는 흰 옷을 입게 했다. 이곳에서는 연일 이어지는 연회로 풍악소리가 멈출 날이 없었다.

히카루 겐지는 자신이 가장 사랑하던 봄저택에서 머무르다 다른 곳에도 가서 며칠씩 묵고 왔는데 봄저택에서 여름저택으로 갈 때에는 정원에 파놓은 연못의 배로 가는 풍류를 보이기도 했다.

하지만 호색한의 이상향도 오래가지 않았다. 세 번째 부인이 바람을 피워 남자아이를 낳아 왔고, 가장 아끼던 봄저택의 부인은 시름시름 앓다 먼저 세상을 뜨고 만다. 그리고 히카루 겐지의 식은 사랑에 대한 원한을 지닌 모노노케(《링》에서 말한 로쿠조미야슨도코로)는 자주 나타나 육조원을 공포에 떨게 했다. '인과응보'와 '자업자득'에 의해 화려한 이상향은 붕괴되어 갔던 것이다. 급기야 희대의 호색한 히카루 겐지는 어느 절로 들어가 조용히 숨을 거둔다.

히카루 겐지의 일대기를 그린 영화는 전후 몇 편이나 만들어져 있다.

1951년 〈겐지모노가타리〉(요시무라 고자부로(吉村公三郎) 감독)

1957년 〈겐지모노가타리 우키후네〉(기누가사 데이노스케(衣笠貞之助) 감독)

1961년 〈신 겐지모노가타리〉(모리 가즈오(森一生) 감독)

1966년 〈겐지모노가타리〉(다케치 데쓰지(武智鉄二) 감독)

2001년 〈천년의 사랑〉(호리카와 돈코(堀川とんこう) 감독)

이들 영화를 통해서도 인공의 이상향, 호색한의 이상향은 역시 그 뜻은 위대했으나 관리부족으로 해체되고 말며, 지상의 낙원, 이상향, 유토피아는 절대 손쉽게 이루어지지 않는 법이라는 사실을 확인할 수 있다.

3) 어느 문학자가 꿈꾼 이상향

근대 소설가 중에 무샤노고지 사네아쓰(武者小路実篤, 1885~1976)는 자신이 늘 이상으로 생각했던 인생을 긍정적으로 생각하고 신뢰를 기반으로 하는 인도주의적 이상향을 만든다. 1918년 미야자키현에 만든 일종의 생활공동체인 '아타라시키무라'(新しき村, 새로운 마을)인데 이들의 이념은 천수를 다할 때까지 자아를 완전히 성장시키는 데에 있었다. 그러기 위해 아래의 규율을 표방했다.

一. 타인의 자아를 해치지 않고
一. 바르게 살되 타인의 행복과 목숨을 해치지 않으며
一. 이러한 정신을 지닌 사람들이 함께 살되
一. 서로 다투거나 싸우지 않고 바르게 산다

아타라시키무라에서의
무샤노고지

이러한 생활공동체는 이후에도 일본 여러 곳에 만들어졌는데 구성원 사이의 잡음과 갈등이 있는 곳도 있어 사회문제가 되기도 했다.

이상과 같이 우린 인간이 추구하거나 만든 이상향에 대해 알아보았다. 완전한 이상향이란 없는 것이고 영원한 이상향도 존재하지 않는다는 평범한 진리가 다시금 확인되었다. 하지만 현실이 고단할 때 우리는 수많은 이상향을 상상해 보면서 현실을 망각하고자 한다. 그것은 작은 행복이기도 하다. 하지만 상상은 현실을 극복해 주지 않는다. 현실을 뛰어 넘기 위해서는 〈고양이의 보은〉의 하루가 느낀 것처럼

'지금·여기'에서 만족하고 행복을 느낄 수 있도록 분발하는 것이다. 내 안에 이상향이 있다고, 평범한 진리를 소박하게 그려 나아간 모리타 감독은 말하는 것이다.

원제 : 陰陽師
감독 : 다키타 요지로
주연 : 노무라 만사이, 이토 히데아키, 사나다 히로유키
제작사 : 도호쿠 신샤 등
상영시간 : 112분
장르 : SF 판타지
제작년도 : 2003년
개봉일 : 2003년 10월 2일
등급 : 12세 이상

제1절 〈음양사〉와 아베노 세이메이

1 〈음양사〉

1) 원작자와 감독

영화 〈음양사〉는 1988년에 출판된 유메마쿠라 바쿠(夢枕獏)의 동명소설인 『음양사(陰陽師)』를 바탕으로 하고 있다. 유메마쿠라는 1977년 잡지 「기상천외(奇想天外)」에 『개구리의 죽음(カエルの死)』을 발표하여 문단에 데뷔했다. 『마수사냥(魔獸狩り)』, 『아랑전(餓狼伝)』 시리즈를 비롯하여 산악, 모험, 미스터리를 중심으로 한 판타지소설로 인기를 끌었다. 특히 독자층의 압도적인 지지를 바탕으로 일본에서만 250만 부를 돌파한 초대형 베스트셀러 『음양사』는 2005년 현재까지 이어져 오는 시리즈물로 해외에도 번역되어 그의 명성은 일본뿐만 아니라 한국을 비롯한 아시아 여러 나라에까지 이르고 있다.

〈음양사〉의 원작인 만화 『음양사』

소설 『음양사』는 1999년부터 만화가 오카노 레이코(岡野玲子)에 의해 전9권의 만화로 출판되었는데 약

2000만 부를 넘는 경이적인 발행부수를 기록하고 있다. 또한 드라마로도 제작되어 일본 국내에 '음양사' 붐을 일으켰다.

영화계에서 이 작품을 주목한 사람은 다키타 요지로(滝田洋二郎, 1955년 생) 감독이다. 다키타 감독이 부상하기 시작한 것은 1985년에 발표한 〈만화잡지 따윈 필요없어!〉가 뉴욕 영화제에서 주목을 받을 때부터였다. 이후 〈기무라가의 사람들〉(1988)을 계기로 일본영화계를 대표하는 연출가의 한 사람으로서 화제를 모으기 시작했다. 〈음양사〉(2001)는 그가 처음으로 만든 시대역사물이다. 〈음양사〉로 다키타 감독은 현재 일본을 대표하는 감독의 한 사람이 되었다. 또한 이 작품은 총제작비 10억 엔을 들인 작품으로 최신의 CG기술을 이용하여 1000년 전의 수도 헤이안을 실감나게 재현하고 있다.

2) 영화와 영화를 빛낸 배우들

(1) 줄거리 및 역사

줄거리는 간단하다.

때는 헤이안쿄(平安京, 현재의 교토)를 중심으로 400여 년간 지속된 헤이안시대이다. 그곳에는 정치적 원념에 의해 원령이 된 귀신과 혼령, 요괴가 밤마다 출현하는 어둠의 시대이기도 했다. 이러한 혼란을 잠재우기 위해 나라에서는 궁궐 안에 음양사라는 초능력자들을 상주시켰다. 이들은 우주의 음양의 원리를 읽어내는 능력을 발휘하여 천재지변을 예언하고 달력을 만들기도 했으며 점술을 이용해 정치가들을 비호하기도 했다.

영화의 주인공은 당대 최고의 음양사로 불리던 아베노 세이메이(安倍晴明)와 귀족인 미나모토 히로마사(源博雅)로서 이 두 사람은 힘을 모아 원한에 휩싸여 출몰하는 원령과 세이메이를 제거하려

사악한 음양사 도손(사나다 히로유키)

는 사악한 음양사 도손(道尊)을 물리친다.

이 영화의 핵심은 원한 맺힌 사람들에 의해 혼란에 빠진 헤이안쿄와 궁궐, 그리고 음양사의 활약인데 보다 깊이 감상하기 위해서는 원한을 둘러싼 이해가 필요하다.

다시 말해 헤이안쿄에는 왜 원령이 극성을 피웠는가 하는 문제이다. 이 영화에 나오는 원혼의 주인공들을 잠시 소개해 보자.

첫째, 사와라친왕(早良親王)의 원혼이다. 이 원한은 헤이안쿄라는 도읍이 형성된 이유와도 깊은 관련이 있다. 먼저 일본의 도읍의 변천부터 보자.

시대	도읍 및 시기	기간
나라시대	후지와라쿄(藤原京) : 694~710	16년
	헤이조쿄(平城京) : 710~784	74년
	나가오카쿄(長岡京) : 784~794	10년
헤이안시대	**헤이안쿄(平安京) : 795~1184**	**400년**
가마쿠라시대	가마쿠라막부(鎌倉幕府) : 185~1333	148년
에도시대	에도막부(江戸幕府) : 1590~1867	약 300년
메이지시대~현대	도쿄(東京) : 1868~현재	137년~

일본이라는 나라는 7세기 무렵 야마토(大和)라는 이름으로 나라지방에 세운 후지와라쿄(藤原京)에서 출발한다. 간무(桓武)천황 때, 사찰의 정치세력 증가 등의 이유로 헤이조쿄(平城京)를 거쳐 나가오카쿄(長岡京)로 천도하게 된다. 그러던 중 나가오카쿄로 이전을 추진했던 후지와라노 다네쓰구(藤原種継)가 암살당하는 사건이 일어났다. 이때 암살주도자로 지목당한 것이 다네쓰구와 대립관계에 있었던 간무천황의 동생, 사와라친왕(早良親王)이었다. 사와라친황은 차기 천황이 될 사람이었는데 그 사건으로 아와지로 유배를 떠나다 도중에 굶어 죽고 만다. 그 후 나가오카쿄에 천재지변과 흉흉한 사건이 많이 일자 불안해지고 개운치 못한 느낌을 받은 간무천황은 교토로 천도해 헤이안쿄를 지은 것이다.

영화의 도입부분에서 이러한 설명이 되어 있을 뿐만 아니라 영화 전체에 사와라친황의 원혼은 중요한 역할을 한다. 세이메이의 라이벌이자 헤이안쿄를 악의 도읍으로 만들고자 한 또 한 명의 음양사 도손은 사와라친황의 무덤을 갈라 그의 원혼을 나오게 해 헤이안쿄를 어둠의 도시로 만들기 때문이다. 이 원한을 푼 것은 아오네라는 여성과 세이메이, 그리고 히로마사였다.

둘째는 여인들의 원한이다.

헤이안시대 천황들은 귀족의 딸을 왕비로 맞이하였는데 왕비는 한 명에 그치는 것이 아니라 복수에 이르렀다. 왕비 밑에는 천황의 침소와 의류를 시중들던 뇨고(女御)나 고이(更衣)와 같은 여관(女官)이 있었는데 천황은 수많은 여관을 거느릴 수 있었다. 따라서 궁궐 안 여인들은 오로지 누가 더 천황의 총애를 많이 받는가에 온갖 신경을 곤두세웠다. 그만큼 질투와 시기도 극심했다. 천황의 총애와 친정의 권세를 강력히 할 수 있는 지름길은 황자를 잉태하고 생산하는 일이었다.

영화에서는 두 귀족집안이 대립하고 있다. 좌대신 집안의 딸이 아쓰히라(敦平)왕자를 낳자 천황은 상당히 기뻐한다. 좌대신 집안의 위상도 높아지기만 했다. 그러자 몸이 닳은 것은 우대신 집안이었다. 우대신 집안의 딸은 이미 천황의 아들을 낳았는데 천황의 애정이 좌대신 집안의 딸에게로 옮겨지자 분노를 이기지 못하고 생령(生靈)이 되어 아쓰히라친왕을 괴롭힌다.

셋째는 스가와라노 미치자네(菅原道真)의 원한이다. 영화에서는 그다지 그려지고 있지 않지만 헤이안쿄의 원한을 거론할 때 빠지지 않는 대표적인 원혼 중의 하나이므로 소개해 둔다.

미치자네는 3대에 걸쳐 조정에 들어가 역사와 문학을 가르치는 문장박사(文章博士)를 지낸 학자집안 출신이다. 그 또한 33세라는 젊은 나이에 문장박사가 되었는데 학문 이외에도 무예와 궁도에도 능한 인재 중의 인재였다. 55세에 우대신이라는 영예로운 권좌에 오르는데 이때 그의 출세를 시기한 좌대신 후지와라노 도키히라(藤原時平)의 모략으로 규슈지방으로 좌천된다. 유배지에 가서도 충성심을 버리지 않았고 민생을 돌보기도 했으며 시를 짓고 그림을 그리는 등 청렴결백한 생활을 했지만 결국 쓸쓸히 생을 마감하게 된다. 그의 죽음 이후 헤이안쿄에는 천재지변이 끊이지 않았고 역병이 돌아 많은 사람들이 죽어 갔다. 그의 원혼이라 판단한 조정에서는 신사를 지어 그의 원혼을 달래 주게 된다.

도읍의 이름을 '평안'(平安)이라고 붙인 것에서도 사와라친왕의 원념으로부터 벗어나고자 한 의도를 읽을 수 있다. 하지만 '평안'하지 못한 분위기가 드리워지고 만 것이 헤이안쿄였던 것이다. 영화는 바로 수없이 많은 원혼들이 들끓고 떠돌던 헤이안쿄를 배경으로, 무고하게 죽은 원혼이 '슈'(呪, 현대에서는 '주'라고 읽음) 즉 '저주'를 내뿜으며 사람을 괴롭히는 것을 음양사들이 온갖 비법을 써서 그 '슈'를 풀어 나가는 구조를 보이는 것이다. 인간의 사고와 육체를 부자유스럽게 만들고 더 나아가 죽음과 멸망에 이르게 하는 '슈'와 그것을 풀기 위한 음양사들의 노력, 그리고 음양사들 간의 알력이 볼만하다.

(2) 영화를 빛낸 배우들

볼만한 것은 비단 영화의 내용만이 아니다. 영화의 시공이 1000년 전이고 내용이 내용인지라 누가 초능력자인 음양사의 신비한 세계를 소화해 낼까가 관심거리였다. 이 영화가 인기를 끌고 사회적으로 '점'이나 '음양도'에 관한 붐을 형성한 데에는 바로 음양사역을 맡은 주인공과 주인공을 더욱 빛나게 한 조연의 힘에 의하는 바 크다.

먼저, 아베노 세에메이 역의 노무라 만사이.

아베노 세이메이 역을 맡은 것은 교겐시(狂言師)인 노무라 만사이이다. 깔끔한 외모와 냉소적인 표정이 만화『음양사』를 그대로 옮긴 느낌이라는 호평을 받았다. 일본의 뭇여성들은 그가 긴 손가락을 부드럽게 휘두르며 비술을 부리는 모습에 황홀해 했다고 한다. 그의 본업은 교겐시이지만 어렸을 때는 이미 구로사와 아키라 감독의 〈난〉에도 출연한 바 있다. 이 영화로 한국에서도 노무라에 빠진 팬이 많이 생겼다.

다음으로, 도손 역의 사나다 히로유키.

〈음양사〉를 빛낸 원작가와 배우, 감독 원작자(왼쪽)와 노무라(한 가운데)가 보인다.

영화 〈링〉에서 사다코의 원한을 풀기 위해 노력했던 여기자의 남편으로 나왔고, 첸 카이거 감독의 〈무극〉(2006)에서는 장동건과 연기경합을 부린 배우이기도 하다. 〈음양사〉에서는 우대신 편에 서서 좌대신 집의 딸이 낳은 아쓰히라왕자를 죽이는 모략을 세운다. 그리고 헤이안을 어둠과 악의 도시로 만들기 위해 사와라친왕의 원령을 불러일으키는 악역을 맡는다. 단단한 연기력과 카리스마 넘치는 존재감으로 영화의 긴장을 한층 높이고 있다. 역사영화에서 현대물까지 모든 장르를 소화해낼 수 있는 실력파 배우이다.

그리고 히로마사역의 이토 히데아키.

세이메이의 친우로서 헤이안쿄의 혼란을 수습하는 중요한 역할을 맡았는데 최근에 눈부신 활약을 보이고 있는 인기배우이다. 2004년에는 영화 〈해협〉, 2005년에는 〈가슴 가득찬 사랑을〉을 비롯해 TV드라마 〈전국통일이야기〉 등에도 출연하고 있다. 특히 〈전국통일이야기〉에서는 오다 노부나가 역을 맡을 만큼 실력을 인정받고 있다. 아베노 세이메이역의 노무라 만사이와 더불어 〈음양사2〉(2004)에서도 캐스팅되었다.

2 아베노 세이메이

그럼 일본에서 일대 붐을 일으키고 있는 아베노 세이메이(安倍晴明, 921~1005)와 음양사(陰陽師)는 과연 어떤 존재일까?

1) 범상치 않은 탄생 설화

『구즈노하전설(葛乃葉伝説)』에 의하면 세이메이는 여우가 낳은 자식으로 되어 있다. 지금으로부터 천년하고도 훨씬 전인 오랜 옛날, 아베노 야스나(安倍保名)라는 남자가 살고 있었다. 어느 날 신사 참배하러 가던 중 야스나 앞으로 사냥꾼에게 몰리고 있던 흰 여우(白狐)가 나타나 도와달라는 것이었다. 가엾게 여긴 야스나는 그 여우를 살려 주었는데 어느 날 야스나 집으로 구즈노하라고 하는 어여쁜 여자가 찾아왔다. 이 여자는 다름 아니라 야스나가 구해준 흰 여우가 인간으로 변한 것이었다. 둘은 곧 결혼하여 아들을 낳게 되었고 그 아들의 이름을 세이메이라고 지었다.

아베노 세이메이

2) 초능력을 보인 어린 시절

여우는 영력을 지닌 동물이었다. 그러한 동물에서 태어난 세이메이는 어렸을 때부터 남다른 능력을 보이게 된다. 사람들 눈에는 보이지 않는 혼을 보거나, 새들의 말소리를 알아듣거나, 용궁까지 다녀왔다는 소문이 돌게 된다. 그러던 중 소문이 헛된 소문이 아니라는 것을 입증하기라도 하듯 세이메이는 어느 능력을 보이게 된다. 그것도 당대 최고의 음양사 앞에서였다. 설화집『곤자쿠모노가타리(今昔物語集)』에 의하면 음양사인 가모 다다유키(賀茂忠行)가 일을 마치고 집으로 돌아갈 때 그 자리에 있던 세이메이는 무서운 귀신들이 엄습해오는 느낌을 받고 우차 속에서 자고 있던 다다유키를 깨운다. 무서운 귀신은 다름 아니라 도키히라의 모략으로 규슈지방으로 좌천되어 거기서 죽은 스가와라노 미치자네의 원혼이었다. 졸음에서 깨어난 다다유키는 바로 음양의 비법을 써서 귀신을 물리쳐 사경을 모면하게 된다. 그 후 다다유키는 세이메이의 재능을 인정하고 자신의 제자로 받아들여 최고의 음양술을 가르치게 되었다.

3) 최고의 음양사

스승이 죽자 세이메이는 헤이안쿄의 외진 곳에 허름한 집을 짓고 그곳에서 음양도를 연마하게 된다. 그의 실력은 하루가 다르게 높아져 급기야 암살당한 자신의 아버지를 소생시키는 경지에까지 이르게 된다. 그의 초능력에 대한 소문이 퍼지자 전국에서 내놓으라 하는 음양사들이 찾아 와 그의 능력을 테스트하기까지 했다. 그럴 때마다 세이메이는 그들의 주문대로

악마를 퇴치하고 있는 세이메이

가만히 있는 개구리를 죽여 보이고, 어린아이들을 감쪽같이 없앴다 다시 나타나게 하는 등의 묘기를 보였다. 그리고 어느 때는 보다 높은 실력으로 그들을 놀라게 해, 음양사 중의 음양사라고 인정받게 된다. 이윽고 조정에 들어가 나라의 길흉화복을 점치고·음양도의 술법으로 귀신들을 물리쳤다. 조정의 사람들도 그의 능력을 시험해 보곤 했다는 기록이 여기저기에 남아있다. 가령 많은 사람들을 웃겨 보라거나 상자 안에 들어 있는 물건을 알아맞추어 보라는 식이었다. 그들의 장난을 세이메이는 장난으로 대응했다. 사람을 웃기고는 그 웃음을 멈추지 않게 마술을 걸었고 상자 속 물건을 쥐로 바꿔 사람들을 놀라게 했다.

그의 능력은 국가의 안전과 흥망에 관계되는 곳에서도 유감없이 발휘되었다. 천황이 아끼는 비파를 귀신이 가져 가자 그것을 되찾아 오고 궁궐에 들끓는 귀신을 퇴치한다.

하지만 세이메이도 인간인 바, 나이가 들어 늙어 죽게 되는데 나라에서는 그의 죽음을 애도하며 그를 신으로 모시었다. 현재 교토에 있는 아베노 세이메이신사(安倍晴明神社)에 가면 그에 관한 기록과 활약을 엿볼 수 있다.

3 음양사의 세계

영화에서 세이메이는 시키가미(式神)를 아주 유용하게, 또 자유자재로 쓴다. 시키가미란 종이 같은 것으로 된 인형모양의 정령으로서 인간으로도 나비로도 다시 종이로도 바뀐다. 영화에서 아리따운 여인 미쓰무시는 세이메이를 따라 다니는 시키가미이다. 세이메이의 명령에 따라 인간으로도 나비로도 변신해 가며 그를 돕는다.

또한 세이메이는 눈앞에 보이지 않는 사물에 대한 투시력을 소유하기도 했다. 박 속에서 꿈틀거리는 뱀을 꺼내 원혼을 풀어 주고 자신의 모습을 복사하여 상대를 속이는 복제술에도 뛰어났다.

음양사들의 기본기에는 다음과 같은 것이 있다.

1) 세망 도망

음양도의 대표적인 주술도형으로 세이메이가 '세망'을, 아시야 도망(芦屋道満)이 '도망'을 개발했다. 〈올빼미의 성〉에서 소개한 결인(結印)을 말한다. '臨·兵·鬪·者·皆·陣·列·在·前'을 뜻하는 글씨를 손으로 매듭지어 귀신을 쫓는 것으로 유명하다.

2) 헨바이(反閇)

'헨바이'(反閇)는 특수한 보행법이다. 빠른 속도를 내는 방법인데 영화 후반부에 세이메이와 미쓰무시가 사와라친왕의 무덤에서 헤이안쿄로 향할 때 보인다. 모르고 보면 빠르게 달리는 것으로만 보인다.

3) 가타이미(方忌み)·가타타가에(方違え)

외출할 때 좋지 않는 방향을 가려내는 기술이다. 헤이안시대의 귀족들은 이 음양도에 지배를 받아 중요한 일이 있어도 좋지 않은 방향이라는 점괘가 나오면 다른 방향으로 돌아가거나 하루 더 머물고 다음날 행차하기도 했다. 일부다처제였던 당시 남편들은 자신을 기다리는 여자집을 피해 다른 여자집을 갈 때 하나의 핑계로 사용하기도 했다.

4) 기몬후지(鬼門封じ)

'기몬'(鬼門)이란 동북방향을 뜻하는 말로 음양도에서는 귀신이 나오는 불길한 방향이라고 했다. 그래서 음양도를 믿는 사람들은 동북방향에 신불을 모셔두거나 복숭아나무를 심어두거나 했다. 그것을 '기몬후지'(鬼門

封じ)라 한다. 오늘날에도 동북쪽으로 현관을 만들지 않는 것은 음양도의 영향이다.

5) 하라에(祓え)

'하라에', 알기 쉽게 말하면 '굿', '푸닥거리'이다. 하지만 한국의 무당처럼 징이나 꽹과리를 울리고 춤을 추며 귀신을 퇴치하는 방법이 아니라 빈 활을 쏘아 줄을 울리게 하여 귀신을 쫓는 명현(鳴弦)이나 거문고 줄을 울리거나 콩을 내던지거나 하는 것이 대표적인 방법이다.

6) 나데모노(撫物)・히토가타(人形)

'나데모노'는 사람 몸에 붙은 더러움을 종이 인형으로 옮겨 태우거나 강물에 떠내려 보내는 것이다. '히토가타'는 원한을 준 사람을 짚인형으로 만들어 태우거나 못질을 하여 원한을 푸는 것이다. 이러한 기술 이외에도 중국전래의 음양오행설에 의해 천체를 관측하거나 달력을 만드는 과학적인 직무가 대부분이었다.

나데모노를 강에 흘려보내는 모습

4 우리가 읽어야 할 것

영화 〈음양사〉는 화려한 CG와 세이메이의 능란한 음양 비술에 눈이 쏠리기 마련이다. 하지만 시키가미를 자유롭게 쓰고 악령을 물리치는 퇴마사적 역할만이 그의 능력의 전부가 아니었다. 그의 능력은 국가의 길흉화복을 점치고 예언하고 더 나아가 백성의 생명을 병으로부터 구하는 온갖 제액법(除厄法)을 개발하는 데에서도 빛났다. 그리고 기우제 등의 국가 제례행사에도 막대한 영향력을 끼쳤다.

그러나 국가 관리로서 국가의 제례를 담당한 모습은 어디론가 사라지고 후대 사람들은 그의 실체를 오로지 퇴마사로만 단순화시켰다. 그것은 그가 여우에게서 태어났다는 출생설화로 인한 상상이 부른 소이일 것이다. 우리는 영화 이면에 존재하는 그의 행적에도 관심을 갖아야 할 것이다.

또 한 가지 우리가 읽어야 할 것은 영화의 메시지이다. 다름 아니라 '슈'(呪)의 문제, 그리고 인간을 죽이는 것도 인간이고 인간을 살리는 것도 인간이라는 사실과 그 기저에는 항상 '사랑'이 중요한 원인이자 결과로 작용한다는 문제를 간과해서는 안 될 것이다.

영화 속 인물들은 많은 '슈'에 얽매여 있다. '슈'란 주술적인 힘 혹은 심리적으로 사람 마음을 옭아매는 것을 말한다. 세이메이 자신 또한 '세이메이'라는 자신의 이름에 얽매여 늘 능력을 갈고 닦아야 하는 숙명에 놓이게 되고, '아오네'는 수 백 년간 중유(中有)를 떠돌며 죽지 못하고 있다. 스스로를 옭아매는 '슈', 타인을 옭아매는 '슈'에서 우리는 얼마나 자유로울 수 있는가.

그리고 사랑이 과해도 사랑이 부족해도 인간은 한을 품는다. 하지만 사와라친왕을 흠모한 아오네의 사랑이 친왕의 원한을 풀어 주었듯이 인간의 한을 푸는 것 또한 사랑의 힘이었다. 세이메이가 진정으로 전하고 싶었던 것은 바로 음양도의 비술이 아니라 진정한 사랑이었을지도 모른다.

제2절 역사 속의 샤먼들

1 샤머니즘과 샤먼

음양도는 일종의 샤머니즘에 속한다. 샤머니즘이란 샤먼을 통해 영적 세계와 교섭하는 종교적 의식을 말한다. 중국, 한국, 일본에서는 샤머니즘을 흔히 '무술'(巫術) 혹은 '무속'(巫俗)이라 하고 샤먼을 '무속인'(巫俗人)이라고 한다.

이제까지의 연구에 의하면 샤먼에는 두 가지 타입으로 분류된다.

(1) 탈혼형(脫魂型):자기 몸에서 혼을 분리시켜 천상계나 지하계의 신령이나 정령, 조상신을 찾아가 그들로부터 비밀의 말이나 지식을 얻어오는 타입

(2) 빙의형(憑依型):자신의 몸속으로 정령이나 신령을 불러들여 예언이나 병을 치유해주는 타입.

위의 두 가지 유형의 샤먼은 혼수상태에 빠져 영적세계에 접하게 되는데 오래전 고대사회부터 그 후의 역사 속에 다수 존재하게 된다. 샤머니즘에 관한 인물과 사항을 통해 일본 안의 샤머니즘에 대해 알아보기로 하자.

2 고대 사회에 있어서의 샤머니즘

1) 샤먼으로서의 천황

일본 최고(最古)의 역사서인 『고사기』는 상중하의 3권 구성으로 되어 있다. 상권은 신들의 시대에 관한 이야기이고 중하권은 인간의 시대에 관한 역사서이다. 흔히 전자를 '신대'(神代)라고 하고 후자를 '인대'(人代)라고 한다. 인대는 인간 중에서도 주로 천황의 치세를 기록했다. 천황의 계보, 행적, 궁궐생활, 생년월일, 묘소에 대한 정보와 치세기간에 일어난 여러 사건을 이야기식으로 전한다. 인대에서 중요하게 다루는 두 천황이 있었는데 기원전 300~500년경에 활약한 진무(神武)천황과 스진(崇神)천황이다.

일본의 역사가 인간의 역사로 시작되는 것은 진무(神武)천황 때부터이다. 진무천황은 일본국의 최초의 형성인 야마토조정을 창업한 중요한 인물인 만큼 『고사기』에는 그에 대한 기술이 많다.

스진천황의 경우는 그의 치세 기간 온 나라에 역병이 돌아 백성이 죽어 나아가는 심각한 일이 생겼다. 비탄에 빠진 천황은 어느 날 밤 '간도코'(神床)에 누워 자기로 했다. '간도코'는 문자 그대로 신과의 소통을 위해

만든 침대였다. 그러자 꿈 속에서 신이 나타나 다음과 같은 말을 남기고 사라졌다.

"이것이 나의 마음이다. 그러니 오호타타네코(意富多多泥古)에게 나를 위해 제사를 지내게 하면 역병도 곧 없어질 것이고 나라도 평안해 질 것이다"

꿈에서 깨어난 스진천황은 곧 오호타타네코를 시켜 정성껏 제사를 지내자 역병이 사그라지고 나라도 평안해졌다고 한다.

언뜻 단순한 이야기인 것처럼 보이나, 이 이야기에는 여러 가지 중요한 의미가 내포되어 있다. 고대 사회에 있어서 백성을 잘 다스리기 위해서는 신의 계시나 말을 잘 따라야 했다는 점과 지도자는 신의 말을 읽어낼 능력이 있어야 했다는 점이다. 따라서 천황은 제도를 다스리는 지도력뿐만 아니라 신과 소통할 수 있는 일종의 샤먼적 능력이 필요했던 것이다. 스진 천황은 그런 면에 있어서는 샤먼적 소양이 깊었고 그것을 정치에 제대로 발휘하는 능력을 보였던 천황이다.

스진천황 이외에도 일본의 천황들은 대대로 '니이나메사이'(新嘗祭)라는 제사를 올렸다. '니이나메사이'란 천황이 즉위한 첫해의 음력 11월에 새로 나온 곡식을 신께 올리며 감사의 제사를 지낸 뒤 몸소 그것을 먹는 의식이다. 여기서 천황이 몸소 곡물을 먹는 것은 신의 축복을 받은 음식물을 먹음으로써 신력(神力)을 물려받는 것을 의미한다. 한 마디로 '니이나메사이'라는 의식은 백성을 풍요롭게 하기 위해 신의 영력을 천황이 몸으로써 물려받는 의식인 것이다. 달리 말하면 천황은 신의 영력(靈力)의 '요리시로'(依代), 즉 영매적 역할을 해야 했던 것이다. 고대 일본에 있어서 영매의 역할을 한 것은 천황이 중심이었다.

이러한 천황의 의식을 통해서도 알 수 있듯이 일본은 샤머니

니이나메사이

즘에서 출발하고 그것을 대대로 존속시켜 온 나라이다. 궁궐 안에서 행해진 천황과 신과의 소통은 그 후 궁궐 밖으로도 확산된다. 그리하여 일본이란 나라는 백성들이 신사로 몰려가 자연신과 조상신을 숭배하는 신도국가(神道国家)를 형성하게 된다. 간단히 말해 신도국가의 원형은 샤머니즘이며 신도국가의 총수인 천황은 일종의 샤먼이었던 것이다.

2) 최초의 여자 샤먼

스진천황의 이야기는 『고사기』보다 8년 뒤에 완성된 『일본서기』(720)에도 나온다. 거의 비슷한 내용이나 『일본서기』에는 여자샤먼이 나오는 것이 이색적이다.

역시 역병이 돌아 근심에 빠진 천황은 신의 뜻을 알기 위해 여러 사람을 모아 점을 치게 했다. 이때 신이 모모소히메라는 여자의 몸으로 들어가 자신을 위해 제사를 올리라고 말을 했다. 신의 뜻대로 제를 올렸으나 효과가 없었다. 하다 못한 천황은 목욕재계를 하고 꿈에서나마 신의 말을 듣기 위해 '간도코'에 누워 잠을 청했다. 그러자 꿈속에 신이 나타나더니 오호타타네코에게 제사를 지내게 하라는 신탁(神託)을 받는다. 그런데 재미있게도 이 신탁을 모모소히메도 받는다. 모모소히메의 제사에 실패했던 천황은 기쁜 마음으로 오호타타네코를 찾아 제사를 올리자 역병이 멎었다.

이후 모모소히메는 신과 결혼하게 된다. 신은 낮에는 모모소히메 앞에 나타나지 않고 밤에만 다녀갔다. 그래서 모모소히메는 신에게 얼굴이라도 볼 수 있게 아침까지만 자기 곁에 있어 달라고 애원했다. 그러자 신은 빗통에 들어가 있을 테니 아침에 열어보라고 했다. 다음날 아침 모모소히메는 미심쩍은 얼굴로 빗통을 열어 보니 그 안에는 조그만 뱀이 들어가 있었다. 놀란 나머지 모모소히메가 소리를 지르자 뱀이 신으로 변하더니 "나에게 창피를 주었으니, 나 또한 그대에게 창피를 주겠다"라는 말을 남기고 하늘로 날아가 버렸다. 그걸 올려다 보다 모모소히메는 엉덩방아를 찧게 되었는데 잘못해서 젓가락에 성기를 찔려 죽고 만다. 모두 애석해하며 무덤을 만들어 주었다. 그 유명한 「젓가락무덤전설(箸墓伝説)」의 주인

공이 바로 모모소히메인 것이다.

일본 최초의 여자 샤먼인 모모소히메는 신과 결혼까지 하는 관계에 이르렀으나 웃지 못할 죽음을 당하고 말았다. 하지만 생전의 그녀는 여러 활약을 했다.

그 중 대표적인 것이 나라의 모반을 예언해 천황을 구한 일이다. 어느 날 스진천황이 백부를 시켜 지방을 시찰케 했다. 백부가 여러 장군을 거느리고 길을 가는데 어느 한 소녀가 나타나 이상한 시가를 읊더니 홀연히 사라지는 것이었다. 다시 불러 아까 부른 시가를 다시 읊게 했더니 그 시가 구절에는 천황의 이름이 들어가 있는 것이었다. 이상히 여긴 백부가 조정으로 돌아 와 이 사실을 알리자 아무도 그 뜻을 해석해 내는 자가 없었다. 이에 천황이 모모소히메를 불러 해독케 하니 숙부의 모반을 신께서 소녀를 통해 알려주신 것이라고 해독했다. 이 말은 들은 천황은 숙부를 제거하고 자신의 권좌를 유지했다.

모모소히메의 이러한 능력보다 신과 결혼한 뒤 황당한 죽음을 맞이한 이야기가 더 많이 유포된 것은 여자가 신을 섬길 때에는 더욱 정숙하고 더욱 큰 경외심을 보여야 한다는 교훈을 남기기 위해서였다.

모모소히메 때문은 아니지만 스진천황은 결혼하지 않은 공주를 신궁과 신사에 보내 평생 신을 섬기게 했다. 몇 백 년 후 제도화되었는데 이를 '사이오'(斎王)라 하여 주로 이세신궁으로 보냈다. 사이오로 뽑힌 공주는 궁궐 안에서 1년간 교육을 받은 다음, 궁궐 밖으로 내보내진 뒤 그녀를 위해 지은 야궁(野宮)에서 다시 1년간 몸을 정갈히 하기 위해 은둔생활을 했다. 햇수로 3년 되는 해에 천황 앞에서 고별식을 거행한 뒤 수백 명의 비호를 받으며 이세로 내려갔다. 이세신궁에 도착하면 그때부터 남자의 그림자도 보아서는 안 되며, 불교 등의 타종교를 들여서도 안 되는, 철저한 '신도적=샤머니즘적' 종교생활을 시작해야 했다. 천황을 대신해서 일본의 황조신인 아마테라스를 섬겨야 했던 것이다. 원칙적으로 당대 천황이 자리에서 내려오거나 죽으면 도읍으로 다시 귀향할 수 있었다.

'사이오'의 잔재로서는 신사에서 신을 섬기며 기도나 신사의 여러 의식을 도우는 미혼의 소녀 '미코'(巫女, 神子)를 들 수 있다.

3) 히미코와 신공왕후

위의 것들은 『고사기』와 『일본서기』가 그리는 신화 속의 이야기이다. 그럼 신화가 그리는 일본이 아닌, 인간에 의해 다스려지는 일본역사의 시작은 언제인가?

기원후 2세기까지 일본 국내(당시는 왜)는 중국의 사서 『위지(魏志)』에 '왜국(倭國)이 크게 어지럽다'고 쓰여 있을 정도로 여러 부족국가 간의 대립이 심했다. 3세기 무렵에는 무려 28개에 이르는 부족이 있었는데 이를 통일한 최강의 부족국가는 야마타이코쿠(邪馬台国), 흔히 현재의 일본이라는 나라의 원형으로 꼽는 야마토(大和)이다. 야마토라

야스다 유키히코 작
〈히미코〉의 초상

는 통일국가를 통치한 것은 히미코(卑弥呼)라는 여왕이었다. 여왕은 독신으로서 사람 앞에 모습을 보이지 않고 신만을 섬긴다는 신비감을 연출하면서 민심을 하나로 모았다. 정무는 남동생이 맡았다. 히미코가 죽자 남자 왕이 즉위했는데 나라가 혼란에 빠지자 13세의 이요(壹與)라고 하는 처녀를 다시 왕으로 세우자 이내 평온해졌다고 한다. 히미코 여왕 때처럼 역시 정무는 남자가 맡았다. 이처럼 고대국가에는 '제정일치'였지만 여자가 신을 모시고 남자는 정무를 돌보는 이원적 시스

템을 이루고 있었음을 알 수 있다. 샤
면적 성향은 여성에게 짙었던 것이다.

고대 일본 국가의 최고의 여걸을 꼽
으라면 역시 히미코처럼 무녀왕(巫女
王)의 성격이 강한 신공왕후(神功皇后)
를 들 수 있다. 임신한 채로 신라를 정
벌했고 남편의 죽음을 예언한 카리스
마 넘치는 여왕이다. 역사 교과서 문제
로 항상 문제가 되는 '임나본부'를 세
웠다는 여왕이 바로 이 신공황후이다.

하지만 이 황후가 실존의 인물인가
에 대한 이론은 아직도 분분하다. 아

무녀적 성격이 강했던
신공왕후

예 히미코와 같은 인물로 보는 견해도 있다. 하지만 일본에서는 여걸에다
무녀의 능력을 갖춘 비범한 여성의 대명사로 궁술(弓術)과 무도의 신인 하
치만신(八幡神)의 하나로 모셔지고 있다.

3 국가관리하의 샤머니즘

1) 신기관(神祇官)

고대 이후 국가가 정비되어 율령체제가 이루어지자 신을 모시는 일도
신기관(神祇官)에서 실행하는 등 체계화된다. 신기(神祇)란 '천신지기'(天神地
祇), 즉 하늘의 신과 땅의 신이다. 따라서 신기관은 그 신들을 모시는 제
사를 총괄하는 국가의 관청이다. 장관 밑에 4명의 관리직이 있었고 그 밑
에 다시 55명의 신관(神官)을 두었다. 신관은 제사를 담당하는 자, 신을 영
접하는 미혼의 소녀, 점을 치는 자로 구성되었다. 특히 신을 영접하는 소
녀는 전 시대의 '사이오'의 성격을 잇지만 그 직분은 훨씬 낮고 가벼운 '미
코'이다.

신기관의 중심은 점을 치는 자들이었다. 그들은 주로 거북이 등에 불

을 가해 갈라지는 금의 형상과 숫자로 길흉을 점쳤다. 소위 '귀복'(龜卜)이라는 것이다.

2) 음양료(陰陽寮)

음양도란 중국에서 들어온 종교이다. 우리가 흔히 말하는 역학(易學)의 우주생성론을 기초로 한다. 만물을 능동적이고 활발한 '양'(陽)과 수동적이고 정적인 '음'(陰)으로 나누고 이 두 가지의 조화로운 융합과 순환에 의해 만물이 생성 소멸하면서 변화한다고 생각한다.

음양도가 일본에 들어와 수용 발전하는 역사는 크게 4기로 나눌 수 있다.

(1) 제1기

음양도 사상이 처음으로 들어온 6세기 초이다. 아직 종교적 이론이 빈약한 시기였다.

(2) 제2기

6세기 초에서 9세기 초까지로서 중국과 백제를 통해 더 많은 사상이 유입된다. 백제의 오경박사(五経博士), 력박사(暦博士), 역박사(易博士)가 건너 와 기술을 전수했고 그 후에는 음양오행에 능통한 승려들이 건너와 음양도 관계의 서적을 제공했다. 이때부터 음양도는 학문적으로도 종교적으로도 그럴 듯한 형태를 지니게 된다.

(3) 제3기

9세기 중엽부터 10세기이다. 음양사들이 처우받는 시기이다. 조정에 음양료(陰陽寮)라 불리는 조직을 만들어 국가전속 관료샤먼이 된 것이다.

이 시기는 후지와라 일가의 권세가 막강하여 음양사들은 천황보다는 그 집안의 권세유지에 이용되기도 했다. 영화 〈음양사〉에서 아베노 세이메이는 바로 이 음양료에 소속해 있었고 그가 도왔던 쪽은 좌대신 후지와라

모로스케의 집안이었고 맞수 도손이 거들었던 곳은 후지와라 모토카타의 집안이었다.

음양료에는 전국에서 뽑힌 6명의 음양사가 있었다. 주로 천문(天文, 해 달 별)과 풍운을 관측했고 대나무로 만든 점대로 지상관(地相觀)을 점쳤다. 천문을 읽는 것은 우주의 동향을 파악하고 천재이변을 미리 알아 대피시 키기 위함이었고 지상관을 점친 것은 풍수를 보아 좋은 천도나 묏자리를 잡기 위함이었다.

국가적 보위를 받으며 자신들의 능력을 배가시킨 음양사들의 활약으로 이 시대는 음양도의 전성기였고 더불어 일본적인 음양도가 생겨날 수 있 었다. 최고로 활약한 사람은 아베노 세이메이(安倍晴明)와 그의 스승인 가 모 다다유키(賀茂忠行)이다.

그 후 음양도는 가모(賀茂)·아베(安倍) 양가에 세습되어 인습화되었고 점점 미신화되는 경향이 짙었다.

3) 재야의 음양사 : 아시야 도망(芦屋道滿)

영화에서 세이메이는 명석한 두뇌, 수려한 용모, 냉정한 성격, 침착한 행동의 카리스마 넘치는 인물로 그려지고 있다. 반면 세이메이와 라이벌 관계에 있었던 도손은 끓어오르는 정열과 에너지 넘치는 파워로 색다른 카리스마를 보이고 있다. 도손의 실제 모델은 아시야 도망이다. 앞에서 말 한 세이메이의 부친을 살해하려 했던 그 음양사이다.

되풀이되는 말인데 헤이안시대에는 정권을 넘보는 귀족의 세력이 강했 다. 그 중에서도 후지와라 일가의 권세는 절대적인 것이었는데 강력한 만 큼 그것을 시기하는 반대파 귀족도 많았다. 그들은 자신의 가문의 영달과 권력 유지를 위해 음양사를 고용해 대립하기도 했다. 역사적 기록에 의하 면 세이메이는 최고의 권력자인 후지와라 집안 편이었고 도망은 호리카와 좌대신 편이었다. 호리카와는 도망에게 최고 권세가인 후지와라노 미치나 가를 주술을 써서 죽이도록 명했다. 도망은 곧바로 도자기로 만든 마물 (魔物)에 글씨를 한 자 적어 미치나가가 다니는 문 아래에 묻어 두었다. 그런데 공교롭게도 미치나가 집에서 기르는 개가 그 도자기를 발견했다. 미치나가는 그것을 세이메이에게 가져가서 도자기의 정체를 알게 된다. 세이메이는 시키가미를 날려 범인의 집을 찾았는데 시키가미가 도망의 집으로 들어간 것이었다. 이 일로 도망은 시골로 추방당하는데 그곳에서 다시 음양사를 모아 미치나가를 죽이러 헤이안쿄로 돌아왔다. 세이메이와의 2차 격돌이 이루어진다. 결국 세이메이가 이기고 도망은 죽게 된다.

영화의 도손처럼 도망 또한 뛰어난 재주를 잘못된 곳에 써서 명예를 얻지 못하고 재야에서 죽음을 맞이한 비극의 음양사였던 셈이다.

4 선동(仙童)의 출현

1) 쓰치미카도케(土御門家)

중세와 근세에 걸쳐 아베노 세이메이 가문은 일본 최고의 음양사의 명가로서 부와 권위를 누리게 된다. 세이메이는 좀더 귀족적인 분위기를 내기위해 집안의 이름을 쓰치미카도케로 바꾼다. 에도시대가 되자 도쿠가와 세력은 세이메이의 집안을 '음양도의 종가'(宗家)로 인정한다. 이 시대는 다이묘에서 백성들까지 모두 점보는 것을 좋아했던 시대였기에 세이메이 집안은 물고기가 물을 만난 듯 전국의 음양도를 총괄하게 이른다.

그러나 에도 막말, 천황중심의 신도국가(神道国家) 형성을 위해 국교를 신도로 하고 그 밖의 종교를 억압하는 일이 생기자 음양도는 갈 곳을 잃게 된다.

2) 선동(仙童) 도라키치

음양도도 힘을 잃어 가던 에도시대, 장안을 떠들썩하게 만든 한 소년이 있었는데 그의 이름은 도라키치(寅吉)였다.

도라키치는 1806년 12월 31일 아침 7시에 태어났는데 생년월일시 사주 중 년일시(年日時)에 호랑이(寅)가 들어 있어 이름을 도라키치(寅吉)라고 붙여겼다. 어렸을 때부터 예지능력이 있어 화재나 도적을 미리 알렸고 투시력까지 있어 못 찾는 것이 없었다. 7세 되던 해에 산 속에 있는 어느 신사에서 놀고 있었는데 그곳에서 환약을 팔고 있는 쉰 살가량의 남자를 만나게 된다. 그런데 그 남자는 도라키치를 보자 팔고 있던 약을 작은 항아리에 넣고 하늘로 날아가 버렸다. 다음날 도라키치가 그곳에 가 보자 이번에는 약은 물론이고 자신까지 항아리안으로 들어가 하늘로 날아가 버리는 것이었다. 다음날에는 도라키치에게 그 남자가 다가와 같이 항아리 속으로 들어가자고 유인했다. 도라키치는 내키지 않았지만 호기심에 한 번 들어가 보

히라타 아쓰타네

기로 했다. 항아리로 들어가자 어느 산이 나왔다. 겁도 나고 집 생각이 나울자 그 남자는 집으로 돌려보내며 그 누구에게도 말하지 말고 내일 다리 위로 나와 있으라고 했다. 다음날 다리에 나간 도라키치는 그 남자에 이끌려 하늘을 날아 덴구(天狗)의 나라를 가게 된다. 재미를 느낀 도라키치는 5년 동안 그곳을 찾아 갔다. 그러는 사이 그는 주법(呪法)과 초자연적인 힘을 배우게 된다.

그는 밧줄에 묶여 있는 새를 손대지 않고 풀어 주었고 종이를 잘라 날려 그것을 비로 만드는 능력을 보였다. 글씨체만 보고도 성별과 성격을 알아맞히기도 했다. 사람들은 도라키치를 찾아가 자신의 운명을 묻기에 이른다. 하지만 그는 가족과 어울리지 못했고 남들과 다른 자신의 능력을 버거워했다. 이때 그를 찾은 것이 에도시대의 국학자인 히라타 아쓰타네(平田篤胤)였다. 자신을 별종으로 보고 접근하길 꺼려했던 사람들과는 달리 좋은 이야기 상대가 되어 주는 히라타에게 마음을 연 도라키치는 자신이 다녀 온 이계에 대해 상세히 들려주었다. 히라타는 이것을 바탕으로 『선경이문(仙境異聞)』이라는 책을 내었고 일본의 영학(靈學)과 샤먼의 세계를 학문적으로 발전시키게 된다.

5 현대의 샤먼

1) 맹인 무녀 '이타코'

일본의 동북에 위치하는 아오모리현이나 이와테현 북부에 가면 '이타코'라고 하는 맹인 무녀가 있다. 어릴 적에 병이나 화재로 앞을 못 보게 되면 친족의 권유에 의해 기억력이 좋은 초경전에 무녀의 제자로 입문한다. 무가의 분위기를 익히기 위해 주로 부엌일을 돕고 틈틈이 노리토(祝詞)를 암송하는 훈련을 받는다. 몇 년이 흐른 뒤 무녀식을 치르는데 의식 전에 목욕재계와 단식을 하여 몸을 정갈히 한다. 성공적으로 신내림을 받으면 제사상 앞의 떡에 구멍이 난다고 한다. 신내림이 끝나면 그 다음날 흰색의 신부복을 입고 마을을 돌며 피로연을 치른다. 이 의식은 신과 결혼한다는 의미로 평생 신을 받들며 살 것을 다짐하는 약속이기도 하다.

스승에게 사사받은 후 독립을 하면 주로 '구치요세'(口寄せ, 공수)를 하며 생계를 이어간다. 촌락을 위해 풍년제나 기우제를 올려 공동체 의식을 형성하는 중심역할을 하기도 한다. 과거에는 태풍과 지진을 예언하여 마을을 보호하는 역할도 했으나 과학의 발달로 필요성이 감소되고 있다.

점을 쳐주고 있는 이타코

2) 오키나와의 '유타'

오키나와와 남서제도에 분포되어 있는 무속인이다. 트랜스 상태에 빠져 공수를 하거나 남의 병을 치유해준다. 남자 무속인도 있으나 극히 소수이고 대부분이 여성들로 이루어진다. 어렸을 때부터 신기가 있고 무심코 남의 미래를 예언하거나 신에 대한 꿈을 자주 꾸는 사람들이 많다. 이타코와는 달리 결혼은 하되 불화나 이혼, 병 등으로 결혼생활이 원만치 않아

선배 유타를 찾아가 유타의 길로 들어선다. 산이나 동굴 속에 들어가 신내림을 받은 뒤 직업적인 활동을 한다. 유타의 경제적 수입이 많다는 인식이 확산되어 최근에는 학습과 수행으로 유타가 되는 경우도 많다. 이타코와 함께 전형적인 '빙의형' 샤먼이다.

⑥ 다시 영화 〈음양사〉로

고대의 천황과 여왕 그리고 수많은 샤먼들은 '탈의형', '빙의형'의 형태로 인간계와 신의 세계를 넘나들며 국가를 다스렸고, 인간을 재난과 병으로부터 구했다. 국가 최고의 통치자 자신이 샤먼이었거나 혹은 국가적 차원에서의 비호를 받으며 영웅시되기까지 했지만 과학의 발전과 더불어 그들의 역할은 축소되고 있다. 천재지변이나 병은 천체학과 의학이 대체하고 있고 촌락의 도시화로 공동체를 하나로 묶을 제례행사도 불필요해졌다.

시대의 변화는 새로운 인간형을 요구한다. 따라서 현재의 일본에서 필요로 하는 것은 적어도 샤먼과 같은 존재는 아니다. 하지만 영화 〈음양사〉, 아니 아베노 세이메이와 같은 일종의 샤먼과 같은 존재가 국민적 호응을 얻어 신드롬을 일으킨 것을 보면 일본인 안에는 아직도 '영웅에 대한 갈망', 그것도 전쟁의 영웅이나 정치적 영웅이 아니라 미래를 예언하고 잡귀를 물리치는 초월적 존재에 대한 갈망이 내재되어 있음을 읽을 수 있다.

원제 : ウォーター　ボーイズ
감독 : 야구치 시노부
주연 : 쓰마부키 사토시, 다마키 히로시
제작사 : 알타미라 픽쳐스
상영시간 : 90분
장르 : 코미디, 드라마
제작년도 : 2001년
개봉일 : 2002년 8월 15일
등급 : 전체

제1절 〈워터보이즈〉

1 〈워터보이즈〉

영화 〈워터보이즈〉는 2001년 제작된 영화이다. '남고생 수중 발레단'이라는 기상천외한 소재를 쓴 감독은 야구치 시노부(矢口史靖)이다. 1967년생으로 도쿄조형대학 입학 후, 캠코더로 찍는 '8미리 영화'를 찍기 시작했다. 〈맨발의 피크닉〉(1993)으로 일반극장용 영화감독으로 데뷔했다. 그 후 독특한 유머가 빛나는 작품을 속속 발표하고 있어 최근 가장 주목받고 있는 감독 중의 한 사람이다. 주요 작품으로 〈비밀의 화원〉(1997), 〈아드레날린 드라이브〉(1999), 〈워터보이즈〉(2001), 〈파르코 픽션〉(2002) 등이 있다.

영화는 어느 고등학교를 무대로 하고 있다.

부원은 수영대회에 출전한 여덟 명 중 꼴찌를 차지했던 스즈키 단 한 명뿐이다. 소극적이고 항상 기죽어 지내던 그에게 찬스가 온다. 어느 날 미모의 여교사 사쿠마 선생이 수영부를 맡게 된 것이다. 학생들도 수영부에 대거 지원하는 이변이 생겼다. 그런데 문제는 그 여선생님의 전공은 수영이 아닌 수중발레인 점이다. 수영대회에서 빛을 못내는 학교이지만 수중발레라면 가능할 거라 믿는 사쿠마 선생의 의욕적인 설명에도 불구하

수중발레단을 위해 모인 사토와 스즈키

고 학생들은 하나 둘 씩 도망간다. 결국 스즈키를 포함한 다섯 명만이 얼떨결에 수영부에 남게 된다.

변변치 못한 수영 실력의 스즈키, 농구부에서 왕따 당해 수영부로 들어온 사토, 깡마른 몸을 근육질로 만드는 게 꿈인 오타, 맥주병에다 공부벌레인 가나자와, 여자 같은 사오토메가 모여 수중발레 팀을 만든다. 수중발레를 하기로 결심한 것도 힘들었는데 설상가상으로 지도 교사가 출산휴가를 떠나고 만다. 게다가 학교 수영장의 물과 물고기를 못 쓰게 하는 실수를 범하고 마는데 이를 만회하기 위해 학교 축제에 나가 입장료를 벌어야만 했다.

지도교사의 빈 자리를 메우기 위해 이들이 찾아낸 수중발레 대타 스승은 바로 돌고래 조련사(다케나카 나오토)였다. 여름방학과 함께 본격적인 훈련에 들어간 그들은 수족관에서 궂은일을 하면서 돌고래의 유연한 몸짓을 눈으로 보고 배우게 된다. 그러던 그들에게 행운이 찾아 든다. 어쩌다 TV방송에서 남학생들의 수중발레를 이색적인 뉴스거리로 내보낸 것이었다. 그 후 그들에 대한 관심은 확 달라졌다. 수영부를 떠났던 이들이 다시 찾아 와 수중발레 연습을 같이 했고 마을 사람들은 입장 티켓을 사 주었으며 여자고등학생들은 자신의 학교의 야외 풀장을 제공해 주었다.

우여곡절 끝에 펼쳐진 남학생들의 화려한 수중발레에 모든 이들이 흠뻑 매료되어 환호를 보낸다. 행복이 무럭무럭 피어나고 의기소침했던 남학생들의 얼굴은 경쾌한 음악에 맞춰 점점 자신만만한 표정으로 바뀌어 간다.

이 영화의 장르는 코미디영화로 분류된다. 희극적 캐릭터와 황당한 시추에이션, 웃음을 자아내는 연기자들의 연기는 시원하고 경쾌하다. 코미디영화의 절대 명제가 해피엔딩이듯 이 영화 또한 해피엔딩이라는 종착역을 향해 달린다. 작은 꿈을 실현해 나가는 청춘들의 노력에서 소박한 감동과 즐거움을 만끽할 수 있다.

코미디(comedy)란, 그리스의 주신(酒神)인 디오니소스를 위한 제사 때 농민들이 한 해의 수확을 축하하며 춤을 춘 코모디아(komodia)에서 비롯된 것으로 희극적, 해피엔딩을 그리는 영화를 말한다.

코미디영화는 크게 ①슬랩스틱(slap stick) ②대사 코미디(sound comedy) ③파아스 코미디(farce comedy)=난센스 코미디(non-sence comedy) ④상황 코미디(situation comedy)로 나뉜다.

'슬랩스틱'은 흔히 소란법석을 떠는 코미디를 말한다. 슬랩(slap)은 철썩 때리는 것, 스틱(stick)은 단장 또는 몽둥이를 뜻하며 본시 광대가 연극을 할 때 쓰던 대나무 몽둥이를 말한다. 이것이 바뀌어 어수선하고 소란스러운 희극을 뜻하는 말이 되었다.

'대사코미디'는 글자 그대로 기발한 대사나 개그 혹은 골계, 해학, 풍자 등이 특징이다.

'파아스 코미디'는 아무 뜻도 없고 밑도 끝도 없는 소극(笑劇)으로 프랑스의 불르바르연극에서 시연하여 인기를 끌었다.

'상황 코미디'는 극적인 상황 자체가 희극적인 경우이다. 굳이 희극배우를 쓰지 않더라도 드라마 구성자체가 희극적인 시추에이션을 만들고 있다. 최근 한국에서 많이 제작되고 있는 코미디영화 〈가문의 위기〉, 〈몽정기〉, 〈구세주〉 등이 그것이다.

1) 1800년대

세계 최초의 코미디영화로 흔히 루이 뤼미에르의 〈물세례를 받은 물뿌리는 사람〉(1895)을 든다. 이것은 무성영화로서 장면만으로 사람들을 웃게 한다. 내용은 간단하다. 어느 꼬마가 정원사가 사용하고 있는 호스를 발로 밟았다. 나오던 물이 끊기자 이상하다며 정원사가 호스를 자기 얼굴에 대고 보자 그때 꼬마가 발을 떼었고 정원사는 급기야 물세례를 받게 되었다는 코미디이다. 코미디영화의 시작은 장난으로 어느 사람이 낭패를 본다는 형태로 출발하였고 이후 다양한 형식이 개발되게 된다.

2) 1910년대

1910년대에 들어서면 '슬랩스틱 코미디'(slap stick comedy)가 유행하게 된다. 엎치락뒤치락하는 신체의 동작이나 표정을 과장시켜 웃음을 자아내는 희극적 형식을 영화에 이용한 것이 1910년대 미국의 M. 세넷이다. 과장되고 소란스런 연기 속에 사회풍자와 반역정신을 담은 작품을 차례로 발표하여 전성기를 이루었는데, 유성영화가 나온 후 이런 종류의 희극은 쇠퇴하였다. 이때 나온 유명한 배우로 벤타핀, 메벨 노맨드, 바스터 키튼, 찰리 채플린, 워레스 비어리 등을 들 수 있다.

특히 찰리 채플린은 1910년대부터 왕성한 활동을 한 코미디영화의 대부이다. 콧수염과 모자, 그리고 큼지막한 구두는 그의 엉성한 행동을 돋보이게 하는 트레이드마크가 되었는데, 채플린에게서 보이는 과장된 몸짓은 초기 코미디영화의 하나의 형식이 되기도 했다. 그의 〈어깨총〉(1918), 〈가짜목사〉(1923)에서 볼 수 있듯이 당시의 무성 코미디영화에서는 시각적이며 신체적인 성분들이 개발되었던 것이다.

3) 1930년대

1920년대 말부터 유성영화가 시작되었다. 그 영향으로 코미디영화도 1930년대부터는 몸짓뿐만 아니라 상황, 언어, 캐릭터에 '과장'이 들어가기 시작한다. 언어적 위트와 개그는 관객의 귀를 즐겁게 했고 풍자의 묘미를 맛보게 했다. '대사 코미디'의 시작인 것이다. 코미디영화에서 대화나 말이 중요한 요인으로 작용하자 신체적인 코미디영화보다 좀 더 세련된 '로맨틱 코미디'가 만들어지기 시작했다. '로맨틱 코미디'는 1930~50년대 미국에서 유행한 영화장르로, 일명 '스크루볼 코미디'(screwball comedy)라고도 한다. 남녀가 만나 우여곡절 끝에 사랑의 결실을 맺는다는 이야기에 희극적이고 재치있는 대사를 더한 스타일을 말한다. 로맨틱 코미디에서 절대 빠지지 않는 것은 입심 좋은 남녀 주인공이다. 그들은 성, 문화, 계급의 차이로 생기는 갈등과 고민을 겪다 마침내 사랑에 골인하는데 그 과정에서 보이는 바르고 튀는 대사는 영화의 중심 역할을 한다. 대표작으로 에른스트 루비치 감독의 〈낙원에서의 곤경〉(1932)을 들 수 있다. 유럽 사회의 악명 높은 도둑이자 상류사회의 신사인 가스통과 백작부인으로 위장한 여자 도둑 릴리가 서로의 재주에 반해 사랑에 빠지게 된다는 줄거리이다. 이밖에 플레이 보이와 결혼하기 위해 아버지에게서 도망치려다 실패하는 프랭크 카프라 감독의 〈어느 날 밤에 생긴 일〉(1934), 부유하지만 버릇없는 여인의 이미지가 코믹한 하워드 혹스의 〈아이 기르기〉(1938) 등이 있다.

4) 1940년대 이후

1940년대 영국의 '일링 스튜디오'는 재능있는 작가와 배우를 고용해 범죄와 살인에 대한 '블랙 코미디'(black comedy)를 만든다. 블랙 코미디란 말 그대로 '어두운 코미디'이다. 명랑한 웃음을 자아내어 편안함과 행복을 주는 유머가 아니라, 사람을 웃기되 인간존재의 불안을 날카로이 느끼게 함으로써 불신·절망을 느끼게 하는 유머이다. 유행은 1940년대이나 흔히 1933년에 채플린이 만든, 2차 대전 뒤 냉전적 기운이 미국 전역을 휩쓸 때 현대 문명의 기계 만능주의와 인간 소외를 날카롭게 풍자한 〈모던 타임스〉를 최초의 블랙 코미디로 본다. 〈모던 타임스〉에서 채플린은 중절모와 헐렁한 바지대신 노동자 복장으로 등장하는데 거기서 그는 자본주의의 생산 양식에 비판을 가한다. 컨베이어의 시스템에서의 작업 끝에 기계처럼 돼버린 노동자를 연기한 채플린의 연기는 희극 영화 사상 최고의 연기로 블랙 코미디의 원형처럼 된다.

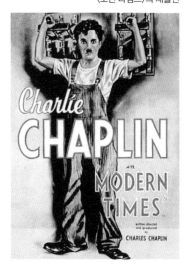

〈모던 타임스〉의 채플린

그 후에도 코미디영화는 유럽에서 다수가 제작되었다. 특히 1980년대에는 프랑스의 코미디영화의 중심점이 되었다. 80년대 프랑스 코미디물은 심리적인 코미디물이었다. 〈세 남자와 아기 바구니〉(1985), 〈거대한 길〉(1987), 〈삶은 잔잔하게 흘러가는 긴 강물〉(1987)이 대표작이다.

코미디영화를 세계영화사적 시각에 맞추면 대략 위와 같은 흐름을 보이지만 각 나라별로 보면 또 다른 역사를 지니고 있다. 각 나라에서는 영화는 자국의 시대와 사회적 상황에 따라 소규모 예산으로 자유롭게 찍을 수 있다는 코미디영화를 양산하고 향유했음에 틀림없다.

③ 일본의 코미디영화

1) 1930년대

일본 최초의 코미디영화는 29세에 요절한 천재 야마나카 사다오(山中貞雄, 1909~1938) 감독의 〈단게사젠 여화 백만 냥짜리 항아리(丹下左膳余話 百万両の壺)〉(1935)를 들 수 있다. 흑백으로 된 시대극 영화이다. 야규(柳生) 집안의 둘째 아들이 다른 집안의 양자로 가면서 오래된 항아리를 가지고 갔다. 하지만 볼품없는 항아리는 마구 다뤄지다 어느 날 넝마장이에게 헐값에 팔린다. 결국엔 어느 고아의 어항이 되어 버렸는데 사실 그 항아리 속에는 금은보화가 묻혀 있는 지도가 들어 있었다는 소문이 돈다. 그야말로 백만 냥짜리 어항이었던 것이다. 그 사실을 안 사람들이 야단법석을 떨며 항아리를 찾아 헤매는데 이때 외눈박이에다 외팔인 사무라이 단게사젠이 대활약을 한다. 단게자젠과 어느 장사꾼 여인과의 실랑이, 둘째 아들의 멍청스러움이 폭소를 자아내는 코미디영화이다.

2) 1940~50년대

1940, 50년대에 들어 발전한 토키영화 시대에는 일본의 '희극왕'이라고 불리는 '에노켄'(에노모토 겐이치(榎本健一)의 애칭)이 대활약을 보인다. 달리는 차에 올라타 반대로 내리는 등의 가벼운 몸동작과 애교 넘치는 표정으

로 많은 사랑을 받았다. 특히 손오공 역을 그
누구보다 훌륭히 해냈다. 영화 중에 〈에노켄
의 천만장자〉나 〈에노켄의 놀라운 세상〉처럼
제목에 그의 이름이 들어가는 작품만 해도
40여 편이 넘는다. 그만큼 그의 명성은 대단
한 것이었다. 영화뿐만 아니라 연극에서도 맹
활약을 했다. 그는 자신과 더불어 '희극왕'이
라고 불린 또 한명의 배우 후루카와 롯파(古川

훗날 국민가수가 되는 미소라 히바리와 에노켄

ロッパ)와 연극 〈아차라카〉를 무대에 올렸는데 그 연극은 일본의 신시대를
열었다. 만년에는 오른쪽 다리를 절단했음에도 불구하고 의족을 써 가면
서 영화에 출연하는 불굴의 의지를 보였다.

3) 1960년대

1960년대 말부터는 코미디영화가 시리즈로 제작되었다. 바로 최장수 코
미디영화인 〈남자는 괴로워!〉로서 1969년부터 1996년까지 27년간 48편이
나 제작되었다. 주인공을 맡은 아쓰미 기요시는 에노켄을 잇는 유명한 희
극배우이기도 했는데 이 영화를 완성시키지 못하고 도중에 암에 걸려 죽
고 만다. 그가 죽자 일본인들은 '국민배우'를 잃었다며 크게 슬퍼했다. 그
가 국민배우였다면 이 영화 시리즈는 국민적 지지를 얻은 그야말로 '국민
영화'였다. 더욱이 세계 최장수 시리즈 영화로 기네스북에 오른 기념비적
인 작품이기도 하다. 다양한 수식어를 동반하는 너무도 유명한 영화인 만
큼 좀 더 자세히 소개하기로 하자.

이 영화의 주인공은 도라상이다. 그가 입버릇처럼 말하듯 태어난 곳도
자란 곳도 도쿄의 변두리 동네에다 제대로 배우지도 못해 겨우 할 수 있
는 일이라고는 전국을 떠돌며 물건을 파는 장돌뱅이가 고작이었다. 코미
디 배우의 복장과 몸짓이 희극적이듯 그 또한 예외일 수는 없었다. 머리에
쓴 누런 모자, 배에 두른 복대, 그리고 달가닥 소리를 내는 게타와 손에
든 커다란 가방은 그의 심벌이 되고 만다. 몸도 마음도 가벼이 오늘도 전

최장수 시리즈 영화 〈남자는 괴로워!〉

국 방방곡곡으로 향해 떠나는 도라상에게 삶의 희망이 있다면 가는 곳에서 아름다운 여인을 만나 짝사랑에 빠지는 것이었다. 하지만 그 행복도 잠깐, 도라상은 늘 실연의 고배를 마시고 다시금 쓸쓸히 고향으로 돌아온다.

이런 식의 정형화된 패턴은 몇 십 년간 반복되는데 그럼에도 불구하고 일본인들이 근 30여 년간 질리지 않고 그 영화를 보러 설날마다 극장으로 달려간 까닭은 어디에 있을까?

첫째는 역시 주인공 때문이다. 도라상은 배운 것도 없고 얼굴도 못생겼지만 인정미 있고 또 재치있는 말솜씨로 좌중을 웃기는 데 일가견이 있다. 코미디 주인공의 요소를 완벽하게 갖춘 셈이다. 자신이 아무리 힘든 상황에 놓여 있더라도 불쌍한 사람을 보면 그냥 지나치지 않는다. 이기주의와 배금사상이 팽배한 현대사회에서 도라상과 같은 존재는 일본인들의 정서를 순화시켰다.

둘째는 도라상이 짝사랑하는 마돈나들이다. 마돈나는 매 편 다른 여성이 나오는데 그해 가장 인기 있었던 여배우가 뽑히는 경우가 많았다. 제1편부터 정착하게 된 도라상과 마돈나의 만남의 구조는 이후 세간의 주목거리가 되었다. 마돈나 역할을 한 여배우는 많았는데 그 중에서도 아사오카 루리코, 요시나가 사유리, 마쓰사카 게이코, 고토 구미코 등은 여러 번 출연하기도 했다. 일본 국민들은 늘 도라상의 사랑이 결실을 맺어 결혼에 골인할 수 있길 바랐지만 끝내 이루어지지 않았다. 아마 도라상이 결혼했다면 이 영화는 48편까지 이어지지 않았을 것이다.

마돈나로 나오는 여인들은 미모와 지성을 겸비하고 있어 도라상과는 어울리지 않았다. 그래서 늘 짝사랑으로 끝나기 일쑤였지만 그래도 몇몇 마돈나는 도라상을 좋아했기 때문에 도라상만 좀 더 적극적으로 나섰더라면 결혼으로 이어질 수도 있었다. 하지만 콤플렉스 덩어리인 도라상은 사랑을 코앞에 두고 늘 뒷걸음쳤다. 사랑을 독점하지 않고 멀리서 그의 행복을 빌어 주는 도라상에게 많은 사람들은 동정과 연민의 정을 느꼈다.

셋째는 따뜻한 가족애이다. 일찍이 부모를 잃은 도라상은 '도라야'라는 가게를 경영하는 숙부집을 고향집으로 여기며 산다. 숙부와 숙모는 노총각 조카가 못마땅해 잔소리를 하지만 속으로는 그를 아낀다. 그 누구보다도 도라상을 걱정하는 것은 유일한 혈육인 여동생 사쿠라이다. 마돈나들이 이성애적 사랑을 자극했다면 사쿠라는 무한한 모성애로 오빠를 돌본다. 가족은 물론 동네 사람들도 그를 늘 따뜻하게 맞이해 준다.

따뜻한 가족애를 보인 한국의 드라마 〈전원일기〉가 최장수 드라마가 된 것처럼 〈남자는 괴로워!〉에서 느끼는 가족들의 진한 사랑이 이 영화를 48편에 달하는 대시리즈물로 만들게 했던 것이다.

비록 48편에서 멈추었으나 이 작품에 전 생애를 바친 야마다 요지 감독과 주인공, 그리고 감칠맛 나는 조연들의 연기로 빚어진 한 편 한 편들은 일본인들에게 세계 최장수 영화라는 프라이드를 안겨주었다.

4) 1980년대 이후

1980년대 코미디영화를 장식한 것은 〈낚시광 일지〉(1988~)이다. 구리야마 도미오(栗山富夫) 감독의 이 영화는 원래 야마사키 주조(山崎十三) 글, 기타미 겐이치(北見けんいち) 그림의 「빅 코믹 오리지널(ビッグコミックオリジナル)」(小学館)에 연재 중인 대인기 만화이다. 인기 만화를 영화화한 1988년의 개봉 이래 현재까지 매년 제작, 개봉되고 있어 15~6편을 넘긴 시리즈물이 되었다. 매년 관객동원수를 갱신하고 있을 정도로 국민적 사랑을 받고 있는 작품이다. TV로 방영되어도 최고의 시청률을 갱신하고 있으며 이 작품을 바탕으로 한 애니메이션이나 게임기, 오락기 또한 많은 인기를 끌고 있다.

대기업 건설회사인 스즈키 건설의 평사원 하마사키(애칭은 하마짱)는 일은 대충하고 오로지 낚시와 가족밖에 모르는 중년남이다. 틈만 나면 부인을 안으려는 애처가이기도 하다. 어느 날 낚시도구를 사려는 초로의 낚시 초보자를 만나게 되어 잘난 척하며 여러 가지를 알려주는데 이 초로노인

〈낚시광 일지〉

은 실은 그가 다니는 회사의 창업주인 스즈키 사장(애칭은 스짱)이었다. 두 사람은 서로의 정체를 알고 난 뒤에도 좋은 친구관계를 유지한다. 그도 그럴 것이 하마짱은 아예 출세할 마음도 없으니 아부할 필요가 없었고 사장 또한 프로 경영자이기 때문에 자신에게 낚시를 가르쳐준다고 해서 직장에서 더 많은 대우를 해주지는 않기 때문이다. 두 사람은 오로지 낚시에 의해 맺어지고 또 낚시로 지속되는 관계였던 것이다.

최고의 시리즈 코미디영화 〈남자는 괴로워!〉와 자주 비교되는데 〈남자가 괴로워!〉가 웃음과 함께 애수나 안타까움, 동정과 같은 다소 무거운 기분을 선사하는 것과는 달리 이 작품은 부담감 없이 보고 즐길 수 있는 영화이다.

두 사람이 일본 각지로 낚시여행을 떠나며 빚어내는 좌충우돌은 가히 웃음을 유발하기에 충분하나 동일 패턴의 반복에서 오는 매너리즘화와 점점 더 높아만 가는 관객의 기대 사이에서 제작진들은 고민할 수밖에 없다. 하지만 이 시리즈가 15년 넘게 지속될 수 있었고 또 앞으로도 얼마만큼은 더 만들 수 있는 힘은 충분히 있다. 그 힘은 주인공이 '2인1조'로 되어 있는 것에서 나온다. 주인공은 하마짱과 스짱이다. 두 사람 중 한 명이 주인공일 때가 있고 또 어느 때는 두 사람 모두를 엮어 놓아 변화를 추구한다. 게다가 매 편 새로이 등장하는 카메오 내지는 게스트역도 영화에 신선함을 더해 준다. 더불어 매회 바뀌는 로케 장소 또한 관심의 대상이 되기도 한다.

그리고 주인공역을 맡은 배우들의 호흡은 이론의 여지가 없는 것으로 정평이 나 있다. 하마짱 역을 맡은 니시다 도시유키(西田敏行)와 스짱 역의 미쿠니 렌타로(三国連太郞)는 해가 갈수록 원숙한 맛을 내고 있다.

〈남자는 괴로워!〉나 〈낚시광 일지〉와 같은 시리즈 코미디영화 이외에도 〈장례식〉(1984), 〈라디오의 시간〉(1997) 등이 있다.

그리고 이 시대에 주목할 만한 일은 코미디언으로서 세계적인 감독이 된 기타노 다케시(北野武)라는 존재이다. 일본영화에 관심이 없는 사람이라도 기타노 다케시만큼은 알고 있다. 〈HANA-BI〉가 베니스영화제 그랑프리를 수상하는 등, 유럽에까지 명성을 날린 이 감독은 코미디언이기도 하다. 더 나아가 배우, 탤런트, 칼럼니스트, 버라이어티 쇼 진행자, 화가, 작가 등 다방면에서 소질을 발휘하고 있어 천재라고까지 불리우고 있다.

그가 만담가와 방송인이라는 틀에서 벗어나 영화감독으로 뛰어 든 것은 1989년이었다. 첫 데뷔작인 〈그 남자 흉폭함에 대하여〉인데 반응은 별로였다. 그가 감독으로서 주목받게 된 것은 〈3-4×10월〉이다. 이 작품은 기타노 다케시 감독의 '폭력, 실어, 죽음, 웃음'에 대한 광기어린 집착을 제어 없이 표출한 작품이라고 할 수 있다.

그가 코미디언이라는 직업을 의식해서 본격적으로 만든 코미디영화는 〈모두 하고 있는가!〉(1995)이다. 무능력한 한 남자가 비디오를 보다가 문득 카섹스를 하고 싶다는 생각에서 시작되어 황당한 모험을 벌이게 되는 풍자 코미디이다.

이외에도 후술할 스포츠 코미디영화 등도 제작되고 있어 코미디영화의 역사를 이어 나아가고 있다.

제2절 스포츠영화

1 스포츠영화

스포츠는 영화의 좋은 소재이다. 최근 한국에서 제작 개봉된 스포츠영화로는 〈공포의 외인구단〉(1986, 야구), 〈반칙왕〉(2000, 레슬링), 〈YMCA야구단〉(2002, 야구), 〈슈퍼스타 감사용〉(2004, 야구), 〈말아톤〉(2005, 마라톤), 〈주먹이 운다〉(2005, 권투) 등이 있다. 주로 야구와 복싱, 레슬링 정도이다. 그럼 최근 일본에서 만들어진 스포츠영화에는 어떠한 것들이 있을까? 그리고 어떠한 종목을 소재로 하고 있을까? 몇몇 작품을 들면 다음과 같다.

1) 〈프로골퍼 오리베 긴지로〉(1992)

골프를 중심으로 한 스포츠영화
〈프로골퍼 오리베 긴지로〉

인기가수이자 탤런트인 다케다 데쓰야(武田鉄矢) 원작의 동명만화를 영화화한 것이다. 다케다가 각본과 주연까지 맡은 스포츠 코미디영화인데 인기에 힘입어 시리즈 영화로 되었다. 17년간 단 한 번도 우승해본 적이 없는 프로골퍼 오리베 긴지로(애칭은 오리킨)가 변두리 마을의 골프연습장의 코치로 가게 되는데 그의 좋은 성격과 열심히 가르치는 모습에 사람들이 감동한다. 여러 해프닝 끝에 결국 오리킨은 고난과 역경을 뛰어 넘어 첫우승을 올린다는 이야기이다.

인정미 넘치는 따뜻한 이야기와 황당한 시추에이션이 관객을 웃음의 도가니로 만든다. 인기에 힘입어 후속작도 나오게 되는데, 그 후 우승한 코치가 결혼을 하고 골프를 치며 동네 사람들과 하나가 되어 온갖 해프닝과 웃음을 만들어 나아가는 구조를 반복한다.

이 작품의 묘미는 역시 주연인 다케다 데쓰야이다. 그는 원래 포크 송 가수였다. 포크 송 가수의 이미지가 그러하듯 언제나 반듯하고 진지한 이미지를 이어 나아갔다. 1979년 10월에 제작되어 2005년 3월까지 약 25년간 단속적으로 만들어진 장수드라마 〈3학년 B반 긴파치 선생님〉에서 사쿠라 중학교에서 국어를 가르치며 3학년 B반의 담임을 맡은 사카모토 긴파치 선생님 역을 맡기도 했다. 일본의 '호랑이선생님'으로 통하는 가수이자 배우이다.

2) 〈으랏차차 스모부〉(1992)

〈쉘 위 댄스?〉의 스오 마사유키 감독의 작품이기도 하다. 이 영화가 개

봉된 해에 『키네마 준포』가 뽑은 베스트 원, 일본 아카데미 최우수상을 휩쓸었다. 원제 〈시코 훈잣타(シコ ふんじゃった)〉에서 '시코'(シコ)란 스모선수가 모래판 위로 올라가 다리를 번쩍 들어 올렸다 힘 있게 땅위로 내려 놓는 준비 운동을 말한다. 그런 행위를 하는 것을 '시코오 후무'(シコをふむ)라고 한다. 따라서 '시코 훈잣타'란 씨름판에 들어가게 되어 버렸다는 의미이다. 대학교 스모부 선수들이 결국 스모를 하게 되면서 겪는 이야기를 코믹하게 그려내고 있다. 이 영화의 특징은 무엇보다도 스모라고 하는 전통스포츠를 소재로 삼은 것이다. 스모는 원래 젊은이들 보다는 중년들이 좋아

〈으랏차차 스모부〉

하는 스포츠이다. 그러한 것을 알면서도 스오 감독은 대학생과 스모를 연결시켜 무난히 어우러지게 했다.

3) 〈슛!〉(1994)

『주간소년 매거진(週間少年マガジン)』에 연재되었던 오시마 쓰카사(大島司)의 인기 만화 「슛!」을 원작으로 하고 있다. 만화 「슛!」은 중학교 시절의 축구 친구인 다나카, 히라마쓰, 시로이시가 축구명문고에 들어가 여러 역경을 극복하고 전국대회에 나간다는 내용이다. 도중에 「슛! 희망찬 만남」, 「슛! 뜨거운 도전」, 「슛! 새로운 전설」이라는 식으로 타이틀이 바뀌기는 했지만 총 13년에 걸쳐 연재된 대작이다. 무려 4천만 부가 팔린 인기 축구만화의 대부이다. 1993년에는 「슛! 희망찬 만남」이 TV애니메이션으로 만들어졌고, 의대출신으로 의사면허를 갖고 있다는 특이한 경력의 오모리 가즈키(大森一樹) 감독에 의해 1994년 영화로 만들어진 것이다.

만화 「슛! 새로운 전설」

이 영화가 세간의 관심을 끈 것은, 영화 〈공포의 외

인구단)과 이현세의 인기만화의 관계처럼 원작의 인기에 힘입은 바 크다. 그와 더불어 초인기 아이돌 그룹인 SMAP(속칭은 스마프)를 주연으로 캐스팅했기 때문이다. SMAP는 90년대 일본문화의 하나의 '현상'이기도 했다. 1988년에 결성하여 1995년경부터 전국민의 사랑을 받게 된다. 인기가 급상승하면서 드라마, 버라어티, CM, 콘서트, 무대에서 활약하는데 5명 중에서 가장 인기가 많았던 것은 기무라 다쿠야(애칭은 기무타쿠)였다. 꽃미남 그룹이라는 이미지가 짙으나 멤버의 평균연령이 30대를 넘긴 현재에도 그들의 인기는 식지 않고 있다. 그들의 인기의 비결은 철저한 이미지 관리에 있다. 깔끔한 외모는 물론이고 그들이 부르는 노래는 언제나 사랑과 희망으로 가득차 있었다. 영화가 만들어진 것은 그들의 인기가 최고 정상기에 이르기 전의 일이지만, 그들의 인기와 더불어 자주 소개되어 유명해지기도 했다.

4) 〈드림 스타디움〉(1997)

어느 날 갑자기 야구 능력을 발견한 무능력한 샐러리맨과 주변 사람들이 야구에 건 꿈을 재미있게 그린 판타지 영화이다. 감독은 청춘 스포츠 영화 〈슛!〉을 감독한 오모리 가즈키 감독이다. 그리고 주연은 〈음양사〉에서 정치적 모략으로 유배를 떠나다 죽었다가 원혼이 되어 나가오카쿄와 헤이안쿄를 공포의 도가니로 넣은 사와라 친왕역의 하기와라 마사토(萩原聖人)가 맡았다.

〈드림 스타디움〉

5) 〈열심히 합시다〉(1998)

〈으랏차차 스모부〉를 감독한 스오 마사유키 감독이 제작한 영화이기도 하다. 20여 년 전의 시코쿠 마쓰야마에 보트에 목숨을 전 여고생들의 분발하는 모습을 활기차고 생동감 있게 표현한 청춘 영

화이다. 마쓰야마는 일본의 근대문학자이자 국민작가
이기도 한 나쓰메 소세키의 소설 『도련님(坊ちゃん)』의
주 무대로 유명하다. 그곳에서는 나쓰메 소세키와 그
작품을 기리기 위해 문학상을 수여하는데 이 영화는
'제4회 봇짱 문학상'(坊ちゃん文学賞)을 수상한, 그 지역
출신 소설가 시키무라 요시코(敷村良子)의 동명소설을
원작으로 하고 있다. 건전한 내용과 풋풋한 여고생들
의 투지를 그리는 작품성 때문에 제작 당시 예술문화
진흥기금을 받았다.

〈열심히 합시다〉

6) 〈핑퐁〉(2000)

재일한국인을 다룬 영화 〈GO〉에서 호연해 온갖 상
을 휩쓸었던 구보쓰카 요스케가 주연을 맡았다. 태양
과 달처럼 대조적인 2명의 고등학생과 라이벌들이 탁
구를 통해 벌이는 각각의 청춘, 좌절, 우정, 꿈, 영광
을 그리고 있다. 원작은 천재 만화가 마쓰모토 다이요
(松本大洋)의 동명만화이다. 마쓰모토는 요즘 주목을 받
기 시작한 젊은 만화가이다. 만화 『핑퐁』이 고단샤(講
談社)의 만화 대상 후보가 되면서 그의 이름이 알려지
기 시작했다. 흔히 그의 작품은 독창성·감수성·천재
성이 넘친다고 평가받고 있다. 원근법을 구사하는 대담
한 구도, 독창적 감수성을 어필하는 스토리, 새로운 세
계관을 제시하고 있다.

〈핑퐁〉

7) 〈에키덴〉(2000)

'에키덴'(駅伝)은 '에키덴쿄소'(駅伝競走)의 준말로 거리에서 펼치는 장거
리 릴레이를 말한다. 마라톤과 더불어 일본인이 좋아하는 육상레이스 경

드라마 〈에키덴〉

기 중의 하나인 '에키덴'을 모티브로 한 영화이다. 감독은 〈라센〉과 〈올빼미의 성〉에서 조감독을 맡았던 하마모토 마사키(浜本正機) 감독의 데뷔작이다.

대학의 에키덴팀에서 활약했던 라이벌 관계의 두 학생이 주인공이다. 졸업 후 한 명은 명문 실업단으로 들어가고 또 한 명은 취직해서 들어간 회사에서 에키덴부를 부흥시켜 멤버들과 우정과 실력을 쌓아간다. 그들이 각자의 길을 걷게 되다 몇 년 후에 다시 에키덴대회에서 만나게 된다.

에키덴을 통해 젊은이들의 뜨거운 도전정신을 스트레이트로 그려나간 청춘 스포츠영화이다.

8) 〈달려라! 이치로〉(2001)

〈슛!〉(1994)을 감독한 오모리 가즈키(大森一樹) 감독이 다시 한 번 메가폰을 든 스포츠영화이다. 원작은 무라카미 류(村上龍)의 『달려라! 다카하시(走れ!タカハシ)』이다. 다카하시는 히로시마 카브팀의 명유격수이다. 영화에서는 다카하시 선수 대신 오릭스팀 소속이었다가 현재 미국 메이저 리그에서 활약하고 있는 일본 프로야구의 대스타, 이치로로 바꾸어 놓았다. 인생의 희망을 잃은 사람들이 이치로를 보기 위해 고베 스타디움으로 모여든다. 리스트라(명퇴)당한 건설사 사원, 슬럼프에 빠져있는 작가, 사기꾼에게 당한 예술가, 스타디움에서 아르바이트하고 있는 청년의 삶이 경기 사이사이에 교차편집되어 보인다. 모두가 이치로의 활약에 용기를 부여받고 희망을 갖게 된다는 이야기이다.

이치로가 고베를 떠나 메이저로 가게 되었을 때

〈달려라! 이치로〉

만들어진 작품이지만 이치로의 일대기를 그린 작품은 결코 아니다. 4할대의 타율과 7년 연속 수위타자라는 타이틀, 야구의 삼박자(치고 달리고 받는)를 완벽하게 갖춘 천재적 소질, 한쪽 발을 살짝 들었다 치는 타법 등, 이치로를 수식하는 수많은 명예와 야구기술이 비쳐지고 있지만 영화는 그것을 보며 용기를 받고, 또 자신의 인생을 다시 한 번 달리고자 하는 범부들의 마음을 더욱 길게 비치고 있다.

9) 〈미스터 루키〉(2002)

한국의 〈반칙왕〉과 비슷한 영화이다. 한 샐러리맨이 퇴근 후 한신 타이거즈 야구단의 구원투수로 활약한다는 이야기이다. 투잡스(two jobs)가 금지된 회사인지라 얼굴을 호랑이 복면으로 가리고 출전한다. 슬럼프를 헤치고 타이거즈의 영원한 적수 도쿄 갈리버스전에서 승리를 한다.

〈미스터 루키〉

이 영화의 주인공 미스터 루키(오하라 역)에는 나가시마 가즈시게가 캐스팅되었다. 요미우리 자이언츠의 선수이자 감독을 맡기도 했던 나가시마 가즈오 선수의 아들이다. 나가시마 가즈오는 요미우리 자이언츠의 영구결번 3번의 주인공이기도 하다. 부드러운 미소와 엉뚱한 화법, 유머로 '미스터'라는 애칭과 함께 국민적인 사랑을 받고 있는 인기인이다. 아들은 부친의 재능과 명성을 등에 업고 프로야구계에 발을 디뎌놓았지만 큰 실적을 내지 못하고 있다.

〈돗지 고! 고!〉

10) 〈돗지 고! 고!〉(2002)

돗지는 dodge ball, 즉 피구를 말한다. 초등학생이라면 누구나 점심시간이나 방과 후 학교운동장에서 즐기는 종목 중의 하나이다. 일본에서는 2001년 일본돗지볼협회가 발족된 것을 계기로 전국대회가 정기적으로 열리고 있다. 약 6만 명에 달하는 초등학생들이 이 시합을 위해 훈련을 하고 있다고 한다. 여러 기술이 있지만 그래도 기본은 볼을 던져 상대를 죽이고, 또 공을 피해 필사적으로 살면 되는 경기이다. 어린들의 시각에서 보면 그저 단순한 아동용 스포츠로 보이기 쉬우나 영화 속 어린이들은 목숨을 건 듯 열심히 한다.

이 영화에서 흥미를 끄는 부분은 피구로써 한국과 일본의 양국의 어린이들이 하나가 된다는 부분이다. 일본의 어느 초등학교 피구선수들이 시합준비를 열심히 하는데 주인공 유키코가 한국으로 떠나게 된다. 아빠가 한국의 프로야구 입단 테스트에 합격했기 때문이다. 한국에 온 유키코는 한국에서도 피구를 열심히 하기로 마음먹는다. 그러다 만난 친구 또한 피구 선수이다. 한국의 어린이 선수들은 유키코가 다니던 학교의 피구단에 원정을 가 주기로 한다. 한일공동팀은 하나가 되어 라이벌팀에 이긴다.

한류가 불기 시작하던 시기, 〈쉬리〉나 〈공동경비구역〉으로 한국에 대한 관심이 높아지던 시기에 일본영화에 한국의 어린이가 나와 힘차고 우호적인 모습을 보여주었다. 한국 측에서 보면 어른 사이에 일고 있는 한류와 더불어 일본 어린이들에게도 한류를 심어줄 수 있는 영화로 평가할 수 있을 것이다.

2 일본 스포츠영화의 특징

1) '스포콘에이가'

스포츠영화의 주제는 대부분 역경을 딛고 승리를 거두는 데에 있다. 스포츠 그 자체보다는 하나의 휴먼스토리를 그리고자 한다. 일본의 스포츠영화 또한 그러한 경향에서 크게 벗어나지 않는다. 아예 '스포콘에이가'라는 개념을 만들어 사용하고 있다. '스포콘에이가'(スポ根映画)는 '스포츠 곤조에이가'(スポーツ根性映画)의 준말이다. 흔히 '스포콘'(スポ根)이라고도 한다.

'곤조'(根性, 근성)에는 ① 근본적인 성격 ② 역경에도 굴하지 않는 강한 성질이라는 두 가지 뜻이 있다.

① '근본적인 성격'이란 뜻으로 '섬나라 곤조'(근성) '거지 곤조'(거지근성)라는 말에서 쓴다. '거지 근성'이란 무엇이든지 줍고, 먹다 남은 것을 들고 오고 남에게 구걸하는 것이 몸에 배인 근성이다.

잠시 쉬어간다는 기분으로 '섬나라 근성'에 대해서도 잠시 소개해 본다. 다음은 어느 소학교 교사가 일본 학생에게 낸 문제이다. 여러분이라면 다음 중에서 '섬나라 근성'을 가장 잘 설명한 것은 무엇이라고 생각하는가?

　(1) 日本人は小さな島に住んでいるが、広大な国土を持つ中国やアメリカの文化を取り入れ、それを生かした独自の文化を発展させてきたということ。(일본인은 작은 섬에 살기 때문에 광대한 국토를 지닌 중국이나 아메리카 문화를 받아 들여, 그것을 살린 독자적 문화를 발전시켜 온 근성)

　(2) 日本人は欧米人に比べ体が小さいので、スポーツ界ではなかなか良い成績を残せない。しかし、頑張ってつらい練習に耐える精神力に優れているので、特定の種目では金メダルを取れるほど優秀な成績をおさめるということ。(일본인은 서구인에 비해 체구가 작기 때문에 스포츠계에서는 좋은 성적을 내지 못했다. 하지만 열심히 노력하고 그 어떠한 힘든 훈련에도 견뎌내는 훌륭한 정신력이 있기 때문에 특정한 종목에서는 금메달을 딸 정도로 좋은 성적을 낼 수 있는 근성)

　(3) 日本人は小さな島の中に住んできたので、仲間意識が強い。それが高じて、自分と異質な者は仲間に入れず、むしろ排除しようとする性質があるということ。(일본인은 작은 섬에서 살기 때문에 동료의식이 강하지만 그것이 너무 강해 자신과 다른 사람은 한 패에 끼어 주지 않고 오히려 배제하려는 근성)

답은 물론 (3)번이다.

일부러 이런 문항을 예로 든 것은 (2)번이 있었기 때문이다. (2)번은 '섬나라 곤조'(島国根性)라기보다는 오히려 일본인의 '스포츠 곤조'(スポーツ根性)에 대한 설명으로 보는 것이 더 나을 것이다. 물론 모든 것이 서구인에 대한 대항의식의 발로에서 나오는 것은 아니지만 '열심히 노력하고 그 어

떠한 힘든 훈련에도 견뎌내는 훌륭한 정신력으로 스포츠에 임하고 승리를 일구어 내는 근성'이 있는 것은 사실이다. '스포콘에이가'라는 말이 나올 수 있는 것도 그러한 국민성의 일면을 잘 보여주는 하나의 증좌일 수 있다. 따라서 일본의 스포츠영화는 반드시 역경에도 굴하지 않는 강한 주인공과 꿈의 달성이 선호되는 것이다.

2) 다양한 소재와 야구영화

한국의 스포츠영화에 비해 모티브로 하고 있는 스포츠가 다양하다. 위의 것만 해도 골프, 스모, 축구, 야구, 보트, 탁구, 릴레이, 피구가 있었고, 〈워터보이즈〉의 수중발레도 있다. 스포츠영화가 비교적 많이 제작되고 일본인만큼 또 다른 종목이 영화화되리라 전망된다. 여기서 주목할 것은 그중에서도 역시 야구가 가장 많다는 점이다. 일본인들이 가장 좋아하는 스포츠가 야구라는 사실의 반증일 수도 있다. 고교야구뿐만 아니라 프로야구에 대한 관심은 가히 전국민적이라고 할 수 있다.

1936년에 이미 프로야구가 결성되었으므로 한국보다 50여 년이나 빠른 셈이다. 최초의 구단은 1934년의 도쿄 자이언츠(東京巨人)이고 그 이듬해인 1935년 오사카 타이거즈가 뒤를 이었다. 이후 5개 구단이 추가되었는데 프로야구 원년 결승에서 붙은 팀은 자이언츠(보통 교진이라고 불림)와 타이거즈였다. 깊은 역사를 자랑할 뿐만 아니라 관동과 관서지방의 대표팀이라는 이미지 때문에 양 팀의 자부심과 라이벌 의식은 상당하다.

계속 구단수가 늘었고 2006년 현재는 인수 합병을 끝에 12팀으로 정리되었다. 이들 팀은 새로운 구단의 창설에 대한 반대와 찬성 입장에 따라 반대파인 센트럴 리그(세리그)와 찬성파인 퍼시픽 리그(파리그)로 나뉜다.

2006년 현재 '세리그'의 대표적인 팀은 요미우리 자이언츠(도쿄), 한신 타이거즈(오사카), 주니치 드래곤즈(나고야), 요코하마 베이스터즈(요코하마), 히로시마 토요 카브(히로시마), 야쿠르트 스왈로즈의 6팀이다. '파리그'에는 세이부 라이온즈, 홋카이도 닛폰햄 파이터즈, 후쿠오카 소프트 뱅크호크스, 오릭스 버팔로즈(2005년에 오릭스 블루 웨이브와 오사카 긴테쓰 합병), 지바

롯데 마린즈, 그리고 라쿠텐(樂天)이 창설한 도호쿠 라쿠텐 골덴 이글즈의 6팀이다.

이들 팀이 벌이는 경기가 매일 저녁 생중계되는데, 맥주를 마시며 그것을 보는 것이 일상이 되어 있다. 일본인이 야구를 좋아하는 것에 대한 정설은 아직 없다. 언제 터질지 모르는 홈런을 느긋하게 기다리는 것이 일본인 특유의 '기다림의 정서'와 비슷해서라고 하는 정서적 분석에서, 일본근대발전사와 맥을 함께 해 온 발전사 때문이라는 사회학적 분석, 고교야구나 야구만화 등 청소년기에 향유한 문화가 평생 지속된 데서 오는 환경적 분석이 있다.

정설은 없지만 야구의 인기와 함께 야구영화도 많이 만들어지는데 재미있는 것은 야구 대스타들이 조연에 불과하다는 것이다. 영화출연을 할 수 없는 선수들의 시간상의 문제도 있겠지만 야구영화의 관심은 야구 그 자체나 선수보다는 그것을 바라보는 인간에 있다고 할 수 있다.

3) 학교나 청춘 중심

이 밖에도 학교나 젊은이들이 주인공이 되는 경우가 많다. 스포츠가 지니는 활력과 꿈, 역경이 청춘영화의 호재가 되기 때문일 것이다.

③ 〈워터보이즈〉와 〈으랏차차 스모부〉

스포츠영화가 모두 성공을 거두는 것은 아니다. 성공을 위해서는 소재, 연기력과 함께 스포츠 종목에 대한 배우들의 기술, 단단한 시나리오 등이 중요하다. 위의 영화 중에서 이런 요구조건을 충족시키며 성공을 거둔 대표적인 영화로 〈으랏차차 스모부〉를 들 수 있다. 그것을 답습했기 때문에 〈워터

〈으랏차차 스모부〉

보이즈〉가 성공했다고 말할 의도는 없다. 하지만 여러 면에서 〈워터보이즈〉
는 〈으랏차차 스모부〉와 흡사하다.

1) 기발한 소재

한국에서 씨름을 소재로 한 영화가 나온다면 어떠한 식으로 풀어갈지
궁금하다. 그리고 관객의 관심도는 어느 정도일까? 전통스포츠에 대한 국
민의 관심도가 다르겠지만 스모는 젊은이들이 선호하는 스포츠는 아니
다. 그런데 〈으랏차차 스모부〉에서는 그것을 대학생들에 접목시키고 있
다. 그리고 〈워터보이즈〉에서도 여성전용의 수중발레를 남학생과 결합시
키고 있다. 흔히 쓰지 않는 소재와 기발한 상황설정이 주목할 만하다.

2) 나약한 캐릭터의 등장

두 영화에서 스모부와 수영부에 남게 된 선수들은 하나같이 병약하고
소심하고 의지가 박약하다. 그들이 스포츠를 통해, 그리고 '스포츠 근성'
을 쌓아가면서 삶에 대한 희망과 투지를 얻게 되는 과정이 필요하다. 관객
의 대부분은 멋지고 완벽한 만능 스포츠맨에 대해 '동경'은 할 수 있지만
'동일화'는 불가능하다. 심적 동질감은 오히려 스포츠 천재가 아니라 '스포
츠치'이다. 초라한 '스포츠치'가 멋진 '스포츠선수'로 변해 가는 데에서 대
리만족을 느끼기 마련이다.

3) 감칠맛 나는 조연

감칠맛 나는 조연의 다케나카 나오토

두 영화에서 빛나는 조연을 맡은
것은 다케나카 나오토이다. 〈쉘 위
댄스?〉에서 징그럽게 라틴댄스를 춘
가발의 샐러리맨이 바로 그이다. 〈으
랏차차 스모부〉에서는 긴장만 하면

설사를 해대는 나이 많은 학생으로, 〈워터보이즈〉에서는 돌고래 조련사로 나온다. 흐느적거리는 몸짓과 말투는 비슷하지만 그는 이미지의 중복을 피하기 위해 늘 노력한다. 그의 존재만으로도 영화가 산다.

4) 감동 혹은 유쾌한 승리감

스포츠영화가 모두 밝아야 하고 해피엔딩으로 끝나야 한다는 법칙은 없다. 하지만 스포츠는 나와 나의 몸과의 싸움이며, 내 몸과 타자의 몸과의 싸움, 그리고 정신의 싸움이다. 그 싸움의 종착역은 강인한 육체와 정신력에 있다. 육체와 정신의 파열 앞에 인간은 충격을 받고 희망을 잃게 된다. 따라서 성공을 통한 희망을 희구한다. 한국의 〈말아톤〉은 육체와 정신에 대한 최고의 도전을 그리면서 감동적인 승리를 보였기 때문에 많은 사람들에게 희망을 줄 수 있었다. 〈으랏차차 스모부〉와 〈워터보이즈〉는 스포츠를 통해 하나가 되고 사랑이 싹튼다는 유쾌한 승리감을 준다.

하지만 이러한 패턴이 흥행 공식이 절대 될 수 없다. 전통기법을 깨는 새로운 스포츠영화는 얼마든지 또 출현할 수 있을 것이다.

원제 : 壬生義士伝
감독 : 다키타 요지로
주연 : 나카이 기이치, 사토 고이치
제작사 : 쇼치쿠
상영시간 : 104분
장르 : 액션, 드라마, 전쟁
제작년도 : 2002년
개봉일 : 2003년 12월 12일
등급 : 15세 이상

제1절 전쟁사와 영화

1 일본근대의 7대 전쟁

한국과 일본을 비교할 때 흔히 한국은 '전란'이 많고 일본은 '재난'이 많은 나라라고 한다. 한국은 5천 년 역사 이래 북방과 남방의 일본으로부터 수차례에 걸쳐 침략을 받은 수난의 민족이었다. 그에 반해 섬나라는 지리적 수혜를 입은 일본은 비교적 전쟁이라는 인재(人災)는 겪지 않아도 좋았다. 그 대신 화산, 태풍, 지진과 같은 천재지변에 시달려야 했다. 좁은 섬나라, 잦은 천재지변은 그들에게 대륙의 광활한 영토는 커다란 유혹이기도 했다. 따라서 섬나라라는 지정학적 위치는 타국의 침략으로부터 벗어날 수 있었던 동시에 타국에 대한 침략을 욕망하게 되는 이중적 위치에 놓이게 된다.

일본의 역사에도 전쟁은 많았는데 도요토미의 조선침략 등의 대표적인 전쟁을 제외한다면 근대 이전까지는 주로 일본인끼리의 내분이 중심이었다. 그러다 근대 메이지유신 이후부터는 국내에서 점차 세계로 향하게 된다. 그 시발이 되는 일본근대사에 있어서 일본은 다음과 같은 7대 전쟁을 치르게 된다.

(1) 서남전쟁(西南戰爭, 1877)

(2) 청일전쟁(淸日戰爭, 1894~1895)

(3) 러일전쟁(露日戰爭, 1904~1905)

(4) 제1차 세계대전(第1次世界大戰, 1914~1918)

(5) 만주사변(滿洲事變, 1931)

(6) 중일전쟁(中日戰爭, 1937~)

(7) 태평양전쟁(太平洋戰爭, 1941~1945)

이 중에서 첫 번째인 서남전쟁과 마지막 전쟁인 태평양전쟁을 중심으로 전쟁을 그리는 여러 가지 시선에 대해 알아보자.

② 메이지유신과 서남전쟁

1) 삿초동맹(薩長同盟)

메이지유신이 일어난 때는 1868년이다. 이 유신은 에도막부가 붕괴되고 천황을 중심으로 한 신정부가 설립되는데 '대정봉환'(大政奉還) '왕정복고'(王政復古) '폐번치현'(廃藩置県) '부국강병'(富国強兵)을 모토로 일본의 근대국가를 출발시킨 일대 개혁이다.

메이지유신을 이끈 수훈자는 막부를 공격한 개혁파들이었다. 이들은 막부의 기반이 약해지고 미국의 페리제독의 개항요구 등으로 일본이 위기에 놓이자 천황을 옹호하고 외국을 물리치자는 존왕양이론(尊王壤夷論)을 내세우며 시대를 바꾸려했던 것이다. 개혁파의 중심은 사쓰마번(薩摩藩, 현재의 가고시마현 서부)과 조슈번(長州藩, 현재의 야마구치현의 나카토), 도사번(土佐藩, 현재의 고치현)이었다. 그 중에서도 조슈번이 강하게 활동했다. 존왕양이를 강력하게 주장하며 천황을 추대하려는 조슈번과 그 지지세력은 천황을 막부쪽에 빼앗기면 유신을 행할 수 없다고 생각하여 필사적으로 세력을 정비한 뒤 교토로 쳐들어간다. 이들의 움직임을 제압하기 위해 에도 막부는 3인의 검객으로 이루어진 '신센구미'(新選組)라는 경비대를 만든다. 이들의 무예는 그 누구도 따라잡을 수 없을 정도로 특출 났기에 조슈

번 사람들은 상당히 위협을 느꼈다. 결국 신센구미의 활약으로 궁지에 몰린 사람들은 조슈번으로 후퇴를 하게 된다. 하지만 그곳에서 농민과 상인을 포섭하여 막부타도의 깃발을 다시 올렸고, 도사번의 사카모토 료마의 중재로 사쓰마번이 동맹을 맺어주기로 했다. 너무도 유명한 삿초동맹이 그것이다.

삿초동맹군과 민중의 반란이 각지에서 일자 막부는 몰락하게 된다. 지금까지 위임받았던 정치를 일체 천황에게 반환하고 새로운 정치체제에 복속되게 되었다. 이를 '대정봉환'이라 한다. 자연히 정치는 '왕정복고'될 수밖에 없었다. 또한 막부의 몰락으로 번(藩)체제는 유명무실해져 '폐번치현'이 이루어졌고 외국에 저항하기 '부국강병'을 우선시했던 것이다.

2) 세상의 변화

유신으로 세상은 놀랍게 변하였다. 정치는 '왕정복고'였지만 민중의 의식은 이미 서구를 의식하기 시작했다. 이전까지 외국하면 중국을 생각했지만 후쿠자와 유키치(福沢諭吉)의 『서양사정(西洋事情)』(1866)이나 '탈아론' 등이 있는 것처럼 그들은 서구와 대등하려고 노력했다. 따라서 생활양식은 모두 서구지향형으로 바뀌었다.

먼저 사람들의 모습부터 확 달라진다. 1871년 단발령으로 헤어스타일부터 간편해졌다. 남자들은 머리 위로 틀어 올렸던 촌마게(상투) 대신 서양남자의 헤어스타일로 짧게 잘랐고 여자들은 부풀려서 틀어 올렸던 쪽진 머리를 가볍게 뒤로 묶었고 만약 틀어 올리더라도 간소하게 했다. 그렇다고 완전히 서구화되지는 않았다. 화양절충(和洋折衷)의 패션이 될 수밖에 없었다. 영국신사처럼 모자를 쓰고 망토를 걸쳤지만 발에는 게타를 신는 우스운 모습이 많았다. 여자들도 머리에 리본을 꽂는 것이 대유행이었다.

식생활의 경우도 서구인의 육식문화에 영향을 입

메이지유신으로 복장과
헤어스타일이 간소화된 여학생 모습

었다. 막부말 개항에 의해 거류지에 살던 외국인들이 쇠고기를 먹는 것을 보고, 그전까지 불교의 영향으로 육식을 금했던 사람들이 서서히 쇠고기를 먹기 시작했다. 쇠고기 전골집은 문명개화의 상징적인 요리가 되었다. 손님은 주로 하이칼라가 많았다. 당시 쇠고기 전골집에 가서 전골냄비를 끼고 정치를 논하는 것이 유행이기도 했다. 비싼 쇠고기를 제대로 먹지 못했던 서민들은 쇠고기보다는 싼 말고기를 먹기 시작했다.

교육에도 변화가 생겼다. 메이지 정부는 외국과 어깨를 나란히 하기 위해서 국민에게 교육을 강조하게 된다. 1872년에 '마을마다 배우지 않는 집이 없고, 집마다 배우지 않는 사람들이 없도록 한다'는 이상을 내걸고 전국적으로 교육을 보급시켰다. 이같은 시책의 일환으로 1871년 유신 후 정부의 중추세력으로 있었던 이와쿠라 도모미(岩倉具視)가 많은 사람들을 데리고 서양문물 시찰을 떠나게 된다. 관료와 해외유학생으로 이루어진 사절단은 약 2년 동안 미국과 유럽을 다니며 서구의 모든 것을 시찰 분석하여 개항 당시 서구와 불리하게 맺은 조약을 개정하기 위해 대장정을 떠났던 것이다.

3) 세상에 대한 불만과 서남전쟁

세상은 유신으로 인해 크게 변모해 갔지만 당당히 출항한 유신정부에서 곧 내분이 일기 시작한다. 정부요인들이 조약개정 교섭과 해외시찰을 위해 서구를 외유하는 동안 정무의 실권자들은 이때 조선으로 눈을 돌렸다. 한 마디로 조선이 건방지게 구니 조선을 쳐야 한다는 '정한론'(征韓論)이 나왔던 것이다.

에도시대에는 조선과 막부 간에 국교가 이루어져 쇼군이 교체될 때마다 조선으로 사절을 보냈고 쓰시마를 통해 교역도 이루어졌다. 메이지 정부는 수립 후 바로 쓰시마의 다이묘를 통해 '왕정복고'의 사실을 알리는 국서를 조선에 보냈는데 조선은 '황'(皇)이나 '봉칙'(奉勅)이라는 말을 사용했다며 국서를 수리하지 않았다. 이에 격분한 정무의 실권자들이 조선의 국교거부를 무례하다고 여겼고 이번 기회에 조선을 치자는 데 의견이 모

아졌다. '정한론'을 가장 강경하게 주장했던 사람이 바로
유신에 공을 세운 사이고 다카모리(西鄕隆盛)이다. 하지
만 9월에 귀국한 이와쿠라와 오쿠보 도시미치(大久保
利通)에게 사이고의 주장은 무시당하고 만다. 그들
은 전쟁불요설을 주장했던 것이다.

사이고 다카모리

결국 정한론은 통과되지 않았고, 여기서 진 사
이고는 스스로 참의를 사임하고 고향인 가고시마
로 돌아가게 된다. 그곳에서 사학교를 만들어 자신
의 사상을 전파하게 된다.

사이고의 사임 이후 정부는 오쿠보 도시미치에 의해
장악되는데, 너도나도 꿈에 부풀어 있던 이 시대였던 만큼
계층의 욕구가 많았다. 하지만 충족시켜주지 못했던 오쿠보 정권은 난항
에 부딪히고 결국은 정부 시책에 의해 여태껏 누리던 이익을 빼앗긴 구 무
사족들(士族)의 엄청난 반발을 일으키게 된다.

1877년 불평사족들은 오쿠보 정권 타도를 외치게 되는데 가고시마에서
도 사이고를 중심으로 거병이 일어나게 된다. 서남전쟁이라고 이름 붙여
진 이 내전은 약 반 년간 지속되었는데 정부의 강력한 군세에 밀려 수세
에 밀리게 된다. 1877년 9월 24일 사이고는 끝내 자결을 하고 말았고 반
란은 종결지어진다.

4) 서남전쟁의 의의

서남전쟁은 정치적으로는 일본 최후의 봉건적 무력을 제압하고 중앙집
권적 국가 완성의 길로 들어서게 되었고, 군정적으로는 징병제도를 확립
하고 국가건설의 초석을 마련한 의미를 지닌다. 이것은 곧 시대의 전환을
뜻하며 메이지유신 정부는 정치적 경제적으로 근대적 발전을 할 수 있다
는 자신감을 갖게 된 것이기도 하다.

③ 메이지와 서남전쟁을 다룬 작품들

1) 사카모토 료마(坂本龍馬)

　사카모토 료마는 토사번 사람이다.
젊었을 때 검술을 배우기 위해 에도까
지 나간 일이 있는데 그 당시 미국의 페
리 제독이 흑선(黑船)을 타고 일본으로
건너와 개항을 요구했다. 쇄국정치를 펼
쳐 왔던 에도막부는 허둥댈 수밖에 없
었다. 료마는 그런 사태를 지켜보면서
외국의 존재를 느끼게 된다. 료마는 당
시 일본 최고의 검객이었지만 검을 버렸
다. 아무리 검술이 뛰어나도 칼이 미치
기 전에 한 방 총알로 목숨이 끊기고,
화살을 쏠 기회도 얻기 전에 대포로 초
토화되고 마는 당대의 문명발전에 엄청

사카모토 료마

난 충격을 받았기 때문이다. 그리하여 그는 양이(攘夷)에서 결국은 개화(開
化)로 과감하게 돌아서는데, 여기서 역설적인 것은 바로 그 개화를 통해
진정한 양이를 이룩하자는 것이었다. 그런 의식이야말로 근대일본의 정신
적 자각을 이룩하게 해준 계기가 된다.

　1866년 료마는 사이고 다카모리 등과 힘을 합쳐 에도막부 타도를 목표
로 하면서도 대립관계에 있던 조슈번과 사쓰마번을 중재시켜 동맹을 맺게
했다. 삿초동맹에 의해 막부는 복고왕정을 꿈꾸는 거대한 유신세력의 저
항을 만나게 된다. 하지만 료마는 유신 직전 교토에서 암살당한다. 일설에
의하면 신센구미에 의해 피살당했다는 말이 있으나 아직 살해자는 밝혀
지고 있지 않다. 32세라는 젊은 나이에 세상을 떠나게 되었지만 그가 없
었다면 일본이 근대국가로 첫발을 내디뎠던 메이지유신은 일어나지 않았
을 수도 있다.

　역사적인 의의를 지닌 데다 극적인 삶으로 대표되는 풍운아의 이미지

가 강한 만큼 료마를 주제로 한 다양한 예술작품이 나와 있다.

(1) 소설『료마가 간다(竜馬が行く)』

일본을 대표하는 역사 소설가 시바 료타로(司馬遼太郞)가 쓴 사카모토 료마(坂本龍馬)를 주인공으로 한 소설이다. 1962년부터 4년간『산케이 신문』에 연재한 동명의『료마가 간다』라는 장편소설을 책으로 엮은 것으로 출간 이후 현재까지 130여 판, 1억 부 이상이 팔리면서 현대 일본인들 사이에 이른바 '료마 전설'을 정착시킨 책이다. 「입지편」, 「풍운편」 등의 전5편으로 이루어진다. 현재 일본인들에게 심어져 있는 료마의 이미지는 거의 이 소설에 의해 이루어진 것이라고 해도 과언이 아니다. 본명 '龍馬' 대신 '竜馬'로 한 것은 픽션으로서의 료마를 그리기 위함이었다고 한다. 이 책은 우리나라에서도 1992년『제국의 아침』이란 제목으로 출간되어 많은 사랑을 받다가 최근『료마가 간다』로 출간되었다.

(2) 만화「어─이! 료마(おーい!竜馬)」

한국에도 번역되어 나와 있는 만화이다. 시바의 소설을 베이스로 하되 유년기의 료마를 삽입한 다음, 약간 코믹 터치로 그리고 있는 것이 다르다.

(3) 영화나 드라마

〈막말〉(1970)

〈료마암살〉(1974)

〈료마를 벤 사내〉(1987)

〈막말순정전〉(1991)

〈료마의 처와 그 남편과 아내〉(2002)

드라마로는 1960년대 이후 8편이나 만들어지고 있다. 이와 같은 다작(多作)은 그의 드라마틱한 삶이 좋은 소재이기도 하지만, 검술의 일인자이나 그 검을 버리고 총을 택한 것처럼 시대를 발 빠르게 읽고 또 그 시대에 맞춰 자신을 변화시키는 인간상이 급격히 변하는 요즘 시대에 어필하는 점이 많기 때문으로 보인다.

2) 신센구미(新選組)

미국 함대에 의한 일본의 개항을 시작으로 막부파와 유신파의 대두하여 일본은 일순간 큰 혼란에 빠지게 된다. 그리고 수많은 지방 호족의 통제에서 벗어난 무사들이 사흘이 멀다 하고 살인을 자행하여 교토의 분위기는 날로 뒤숭숭해져 간다. 이에 교토의 치안을 유지하기 위해 무사를 모집한다는 말을 듣고 당시 교토에서 죽도 검술보다는 실전 검술을 중시하며, 검술장 시위관을 운영하던 곤도 이사미(近藤勇), 히지카타 도시조(土方歳三), 오키타 소오시(沖田総司) 등의 무사들이 교토로 상경하였고 초대 대장을 세리자와 가모(芹沢鴨)로 추대하여 1863년에 미부라는 마을에서 신센구미를 결성하였다. 톱니무늬의 하오리를 입고 성(誠)이란 글자가 써진 깃발을 내세운 이들은 막부말의 최강의 검객 집단이었다.

1864년 대장 존왕양이파가 집결하던 이케다야(池田屋)를 급습하여 세상을 깜짝 놀라게 했다. 신센구미의 정치적 성향은 어디까지나 구체제를 신봉하는 우익 막부파로 교토에서 유신 지사들을 집요하게 공격하였고 1868년까지 막부말의 교토를 누비며 살벌한 활동을 계속하였다. 하지만 막부군이 패하자 메이지유신에 저항하다 역사 뒷편으로 사라져 갔다. 메이지유신의 주체세력과 반대편에 섰던 관계로 이들은 한동안 개혁에 저항

신센구미 유적지 비와 곤도이사미 상

한 보수 반동 무장집단이라는 평가를 받아왔다. 하지만 2차 세계대전 이후에는 오히려 패망한 주군에게 마지막까지 충성을 바쳤다는 면이 부각되어 진정한 의협심의 표본처럼 인식이 바뀌면서, 신센구미를 찬양하거나 영웅시하는 소설들이 봇물처럼 쏟아져 나온다.

2000년대 들어서도 일본의 신센구미 열풍은 식을 줄을 모른다. NHK는 2004년 벽두부터 대하드라마 〈신센구미〉를 방영하기 시작했으며, 도쿄 지하철은 신센구미 콘셉트로 꾸민 특별열차를 운행하고, 신센구미의 활동무대였던 교토에는 신센구미의 발자취를 찾아가는 투어상품이 폭발적인 인기를 끌고 있다.

소설로는,

(1) 시모자와 칸(子母沢寛)의 『신센구미 시말기(新撰組始末記)』

소설이라기보다는 신센구미의 역사적 자료라고 하는 편이 적당하다. 시모자와가 발로 조사한 내용과 신센구미 조장이 쓴 「신센구미 진말기(新撰組顛末記)」 등을 기초로 하여 쓴 것이다. 자료나 인터뷰가 주는 리얼리티는 신센구미가 실제로 존재했던 조직이었음을 실감나게 보여준다.

(2) 시바 료타로(司馬遼太郎)의 『타오르거라 검아(燃えよ剣)』, 『신센구미 혈풍록(新撰組血風録)』

『타오르거라 검아(燃えよ剣)』는 신센구미 부장(副長)으로서 검에 살고 검에 죽은 히지카타 도시조(土方歳三)의 화려하면서도 고집스런 인생을 그린 작품이다. 이 작품이 발표된 1962년에 시바는 계속해서 막말에 관심을 갖게 된다. 오키타 소오시 등 신센구미 대원들의 삶을 15편으로 구성해서 짤막하게 그려낸 단편집이다.

(3) 아사다 지로(浅田次郎)의 『미부의사전(壬生義士伝)』

『철도원』 등의 작품으로 알려진 아사다 지로의 작품으로 구상만 20여 년이 걸린 것으로 알려진 그의 첫 역사 소설이다. 1998년부터 2000년까지

「주간문춘(週刊文春)」에 연재되어 단행본과 문고를 합쳐 80만 부를 돌파하였고, 제13회 시바타 렌자부로상을 수상했다.

메이지유신에서 반세기가 흐른 시점에서 어느 한 신문기자가 신센구미의 대원 중에서 가장 서민적이고 인간적이었던 요시무라 간이치로(吉村貫一郎)를 접하면서 들은 이야기를 써내려가는 구조로 되어 있다. 한국에서는 『칼에 지다』라는 이름으로 번역되어 있다.

다음으로 영화를 보면,

(1) 〈고하토〉(1999)

한국에서는 〈감각의 제국〉으로 유명한 오시마 나기사 감독이 노환을 이겨가며 만든 노작이다. 시바 료타로의 『신센구미 혈풍록(新撰組血風錄)』을 바탕으로 하고 있다. 신센구미를 남성 동성애(男色) 시점에서 그린 파격적인 역사영화이다. 한국에서는 2004년에 개봉되었다.

영화 〈고하토〉

신센구미에 미소년 검사가 들어오게 되는데 대원들은 그의 수려한 외모에 빠지게 되고 점차 분위기가 이상야릇해져 간다. 조직을 흐려 놓는 남색은 그야말로 최고기 '금기=고하토(御法度)'였다. 동성애로 인해서 조직 내부에 불미스러운 일, 심지어는 살인 사건까지 일어나는 것을 묵시할 수는 없었고 결국 동성애에 연루된 자들은 죽음을 맞이하게 된다.

오시마 감독의 목적은 신센구미에 대한 역사적 해석이라기보다는 인간의 성(性)에 있었지만 신센구미의 거물이었던 곤도 이사미(〈피와 뼈〉감독 최양일), 히지카타 도시조(기타노 다케시) 등이 구체적으로 그려져 있는 흥미로운 작품이다.

(2) 〈미부의사전(壬生義士伝)〉(2003)

한국에서는 〈바람의 검-신선조〉라는 제목으로 개봉된 작품이다. 원작

은 아사다 지로의 『미부의사전(壬生義士伝)』. 막부
의 붕괴와 함께 신센구미의 행로도 위험에 처하게
되자 신센구미 대원들의 대부분은 명예롭게 죽기
를 원했다. 하지만 주인공 요시무라 간이치로는 살
아남아 돈을 많이 벌고자 했다. 가족 때문이었다.
영화는 대의명분 권력 명예를 버리고 가족과 사랑
하는 사람을 위해 비난을 마다 않고 굳건히 살아
가는 사나이의 인생을 그리고 있다. 감독은 〈음양
사〉의 다키타 요지로, 음악은 영화 음악의 거장으
로서 〈센과 치히로의 행방불명〉을 맡았던 히사이
시 조(久石讓)가 담당했다.

만화 『바람의 검심』

　그 밖에 『바람의 검심(るろうに剣心 -明治剣客浪
漫譚-)』이 있는데, 1994년부터 1999년까지 「주간소년 점프(週刊少年ジャン
プ)」에 연재되었던 만화작품이다. 한국에서는 『바람의 검심』이라는 제목
으로 알려져 있다. 작가는 와쓰키 노부히로(和月伸宏)로 시대배경은 메이
지유신 전후이다. 주인공 히무라 겐신은 일본의 유신을 위해 암살 임무를
맡고 막부와 싸우며 많은 사람들을 죽인다. 결국 그가 그렇게 바라던 새
로운 세상이 도래하지만 여전히 변한 것이 별로 없는 세상에 대한 허무함
과 그가 죽인 수많은 사람들에 대한 죄책감으로 다시는 사람들을 죽이지
않겠다고 결심한다. 그러한 그가 가미야 도장의 여러 친구들의 도움으로
힘든 싸움을 이겨내며 인간적으로 성장해 간다는 설정이다.

　1996년 95편의 TV애니메이션으로도 만들어져 외국에도 알려지게 되었
다. 제목의 '루로우니'(るろうに)는 작가가 만든 조어(造語)로서 '유랑인'(流浪
人)을 뜻한다.

4 특징

　메이지유신과 그것을 둘러싼 신센구미, 그리고 서남전쟁을 그리는 여

러 작품들은 하나 같이 '영웅찾기'에 몰두하고 있다. 시대를 변혁하고 앞서 나아가려는 자와 시대를 고수하려는 자를 모두 '영웅'으로 만들고 있다. 왜냐하면 메이지유신과 서남전쟁은 근대적 발전을 할 수 있다는 자신감을 갖게 해 준 생산적 전쟁이었기 때문이다. 전쟁의 역사적 평가에 따라 후대의 영화의 판도는 크게 달라진다.

제2절 태평양전쟁을 위한 '눈물'

1 일본인에게 있어서의 태평양전쟁

태평양전쟁은 당시 일본에서는 '대동아전쟁'이라고 불렀던 전쟁이다. 왜냐하면 당시 일본 정부의 전쟁 목표가 '대동아공영권' 지역 안에 있는 '아시아'를 해방시키기 위해 지역을 아시아로 좁혔기 때문이다. 그럼 대상이 된 아시아인들과 침략 당사국의 일본국민들은 어떻게 이 전쟁을 인식했을까. 그리고 영화는 어떻게 그리고 있는가.

1) 아시아인에게 있어서의 태평양전쟁

여기서 잠깐 일본의 아시아 인식에 대해 알아보자.

메이지 건국기에 일본의 힘만으로 강대한 서양에 맞서는 것보다 근린 제국이 연합하는 쪽이 쉽다는 생각에서 아시아 연대 사상이 나왔다. 당시 이를 '흥아'(興亞)사상이라고 했다. 흥아 사상의 한 전형으로서 다루이 도키치(樽井藤吉)의 『대동합방론(大東合邦論)』(1893)을 들 수 있다. 다루이는 일본과 조선이 대등 합방하여 총명(總名)을 대동(大東)으로 하고, 이 대동국을 중핵으로 중국이나 기타 나라와 연합해 서방의 침략을 막자고 주장했다.

이 의견에 정면으로 대립한 것이 후쿠자와 유키치의 「탈아론」(1885)이다.

후쿠자와의 세계관은 한 마디로 문명일원론이었다. 문명일원론이란, 역사는 미개에서 문명으로의 일방통행이라는 역사관을 축으로 하여 세계를 해석하는 사상이다. 이 문명사관에서 나온 것이 바로 그 유명한 '탈아입구론'(脫亞入歐論)이다. 비문명의 아시아지역을 건너뛰어 문명과 직접 교섭하고자 한 이 사상은 당대는 물론 후대까지 커다란 영향을 끼치게 된다.

후쿠자와의 이념적 적자(嫡子)는 문명론자인 우메사오 다다오(梅棹忠夫)이다. 우메사오 다다오의 『문명의 생태사관 서설(文明の生態史観序説)』(「중앙공론」 1957년 2월호)에는 동양과 유럽을 제1지역(서구의 많은 국가와 일본)과 제2지역(중국, 인도, 러시아, 이슬람 등 아시아 여러 큰 나라)으로 나누고 서구와 일본을 같은 제1구역으로 보았다. 그가 말하고자 하는 핵심은 '흔히 아시아라고 하지만 인도와 동남아시아와 일본은 아주 다르다. 게다가 일본은 오히려 서구에 가까운데 이런 아시아의 실태를 모르고서 전통적으로 부르던 방식에 따라 일본을 포함시켜 하나의 아시아를 문제 삼는 것은 우습다'라는 것이다.

다음으로, 쓰다 소키치(津田左右吉, 1873~1961 역사학자)도 제2차 세계대전 중에 『지나 사상과 일본(支那思想と日本)』을 저술하여 일본, 중국, 인도가 각각 독자의 문화를 가지고 있으며 그 본질이 일치하지 않는다고 주장하였다. 이는 성급한 아시아 일체관을 주장하는 국책에 대한 학문적 항의라는 면이 있다.

한편, '흥아'의 계보는 제2차 세계대전의 '대동아공영권'으로 이어진다. 대동아전쟁은 일본인이 아시아를 주체적으로 생각하여 자기의 프로그램으로써 아시아의 운명을 타개한다는 측면을 지니고 있었다. 그러나 일본 군부의 진의는 일본을 맹주로 한 공영권, 즉 일본의 의지대로 좌지우지되는 경제 블록을 만드는 데에 있었을 뿐, 메이지 중기까지의 흥아론자들이 생각했던 아시아 해방이라는 구상은 없었다. 이 당시 많은 사람의 말이 '대동아'의 논리에 이용되었다.

대표적인 것이 오카쿠라 덴신(岡倉天心)이 『동양의 이상(東洋の理想)』(1903)에서 말한 '아시아는 하나'라는 말이다. 그러나 덴신의 진의는 제국주의를 찬미하는 것도, 일본으로 하여금 아시아의 아버지가 되라는 것

도 아니었다. 아시아의 본성을 미(美)로 본 덴신은 이 미의 발굴을 일본, 중국, 인도에 대해 시도했던 것이다. 따라서 '아시아는 하나'라는 것은 무력이 아니라 미로써 아시아가 하나되는 희망의 언표인 것이다.

우메사오 다다오의 '탈아'론은 '대동아'(흥아론)로 이용되기도 했다. 다케야마 미치오의 「일본문화의 위치」는 우메사오의 논지의 전제가 되는 생태학적 접근 방법을 무시하고 자기에게 부합하는 부분만을 뽑아서 문명의 계열화에 집어넣었다.

대동아전쟁은 '흥아'와 '탈아'가 뒤얽힌 데에서 나온 산물이라고 했지만, 더욱 정확히 말하면 '탈아'가 '흥아'를 흡수했다는 편이 좋을 듯하다. 그런데 '흥아'와 '탈아'가 뒤얽히며 진행하는 가운데 중요한 것은 일본이 보는 아시아의 의미, 아시아의 인식이 '연대감'으로부터 '지배의 대상'으로 변했다는 것이다.

그러나 이렇게까지 '아시아'를 의식하면서, '아시아'를 확보하기 위해, '아시아'의 해방자임을 자처하던 일본의 '지배 정책'은 허술한 것이었다. 점령하에 둔 아시아 각국을 무력으로 압박했고 천황제를 강요했으며 자원을 갈취하는 등 아시아를 위하는 것은 무엇 하나 없었다. 학살행위, 포로에 대한 가혹한 처벌, 종군위안부, 민족말살정책 등으로 결국 일본은 아시아 제민족의 마음을 사로잡기는커녕 침략자의 이미지만 굳힌 채 현재까지 그 오명을 남기고 있다.

2) 일본인들에게 있어서의 태평양전쟁

전쟁초기 일본군은 파죽지세였다. 일본은 눈 깜짝할 사이에 아시아와 태평양에서 예상외의 거대한 지역을 지배하에 두었다. '대동아공영권'을 착실히 이루어 나아갔다. 공영권을 정당화한 것은 '팔굉일우'(八紘一宇)라는 이념이었다. '팔굉일우'라 함은 '팔굉(온 천하)을 한 집으로 만든다'는 의미이다. '팔굉일우'는 역시 '이에'(家)의 문제로 귀착된다. '이에'의 윤리적 구조는 무엇보다도 부모가 자식을 지도한다는 의미를 지닌다. 천황의 나라는 아버지의 나라요, 아시아 제국은 형제의 나라가 되는 셈으로 일본인들은 태평양전쟁으로 아시아의 아버지의 나라가 된다는 자긍심을 가지게 되었다.

그러나 미드웨이 등의 전투에서 연합군 특히 미군에게 일방적으로 패배했다. 원인은 압도적인 물량의 차이였다. 거대한 군수물자로 일본을 공격해 오는 미군의 세력 앞에서 일본은 점점 비참한 상황에 빠져 들어갔다.

미국의 장거리 폭격기는 사이판을 기지로 도쿄를 비롯한 각 도시를 주야를 가리지 않고 폭격해댔다. 공습이 치열해지자 도시의 학생들은 지방의 절이나 농촌으로 이동하여 수업을 받았다. 이를 '소카이'(疏開)라고 한다. 적의 공습이나 화재에 따른 피해를 줄이기 위해 모여 있는 사람이나 시설 따위를 분산시키는 정책이었다. 단순히 공격을 피하는 개인적인 피난과는 달리 좀 더 계획적인 집단 피난이라고 할 수 있다. 또한 노동자들은 군수공장으로 징용되었다. 중학교 이상의 남녀학생들은 공장이나 토목공사장으로 동원되었고 결혼 전의 여성은 간호사나 정신대에 편성되었다. 일반서민들도 공습에 전전긍긍할 수밖에 없었다. 공습경보가 울리면 노약자는 대피소로 급히 피신하기도 했고 중장년들은 각반과 철모를 착용하고 출동하는 것이 생활화되었다.

미국의 공습을 받으면서도 일본인은 대국(大國) 미국과 대전을 펼치는 자신들의 커진 모습에 긍지를 느꼈고 '아시아'의 아버지 노릇을 할 수 있게

원폭에 의해
골격만 남은 건물.
원폭 돔이라고 함.

해주신 '천황폐하'를 위해 몸바쳐 충성하는 것을 자랑으로 여겼다. 연합군 함대에 비행기 동체를 그대로 충돌시켜버리는 자폭부대인 '가미카제 특공대'는 하나의 영광이었던 것이다.

그러나 그 자랑과 영광은 오래가지 못했다. 1945년 8월 6일과 9일, 히로시마와 나가사키에 미국은 원자폭탄을 투하하고 만 것이다. 두 개의 폭탄에 의한 피해는 상상할 수 없을 만큼 처참했다. 한 마디로 두 도시는 지구상에서 날아가 버렸다. 폭발되는 순간 도시 상공에 형성된 불덩어리 속의 열이 무려 섭씨 3만 도에 이르렀다고 하니 그럴 수밖에 없었을 것이다. 히로시마는 24만 명 인구 가운데 14만 명이 폭탄에 의해 직접 희생되었다. 나가사키에서는 약 7만 명이 희생되었다. 또한 히로시마의 건물 9만 채 가운데 도합 6만 2천 채가 파괴되었다. 사상자는 당시의 폭격으로만 끝나지 않았다. 방사선의 후유증은 오래 갔다. 버섯구름이 피어오른 이후 수십 년 동안 방사선병에 의해 수많은 사람이 희생되었다.

2 태평양전쟁 영화

태평양전쟁은 전쟁의 범위, 그리고 국민적인 동원이나 피해 규모로 보았을 때 가히 제2차 세계대전이라고 부를만한 큰 전쟁이었다. 일본 서남지방을 중심으로 한 내전, 서남전쟁과는 비교가 되지 않은 전쟁이었다. 따라서 전쟁체제 하에도 패전 후에도 이 전쟁을 둘러싼 영화들은 대량으로 양산된다. 일본의 전쟁영화는 태평양전쟁이 대부분이라고 해도 과언이 아니다. 그 중에서 앞에서 설명한 내용에 참고가 될 만한 것을 소개해 보면 다음과 같다.

1) 아시아를 시야에 넣은 영화

(1) 〈버마의 하프〉(1956)

패전 후 약 10년 후인 1956년 이치카와 곤(市川崑) 감독은 〈버마의 하

프〉를 만들었다. 이치카와 감독은 이 영화를 1985년
에도 또 만들었다. 하프 연주로 동료들의 마음을 달
래주던 일본군 병사가 전쟁의 참상을 깨닫고 승려가
되는데 전쟁터에서 시체가 되어 딩구는 동포의 시체
를 묻어 주기 위해서 일본으로의 귀국을 단념한다는
이야기이다. 군국주의 전쟁에 대한 비판을 담고 있지
만 버마에서 패전을 맞이한 일본군 병사가 일본병이
동포의 사체에 '눈물'짓는 것만 미화했을 뿐 일본인이
아시아에서 벌인 잔학행위나 버마인들의 비극은 도
외시하고 있다.

〈버마의 하프〉

(2) 〈호타루〉(2001)

다카쿠라 겐과 후루하타 야스오 감독 콤비가 〈철
도원〉에 이어 내놓은 작품이다. 특공대 기지가 있었
던 가고시마를 무대로 전쟁을 겪고 그 후 쇼와시대를
살아온 특공대원 야마오카의 삶을 그리고 있다.

2차 대전이 막바지로 치닫고 있던 1945년 당시 특
공대원이었던 야마오카는 마지막 출격을 눈앞에 둔
가네야마 소위의 유언을 듣게 된다. 가네야마는 조선
인 출신으로 이름은 김선재라고 했다. 그는 돌아갈
수 없는 고향의 가족에게, 그리고 사랑하는 약혼녀에
게 닿을 수 없는 이별을 고한 채 폭탄을 안고 하늘로
날아오른다. 야마오카는 사랑하는 사람을 잃고 실의

〈호타루〉

에 빠진 가네야마의 약혼녀와 대면하게 된다. 야마오카는 그녀와 인연을
맺고 서로 의지하며 살아간다. 그러다 아내가 병이 들자 야마오카는 얼마
남지 않은 생을 안고 있는 아내의 회한을 달래주기 위해 그리고 상처받은
과거와의 화해를 시도하기 위해 한국을 방문한다.

태평양전쟁 영화 중에서 한국인 희생자와 그것을 위무하는 일본인의
모습을 그리고 있다는 점에서는 긍정적인 평가를 할 수도 있지만 영화의

초점은 역시 조선인보다는 일본인들의 '상흔'에 치우쳐 있는, 일본인을 위한 영화임을 부정하기 힘들다.

2) 천황에 대한 충성을 다룬 영화

(1) 〈천황폐하전상서〉(1963)

제목 그대로 천황폐하께 드리는 서신이라는 뜻의 영화이다. 어미 없이 가난하게 자라다 군에 입대하게 된 청년 야마다에게 군대는 보금자리와도 같은 곳이었다. 군에 들어가 못 배웠던 글씨도 배웠고 밥도 제대로 먹을 수 있었다. 게다가 그 누구도 볼 수 없었던 천황을 보게 된다. 추계대회 연습 중 천황이 야마다의 바로 옆을 지나간 것이다. 천황의 모습을 아름답게만 바라보던 그는 계속 군대에 남게 해달라는 뜻의 편지를 천황에게 보

〈천황폐하전상서〉

낸다. 그 후 계속되는 전화에 그의 인생은 파란만장해지나 이 영화에서 그리는 천황은 전범(戰犯)이 아닌 일본인의 정신적 지주로서 그려진다.

야마다 역에는 〈남자는 괴로워!〉의 아쓰미 기요시가 맡았다.

3) 학도병을 그린 영화

(1) 〈히메유리 탑〉(1953)

태평양전쟁에서 주민이 휩쓸리게 된 유일한 지상전이 오키나와에서 일어났었다. 그곳에서 여학생들은 '히메유리 학도대'(ひめゆり学徒隊)라는 이름으로 종군하게 된다. 피, 고름, 오물로 가득찬 병동에서 환자 병을 치료하고 사체를 처리했던 어린 소녀들의 애환과 죽음을 그린 작품이다. 실제로 그들을 진무하기 위해 오키나와에 '히메유리 탑'이 세워져 있다. 1953

년 이마이 다다시(今井正) 감독이 만들었다. 일본 제국주의가 소녀들을 전쟁터로 보낸 것에 대한 비판은 없고 소녀들이 폭격당해서 죽은 것만을 강조함으로써 '반미'를 부추기고 있다. 한편, 이 영화처럼 오키나와를 소재로 한 히가시 요이치(東洋一) 감독의 〈바람소리(風音)〉(2004) 또한 미군에 의해 파괴되어 간 오키나와를 부각시키고 있다.

오키나와에 세워진 히메유리탑

(2) 〈들어라 해신의 소리〉

태평양 전쟁말기 일본군의 패색이 짙어질 무렵, 20세 이상의 학생도 입대가 의무화된다. 소위 '학도출진'(學徒出陣)이다. 수많은 젊은이들이 전쟁터에서 죽어갔는데 전후 그들의 유고가 도처에서 발견된다. 그 유서를 모은 것이 이와나미 문고의 『들어라 해신의 소리(きけ, わたつみの声)』인데 이를 바탕으로 수 편의 영화가 만들어진다. '와타쓰미' 혹은 '와다쓰미'란 '海神'이나 '바다'의 일본고유어이다. 젊은 나이에 해전을 치르다 죽어간 혼을 '와다쓰미'에 비유하고 있다.

〈들어라 해신의 소리〉

1950년대의 세키카와 히데오(関川秀雄) 감독의 작품과 2000년대 데메 마사노부(出目昌伸) 감독의 리메이크작이 있다. 후자에서는 〈춤추는 대수사선〉에서 주연을 맡은 오다 유지가 나온다.

4) 가미카제 특공대를 다룬 영화

(1) 〈아아! 결전항공대〉(1974)

야마시타 게이사쿠(山下耕作) 감독 작품이다. 그 어느 전쟁사에도 없었

〈아아! 결전한공대〉

던 '특공전술'(特攻戰術)을 생각해 낸 당사자이자 패전 다음날 자결한 오니시 다키지로(大西滝治郎) 중장의 생애와 그의 명령에 굴복하면서 죽어 간 특공대의 전모를 파헤친 영화이다. 오니시가 패전을 자각했음에도 불구하고 젊은이들을 차례로 특공대로 보낸 것은 이왕 지는 것 철저히 지지 않으면 국가는 재생할 수 없으며, 최선을 다하고 지지 않으면 일본 민족의 정신은 죽는다는 판단에서이다. 민족정신과 죽어도 같이 죽는다는 집단의식이 역력히 드러나는 작품이다.

5) 원폭을 다룬 영화

(1) 〈검은 비〉(1989)

원폭을 다룬 〈검은 비〉

〈나라야마부시코〉의 이마무라 쇼헤이 감독의 대표작이다. 일본의 현대작가 이부세 마스지(井伏鱒二)의 소설을 원작으로 하고 있다. 1945년 8월 6일에 히로시마에 투하된 원폭으로 '검은 비'(黒い雨)가 내렸다. 원폭 후 고온연소에 의해 검은 재를 섞여 내린 검은 비는 방사능을 포함하고 있어 직접 맞으면 피폭에 버금가는 후유증이 남는다. 영화는 이 검은 비에 맞은 젊은 여성의 인생을 중심축으로 그녀를 돌본 간호사나 원폭후유증으로 고생하는 사람들의 모습을 생생히 전한 문제작이다. 주인공의 숙부가 말한 '정의로운 전쟁보다 정의롭지 못한 평화 편이 더 낫다'(正義の戰爭よりも不正義の平和のほうがいい)는 명대사로 뽑힌다.

(2) 〈로렐라이〉(2005)

신세대 우익 소설가인 후쿠이 하루토시(福井晴敏)의 소설『종전의 로

렐라이(終戰のローレライ)』를 원작으로 하고 있다. 일본의 침략에 대한 반성은 하지 않고 전쟁의 피해만을 강조한 신세대 소설이다. 영화 또한 소설의 메시지를 그대로 살려 미군의 원폭에 대한 피해자로서의 일본을 강조하고 있다. 패전 60주년을 기념하기 위해 만든 히구치 신지(桶口真嗣) 감독의 블록버스터 전쟁영화로서 개봉 당시 대히트를 쳤다.

〈로렐라이〉

3 특징

이상 태평양전쟁 영화 중에서 지명도가 높은 몇몇 작품을 간추려 보았는데 특징을 발견할 수 있을 것이다.

첫째, 그들이 그다지도 중요시 여겼던 '아시아'에 대한 '시선 돌리기'는 적다는 점이다. 설령 있다 하더라도 언제나 부소재에 머물기 일쑤이다.

둘째, 전쟁영화가 즐겨 그리는 '영웅찾기'나 '공격장면'보다는 전쟁에 대한 '고발'과 일본인의 '희생'을 부각시키고 있다는 것을 알 수 있다.

셋째, 하지만 '고발'의 경우 유대인의 학살을 다룬 영화들이 역사적 사실을 파헤쳐 그 실상을 영상화하는 것과는 달리 국민의 '감성'과 '눈물'을 자극하면서 일본국민을 하나의 피해자로 상정하고 있는 것으로 대변되듯 진정한 고발이 되지 못하고 있다. 물론 〈도쿄재판〉(1983)과 같은 다큐멘터리도 있지만 그것은 전후 일본의 행방을 정한 도쿄재판에 국한된 것이다.

넷째, 전후 일본의 전쟁영화는 일본의 제국주의를 은폐하고 '반미'를 조장하고 있다. 그리고 자국민을 '진혼'하기에 여념이 없는 것이다.

'눈물'과 '감성' 위주는 비단 영화에서 뿐만이 아니다. 애니메이션의 경우도 마찬가지이다. '눈물'에 의해 은폐되는 것은 무엇인지, 〈반딧불이의 묘〉를 통해 확인해 보자.

4 '눈물'의 애니메이션 〈반딧불이의 묘〉

다카하타 이사오 감독의 〈반딧불이의 묘〉(1988)는 종전기념일이면 어김 없이 TV방영되고 있는 인기 애니메이션이다. 이 작품은 소설가 노사카 아 키유키(野坂昭如)의 동명소설 『반딧불이의 묘(火垂るの墓)』를 바탕으로 세계 대전 당시 한 남매가 굶주림과 싸우다 결국 차례로 쓸쓸하게 목숨을 잃 게 되는 내용으로서, 다시 보기가 힘들 정도로 슬프디 슬픈 이야기다. 현 재는 소설 표지가 아예 애니메이션의 그림으로 되어 있을 정도로 원작보 다는 애니메이션 쪽이 더 유명해져 있는 게 사실이다.

그런데 원작은 애니메이션만큼 눈물을 빼게 하는 정도는 아니다. 원작 은 미군의 공습을 받아 황폐해진 도시의 묘사에 있었다. 전황의 악화와 식량부족으로 약육강식만이 팽배해져 있는 상황에서 남매 세이타와 세쓰 코는 형제애로서 그러한 풍조에 대항하다 끝내 죽어 가는 결말을 맞이한 다. 전쟁 미체험 세대는 그 소설을 통해 전쟁으로 인한 도시인들의 곤궁 을 간접 체험하는 정도였다.

그러나 애니메이션 〈반딧불이의 묘〉에서는 도시나 약육강식보다는 그 도시에서 죽어가는 남매의 '형제애'에 앵글이 맞 춰진다. 동생의 죽음에 이른 오빠에 있어서도 원 작에는 없는 모습이 그려진다. 즉 오빠는 동생 이름을 부르다 죽어 가며 남매는 죽은 후에도 유 령이 되어 재회할 정도로 영원한 형제애를 보인 다. 두 남매 유령의 재회는 퍼져 오르는 반딧불 이의 불빛과 함께 환상적이고 아름다운 것으로 비쳐진다.

〈반딧불이의 묘〉

많은 사람들이 눈물을 흘리게 되는 것은 바 로 어린 나이에 죽은 이들이 죽어서까지 못다 한 형제애를 이어간다는 설정이다. 또한 그들의 먹 던 캔사탕, 칼피스, 잔잔히 흐른 '즐거운 나의 집' 은 일본인들이 향수와 평온함을 느끼는 요소로서 그들의 가련한 죽음을 더욱 안타까운 것으로 만든다.

그리고 두 남매의 유령이 현대도시의 야경을 바라보는 마지막 장면은 감독 자신이 말했듯이 일본은 언제고 전쟁으로 죽은 영혼의 시선으로 둘러싸여 있다는 것을 환기시키는 효과를 지닌다. 처참했던 전쟁을 기억하고 전쟁으로 죽어간 불쌍한 영혼을 기억하라는 메시지이다.

이 애니메이션의 '눈물', 그리고 애니메이션을 보고 흘리는 '눈물'에 의해 부각되는 것은 두 남매의 형제애를 앗아 간 '공습'에 있다. 두 남매를 그 지경에 몬 원초적 책임이 일본에 있지만 애니메이션은 줄곧 공습을 클로즈업함으로써

애니메이션 이후 상품화된 세쓰코가 가장 좋아했던 캔사탕

연합군(미군)을 적시(敵視)하게 되는 애매한 상황에 빠지게 된다.

'눈물'을 자극하는 전쟁영화가 은폐하는 것은 바로 그러한 것이다. 즉 전쟁책임인 것이다. 동족의 수난과 죽음의 영상을 보며 그들은 일본의 전쟁책임을 통절히 반성하기보다는 오히려 동포애를 돈독히 하게 되는 것이다.

과연 일본의 태평양전쟁 영화는 앞으로 어떠한 '눈물'을 그려 나아갈지, 그리고 그 '눈물'을 보며 아시아인들도 함께 울 수 있을지. 한국인들이라면 〈반딧불이의 묘〉를 보며 그렇게 생각하지 않을 수 없을 것이다.

일본영화
원제

〈겐지모노가타리(源氏物語)〉

〈겐지모노가타리 우키후네(源氏物語 浮舟)〉

〈귀를 기울이면(耳をすませば)〉

〈꼬마 마루코짱(ちびまる子ちゃん)〉

〈꽁치의 맛(秋刀魚の味)〉

〈꿈의 축제(夢の祭り)〉

ㄴ

〈나라야마부시코(楢山節考)〉

〈낙제는 하였지만(落第はしたけれど)〉

〈낚시광 일지(釣バカ日誌)〉

〈난(乱)〉

〈남자는 괴로워!(男はつらいよ!)〉

〈내일의 조(あしたのゾー)〉

〈노인Z(老人Z)〉

〈니안짱(にあんちゃん)〉

ㄷ

〈다스마니아 이야기(タスマニア物語)〉

〈단게사젠 여화 백만 냥짜리 항아리(丹下左膳餘話 百万両の壺)〉

〈달려라 이치로(走れ! イチロー)〉

〈달로스(ダロス)〉

〈달은 어디에 떠 있는가(月はどっちに出ている)〉

〈대지의 사무라이(大地の侍)〉

〈대학은 나왔지만(大学は出たけれど)〉

〈도둑맞은 욕정(盗まれた欲情)〉

〈도라에몽(ドラエモン)〉

〈도쿄맑음(東京日和)〉

〈도쿄모색(東京暮色)〉

〈도쿄 이야기(東京物語)〉

〈도쿄재판(東京裁判)〉

〈독수리5형제(科学忍者隊ガッチャマン)〉

〈돗지 고! 고!(ドッジ GO! GO!)〉

〈드림 스타디움(ドリーム スタジアム)〉

〈드래곤 볼(ドラゴンボール)〉

〈들어라 해신의 소리(きけ、わだつみの声)〉

〈들장미 소녀 캔디(キャンディ·キャンディ)〉

〈돼지의 보답(豚の報い)〉

ㄹ

〈라디오의 시간(ラヂオの時間)〉

〈라쇼몬(羅生門)〉

〈러브레터(Love Letter)〉

〈로리타 아니메(ローリター　アニメ)〉

〈로렐라이(ローレライ)〉

〈로큰롤 미싱(ロックンロールミシン)〉

〈료마암살(竜馬暗殺)〉

〈료마를 벤 사내(竜馬を斬った男)〉

〈료마의 처와 그 남편과 아내(竜馬の妻とその夫と愛人)〉

〈루팡3세−카리오스트로의 성(ルパン三世　カリオストロの城)〉

〈링(リング)〉

〈링2(リング2)〉

〈링0(リング0)〉

ㅁ

〈마녀의 택배편(魔女の宅急便)〉

〈마담과 아내(マダムと女房)〉

〈마징가Z(マジンガー−Z)〉

〈마크스의 산(マークスの山)〉

〈막말(幕末)〉

〈막말순정전(幕末純情伝)〉

〈만화잡지 따윈 필요없어!(コミック雑誌なんかいらない!)〉

〈머나먼 저 산의 메아리(遥かなる山の呼び声)〉

〈무사쥬베이(獣兵衛忍風帖)〉

〈문지기 이모가와 게이쇼(芋川椋三玄関番の巻)〉

〈모두 하고 있습니까?(みんな〜やってるか?)〉

〈모모타로 바다의 신병(桃太郎 海の神兵)〉

〈민들레(タンポポ)〉

〈밀림의 왕자 레오(ジャングル大帝レオ)〉

〈미궁이야기(迷宮物語)〉

〈미래소년 코난(未来少年コナン)〉

〈미스터 루키(ミスター ルーキ)〉

〈밍키모모(魔法のプリンセス·ミンキ-モモ)〉

〈맥추(麦秋)〉

〈맨발의 피크닉(素足のピクニック)〉

〈메마른 호수(乾いた湖)〉

〈메탈파이터(メタルファイター)〉

ㅂ

〈바람계곡의 나우시카(風の谷のナウシカ)〉

〈바람소리(風音)〉

〈바람의 검-신선조(壬生義士伝)〉

〈반딧불이의 묘(火垂るの墓)〉

〈반역아(反逆児)〉

〈빨간 머리 앤(赤毛のアン)〉

〈버마의 하프(ビルマの竪琴)〉

〈변태 가족 형님의 신부(変態家族 兄貴の嫁さん)〉

〈BU·SU〉

〈부초(浮草)〉

〈북두권(北斗の拳)〉

〈북쪽의 영년(北の零年)〉

〈붉은 다리 아래 따뜻한 물(赤い橋の下のぬるい水)〉

〈비행소녀 요코(非行少女ヨーコ)〉

〈비밀의 화원(ひみつの花園)〉

〈백사전(白蛇伝)〉

〈백치(百痴)〉

〈베르사이유의 장미(ベルサイユの薔薇)〉

ㅅ

〈사국(死國)〉

〈사랑의 편도 차표(恋の片道切符)〉

〈사령의 폭포(死霊の滝)〉

〈사무라이 자이언트(侍ジャイアンツ)〉

〈사무라이픽션(SF サムライフィクション)〉

〈사이보그 009(サイボーグ009)〉

〈사이카쿠 일대녀(西鶴一代女)〉

〈4월 이야기(四月物語)〉

〈사치스러운 뼈(贅沢な骨)〉

〈사파이어 왕자(リボンの騎士・サファイヤ)〉

〈3-4X10월(3-4X10月)〉

〈삶(生きる)〉

〈샤라쿠(写楽)〉

〈소나티네(ソナチネ)〉

〈소용돌이(うずまき)〉

〈속 악명(続悪名)〉

〈숲과 호수의 축제(森と湖のまつり)〉

〈슛(シュート)〉

〈스와로테일(スワロウテイル)〉

〈슬램덩크(スラムダンク)〉

〈신 겐지모노가타리(新源氏物語)〉

〈신들의 깊은 욕망(神々の深き欲望)〉

〈신세기 에반게리온(新世紀 エヴァンゲリオン)〉

〈10층의 모기(十階のモスキート)〉

〈새끼 고양이의 낙서(こねこのらくがき)〉

〈세일러문(美少女戦士セーラームーン)〉

〈Seventh Anniversary〉

〈세상의 중심에서 사랑을 외치다(世界の中心で、愛をさけぶ)〉

〈센과 치히로의 행방불명(千と千尋の神隠し)〉

〈쉘 위 댄스?(Shall We ダンス?)〉

〈쌍생아(双生児)〉

ㅇ

〈아드레날린 드라이브(アドレナリンドライブ)〉

〈아바론(AVARON-アヴァロン)〉

〈아바시리 번외지(網走番外地)〉

〈아아! 결전항공대(ああ!決戦航空隊)〉

〈이웃집 토토로(となりのトトロ)〉

〈인류학입문(人類学入門)〉

〈인랑(人狼)〉

〈인생극장 비차각(人生劇場 飛車角)〉

〈인어의 상처(人魚の傷)〉

〈인어의 숲(人魚の森)〉

〈인의 없는 싸움(仁義なき戦い)〉

〈일본곤충기(にっぽん昆虫記)〉

〈일본전후사 온보로마담의 생활(にっぽん戦後史 マダムおんぼろの生活)〉

〈에노켄의 천만장자(エノケンの千万長者)〉

〈에노켄의 놀라운 인생(エノケンのびっくりしゃくり人生)〉

〈엑기(駅-STATION)〉

〈A사인디즈(Aサインディズ)〉

〈에키덴(駅伝)〉

〈워터보이즈(ウォーター　ボーイズ)〉

〈원더풀 라이프(ワンダフルライフ)〉

〈원령공주(もののけ姫)〉

ㅈ

〈장례식(お葬式)〉

〈저주받은 인형(呪われた人形)〉

〈전국통일이야기(国取り物語)〉

〈전광공수치기(電光空手打ち)〉

〈전원교향악(田園交響楽)〉

〈전장의 크리스마스(戦場のメリークリスマス)〉

〈정말로 있었던 무서운 이야기(ほんとにあった怖い話)〉

〈주온(呪怨)〉

〈지옥문(地獄門)〉

〈지옥에선 내일이 없다(地獄の掟に明日はない)〉

〈재일(在日)〉

〈짱구는 못말려(クレヨンしんちゃん)〉

〈주신구라(忠臣藏)〉

〈플란더스의 개(フランダースの犬)〉
〈피와 뼈(血と骨)〉
〈핑퐁(ピンポン)〉
〈팬더와 아기 팬더(パンダコパンダ)〉
〈팬시댄스(ファンシーダンス)〉

ㅎ

〈HANA-BI〉
〈하울의 움직이는 성(ハウルの動く城)〉
〈하치이야기(ハチ公物語)〉
〈학교괴담(学校の怪談)〉
〈형무소 안(刑務所の中)〉
〈호타루(ホタル)〉
〈호빵맨(アンパンマン)〉
〈홋케쿄 옆집의 야마다군(ホーホケキョ　となりの山田くん)〉
〈홍안의 젊은 무사 오다부나가(紅顔の若武士　織田信長)〉
〈히메유리 탑(ひめゆりの塔)〉
〈해바라기(ひまわり)〉
〈해협(海峽)〉
〈행복의 노란 손수건(幸福の黄色いハンカチ)〉
〈행복한 가족계획(しあわせ家族計画)〉
〈회사원 생활(会社員生活)〉
〈화창한 가을날(秋日和)〉
〈황금박쥐(黄金バット)〉

한국개봉 일본영화일람
1998~2005

- 영화진흥위원회 발간 각연도 『한국영화연감』 참조
- 고딕체는 애니메이션 부분

번호 (연번)	영화	원제	감독	제작 년도	개봉 일자
1998년					
001(001)	하나비	HANA-BI	기타노 다케시	1997	12.05
002(002)	가게무샤	影武者	이마무라 쇼헤이	1980	12.12
1999년					
001(003)	우나기	うなぎ	이마무라 쇼헤이	1997	5.01
002(004)	나라야마부시코	楢山節考	이마무라 쇼헤이	1983	10.03
003(005)	러브레터	Love Letter	이와이 슌지	1995	11.02
004(006)	링	リング	나카타 히데오	1992	12.11
2000년					
001(007)	소나티네	ソナチネ	기타노 다케시	1993	1.08
002(008)	철도원	鉄道員	후루하타 야스오	1999	2.04
003(009)	사무라이픽션	サムライ フィクション	나카노 히로유키	1998	2.19
004(010)	그림 속 나의 마을	絵の中のボクの村	히가시 요이치	1995	2.19
005(011)	감각의 제국	愛のコリーダ	오시마 나기사	1976	4.01
006(012)	엑기	駅-STATION	후루하타 야스오	1981	4.01
007(013)	4월이야기	四月物語	이와이 슌지	1998	4.08
008(014)	쌍생아	双生児	쓰카모토 신야	1999	4.22
009(015)	쉘 위 댄스?	Shall We ダンス?	스오 마사유키	1995	5.13
010(016)	개 달리다	犬、走る	최양일(사이 요이치)	1998	6.01
011(017)	춤추는 대수사선	踊る大捜査線	모토히로 가즈유키	1998	7.22
012(018)	링2	リング2	나카타 히데오	1999	7.29
013(019)	고릴라2000	ゴジラ2000	오카와라 다카오	1999	8.12
014(020)	키즈리턴	キッズ リターン	기타노 다케시	1996	9.28

015(021)	무사쥬베이	獸兵衛忍風帖	가와지리 요시아키	1993	9.30
016(022)	포스트맨 블루스	ポストマン ブルース	사브	1997	10.06
017(023)	으랏차차 스모부	シコふんじゃった	스오 마사유키	1991	10.14
018(024)	열정의 제국	愛の亡靈	오시마 나기사	1978	10.21
019(025)	링 라선	リング-ラセン	이이다 요지	1998	11.11
020(026)	화이트 아웃	ホワイト アウト	와카마쓰 세쓰로		11.24
021(027)	인랑	人狼	오키우라 히로유키	1999	12.01
022(028)	웰컴 미스터 맥도널드	ラヂオの時間	미타니 고키	1997	12.02
023(029)	쉐디 글로브	シェイディー グローブ	아오야마 신지	1999	12.02
024(030)	포켓몬스터	ポケットモンスター ミュウツーの逆襲	유야마 구니히코	1998	12.23
025(031)	바람계곡의 나우시카	風の谷のナウシカ	미야자키 하야오	1982	12.30

2001년

001(032)	쥬브나일	ジュブナイル	야마자키 다카시	2000	1.06
002(033)	동경의 주먹	東京フィスト	쓰카모토 신야	1995	1.27
003(034)	아발론	アヴァロン	오시이 마모루	2001	2.10
004(035)	생일선물	BIRTHDAY PRESENT	미쓰노 미치오	1995	2.10
005(036)	도쿄맑음	東京日和	다케나카 나오토	1997	2.24
006(037)	쥬바쿠	金融腐食列島一呪縛	하라다 마사토	2000	3.02
007(038)	여우령	女優霊	나카타 히데오	1996	3.03
008(039)	하나코	新生トイレの花子さん	쓰쓰미 유키히코	1998	3.03
009(040)	올빼미의 성	梟の城	시노다 마사히로	1999	3.10
010(041)	무사	将軍家光の亂心	후루하타 야스오	1989	3.17
011(042)	행복한 가족계획	しあわせ家族計劃	아베 쓰토무	1999	4.07
012(043)	사국	死国	나가사키 슌이치	1999	4.21
013(044)	팬시댄스	ファンシ ダンス	야구치 시노부	1989	4.21
014(045)	비밀의 화원	ひみつの花園	야구치 시노부	1996	4.21
015(046)	카오스	カオス	나카타 히데오	2005	4.28
016(047)	첫사랑	はつ恋	시노하라 데쓰오	2000	5.19
017(048)	유리의 뇌	ガラスの脳	나카타 히데오	2000	6.02
018(049)	간장선생	カンゾー先生	이마무라 쇼헤이	1998	6.15
019(050)	파이널환타지	ファイナルファンタジー	사카구치 히로노부 외	2001	7.26
020(051)	이웃집 토토로	となりのトトロ	미야자키 하야오	1988	7.27

021(052)	자객	鬼平犯科帳	오노다 요시미키	1995	9.21
022(053)	타임리스 멜로디	タイムレス メロディ	오쿠하라 히로시	1999	11.10
023(054)	자살관광버스	自殺観光バス	시미즈 히로시	1998	11.17
024(055)	고(GO)	GO	유키사다 이사오	2001	11.23
025(056)	**포켓몬스터**	ポケットモンスター ルギアの爆誕	유야마 구니히코	1998	11.23
026(057)	원더풀라이프	ワンダフル ライフ	고레에다 히로카즈	1998	12.08

2002년

001(058)	호타루	ホタル	후루하타 야스오	2001	1.17
002(059)	노바디	NOBODY	오카와 도시미치	1999	3.02
003(060)	서울	ソウル	나가사와 마사히코	2002	3.16
004(061)	배틀로얄	バトル ロワイヤル	후카사쿠 긴지	2003	4.01
005(062)	**공각기동대**	攻殻機動隊	오시이 마모루	1995	4.12
006(063)	**센과 치히로의 행방불명**	千と千尋の神隠し	미야자키 하야오	2001	6.27
007(064)	하치이야기	ハチ公物語	고야마 세이지로	1987	6.28
008(065)	검객	必殺	사다나가 마사히사	1984	7.27
009(066)	워터보이즈	ウオーターボーイズ	야구치 시노부	2003	8.15
010(067)	기쿠지로의 여름	菊次郎の夏	기타노 다케시	1999	8.29
011(068)	비밀	秘密	다키타 요지로	1999	10.10
012(069)	바운스	バウンズ Baunsu koGALS	하라다 마사토	1997	12.06

2003년

001(070)	검은 물밑에서	灰暗い水の底から	나카타 히데오	2002	2.21
002(071)	기묘한 이야기	世にも奇妙な物語	오치아이 마사유키 외	2000	2.21
003(072)	링0	リング0	쓰루타 노리오	2000	4.11
004(073)	주온	呪怨	시미즈 다카시	2000	6.27
005(074)	**고양이의 보은**	猫の恩返し	모리타 히로유키	2002	8.8
006(075)	주온2	呪怨2	시미즈 다카시	2000	9.5
007(076)	음양사	陰陽師	다키타 요지로	2001	10.2
008(077)	**카우보이비밥**	カウボーイビバップ	와타나베 신이치로	1998	10.3
009(078)	냉정과 열정 사이	冷静と熱情のあいだ	나카에 이사무	2001	10.10
010(079)	도플갱어	ドッペルゲンガー	구로사와 기요시	2002	10.10
011(080)	돌스	ドルーズ	기타노 다케시	2002	10.24

012(081)	사토라레	サトラレ	모토히로 가즈유키	2001	11.21
013(082)	춤추는 대수사선2	踊る大捜査線2	모토히로 가즈유키	2003	12.12
014(083)	바람의 검 신선조	壬生義士伝	다키타 요지로	2003	12.12
015(084)	**붉은 돼지**	紅の豚	미야자키 하야오	1992	12.19

2004년

001(085)	자토이치	座頭市	기타노 다케시	2003	1.30
002(086)	신설국	新雪国	고토 고이치	2001	2.27
003(087)	연애사진	恋愛写真	쓰쓰미 유키히코	2003	4.09
004(088)	배틀로얄2	バトル ロワイヤル2	후카사쿠 긴지	2003	4.09
005(089)	밝은 미래	アカルイミライ	구로사와 기요시	2003	4.23
006(090)	**강령**	降霊	구로사와 기요시	2000	4.23
007(091)	고하토	御法度	오시마 나기사	1999	4.23
008(092)	오토기리소우	弟切草	시모야마 덴	2001	4.23
009(093)	붉은 다리 아래 따뜻한 물	赤い橋の下の ぬるい水	이마무라 쇼헤이	2001	4.30
010(094)	**천공의 성 라퓨타**	天空の城 ラピュタ	미야자키 하야오	1986	4.30
011(095)	**퍼펙트 블루**	パーフェクトブルー	곤 사토시	1997	5.26
012(096)	완전한 사육	完全なる飼育一愛の 40日	니시야마 요이치	2001	6.04
013(097)	소녀검객 아즈미	あずみ	기타무라 류헤이	2003	6.25
014(098)	음양사2	陰陽師2	다키타 요지로	2003	6.25
015(099)	착신아리	着信あり	미야케 다카시	2003	7.09
016(100)	천년여우	千年女優	곤 사토시	2001	7.09
017(101)	모두 하고 있습니까?	みんな、やってるか?	기타노 다케시	1994	8.06
018(102)	그 여름 가장 조용한 바다	あの夏、いちばん静 かな海	기타노 다케시	1991	8.13
019(103)	3-4X10월	3-4X10月	기타노 다케시	1990	8.2
020(104)	지옥갑자원	地獄甲子園	야마구치 유다이	2003	9.11
021(105)	호텔비너스	ホテル ビーナス	다카하타 히데타	2004	9.11
022(106)	세상의 중심에서 사랑을 외치다	世界の中心で、 愛をさけぶ	유키사다 이사오	2004	10.08
023(107)	**이노센스**	イノセンス	오시이 마모루	2004	10.08
024(108)	조제 호랑이 그리고 물고기들	ジョゼと虎と魚たち	이누도 잇신	2003	10.29
025(109)	하울의 움직이는 성	ハウルの動く城	미야자키 하야오	2004	12.23

2005년

001(110)	피와 뼈	血と骨	최양일	2004	2.25
002(111)	바이브레이터	ヴァイブレータ	히로키 류이치	2003	3.04
003(112)	지금 만나러 갑니다	いま、会いにいきます	도이 노부히로	2004	3.25
004(113)	69 식스티 나인	69 sixty nine	이상일	2004	3.25
005(114)	**유희왕**	遊戯王	쓰지 하쓰키	2004	4.01
006(115)	아무도 모른다	誰も知らない	고레에다 히로카즈	2004	4.01
007(116)	**폼포코 너구리 대작전**	平成狸合戦ぽんぽこ	다카하타 이사오	1994	4.28
008(117)	착신아리2	着信アリ2	쓰카모토 렌페이	2004	4.29
009(118)	소녀검객 아즈미 대혈전2	あずみ2	가네코 슈스케	2005	4.29
010(119)	미안해	ごめん	도가시 신	2002	5.05
011(120)	2LDK	2LDK	쓰쓰미 유키히코	2002	5.13
012(121)	아라가미	荒神	기타무라 류헤이	2003	5.13
013(122)	릴리 슈슈의 모든 것	リリーシュシュのすべて	이와이 슌지	2001	6.23
014(123)	스왈로테일 버터플라이	スワロウテイル	이와이 슌지	1996	6.23
015(124)	언두	UNDO	이와이 슌지	1994	6.23
016(125)	피크닉	ピクニック	이와이 슌지	1996	6.23
017(126)	캐산	CASSHERN (キャシャーン)	기리야 가즈아키	2004	7.07
018(127)	소녀	少女	오쿠다 에이지	2001	7.08
019(128)	**스팀보이**	スチームボーイ	오토모 가즈히로 외	2003	8.04
020(129)	불량소녀 모모코	下妻物語	나카지마 데쓰야	2004	9.02
021(130)	토니 타키타니	トニー滝谷	이치카와 준	2004	9.22
022(131)	신주쿠 여고생 납치사건	完全なる飼育	와다 벤	1998	10.14
023(132)	라스트 씬	ラストシーン	나카타 히데오	2002	11.03
024(133)	도쿄타워	東京タワ	미나모토 다카시	2004	11.23
025(134)	도쿄데카당스	東京デカダンス	무라카미 류	1992	12.2

참고문헌

가라타니 고진(박유하 역)『일본근대문학의 기원』민음사 1999

고야스 노부쿠니(이승연 역)『동아 대동아 동아시아』역사비평사 2005

구견서『현대일본사회의 이해』한울아카데미 2001

권혁건『테마가 있는 일본기행』J&C 2003

김문길 외『일본문학 이해』형설출판사 1998

김려실『일본영화와 내셔널리즘』책세상 2005

김소영『근대성의 유령들』씨앗을 뿌리는 사람 2000

김시우『이것이 일본영화다』아선미디어 1998

김혜리 외『영화용어사전』영화언어 1999

조관연 외『영화속의 동서양문화』집문당 2002

김용안『키워드로 여는 일본의 響』J&C 2004

김형석『일본영화 길라잡이』문지사 1999

김혜리 외『영화용어사전』영화언어 1999

김희영『이야기 일본사』청아출판사 1993

노성환『젓가락 사이로 본 일본문화』교보문고 1997

닛케이BP사 기술연구부『일본애니메이션과 비즈니스 전략』한울아카데미 2001

다카야마 스스무 외(곽해선 역)『할리우드 거대 미디어의 세계전략』중심 2001

다케우치 요시미 평론선(서광덕 공역)『일본과 아시아』소명출판 2004

도날드 리치(김태원 공역)『오즈 야스지로의 영화세계』현대미학사 1995

데루오카 야스타카(정형 역)『일본인의 사랑과 성』소화 2001

루이스 자네티(김진해 역)『영화의 이해』현암사 1999

미나미 히로시(서정완 역)『일본적 자아』소화 1996

민관식『在日本韓國人』중산육영회 1990

박용구『글로벌시대의 일본문화론』보고사 2001

박전열『일본의 문화와 예술』한누리미디어 1999

박진우 외『새로운 일본의 이해』다락원 2002

박태견『자패니메이션이 세상을 지배하는 이유』길벗 1997

버나드 딕(김시무 역)『영화의 해부』시각과 언어 1996

송병선『영화 속의 문학읽기』책이 있는 마을 2001

사토오 다다오(유현목 역)『일본영화이야기』다보문화 1993

수잔 헤이워드지음(이영기 역)『영화사전 이론과 비평』한나래 1997

신현하『일본문학사』보고사 2002

씨네21 편집부『영화감독사전』한겨레신문사 2002

아서 놀레티 편(편장완 공역)『일본영화 다시보기』시공사 2001

안토니아 레비(이혜정 역)『外界에서 온 사무라이』초록배 매직스 2000

연민수 편『일본역사』보고사 2005

우메사오 다다오(김양선 역)『일본인의 생활』혜안 2001

유상철 외『한류의 비밀』생각의 나무 2005

유숙자『在日 한국인 문학연구』월인 2000

오카다 도시오(김승현 역)『오타쿠』현실과 미래 2000

요모타 이누히코(박전열 역)『일본영화의 이해』현암사 2001

요아힘 패히(임정택 역)『영화와 문학에 대하여』민음사 1997

윤상인 외『일본을 강하게 만드는 문화코드16』나무와 숲 2002

이광규『베네딕트 국화와 칼』서울대학교출판부 1993

이노우에 기요시(차광수 역)『일본의 역사』대광서림 1995

이영일『영화개론』집문당 1998

정순희 편역『연애의 기술』글빛 2005

정인섭『재일교포의 법적 지위』서울대학교출판부 1996

전기호『일제시대 재일한국인 노동자 계급의 상태와 투쟁』지식산업사 2003

전운혁『우리가 주목할 만한 일본영화100』삼진기획 2000

정현숙『일본만화의 사회학』문학과 지성사 2004

정형『일본 일본인 일본문화』다락원 2004

천이두『한의 구조 연구』문학과 지성사 1993

최재철『일본문학의 이해』민음사 1995

최충희『일본시가문학사』태학사 2004

한국일어일문학회『게다도 짝이 있다』글로세움 2003

한국일어일문학회『모노가타리에서 하이쿠까지』글로세움 2003

한국일어일문학회『스모남편과 벤토부인』글로세움 2003

한창완『저패니메이션과 디즈니메이션의 영상전략』한울아카데미 2001

호현찬『한국영화 100년』문학사상사 2000

阿部正路『妖怪の本』学研 1999

井戸田博史『「家」に探る苗字となまえ』雄山閣 1968

岩波講座·近代日本の文化史3『近代知の成立　一八七六-一九一〇年代』岩波書店 2002

馬渕明子『ジャポニスム幻想の日本』ブリュッケ 1997

岡部隆志の外『シャーマニズムの文化学』森話社 2001

落合茂『洗う風俗史』未来社 1986

切通理作『宮崎駿の「世界」』筑摩書房 2002

切畑健『日本の女性風俗史』京都書院 1997

窪徳忠『道教の神々』講談社学術文庫 1998

小松和彦『妖怪学新考』小学館 1994

小松和彦『悪霊論』青木社 1992

小松和彦『異界を覗く』洋泉社 1998

崔吉城『韓国のシャーマニズム』弘文堂 1984

佐藤忠男『日本映画史1~4』岩波書店 1996

斎藤美奈子『紅一点論 －アニメ・特撮・伝記のヒロイン像』ビレッジセンター 1998

諏訪春雄『日本の幽霊』岩波新書 1988

ジャポニスム学会編『ジャポニスム入門』思文閣出版 2002

高橋亨『源氏物語の対位法』東京大学出版会 1986

竹田清治『〈在日〉という根拠』草思社 1998

田中貴子『百鬼夜行の見える都市』新曜社 1994

谷口春樹『北野武の研究』青谷舎 1998

田野栄三『入浴・銭湯の歴史』雄山閣 1984

土居健郎『〈あまえ〉の構造』弘文堂 2001

鄭大均『在日韓国人の終焉』文春新書 2001

斯波司の外『やくざ映画とその時代』ちくま新書 1998

出口顕『名前のアルケオロジー』紀伊国屋書店 1995

中根千枝『タテ社会の人間関係 単一社会の理論』講談社 1967

日経BP社技術研究部編『アニメ・ビジネスが変わる』日経BP社 1999

根本もと子『文学の中の女性』近代文芸社 2005

馬場伸彦の外『ロボットの文化史』森話社 2004

林浩治『在日朝鮮人 日本語文学論』新幹社 1991

福岡安則『在日韓国・朝鮮人』中公新書 1998

松平誠『入浴の解体新書』小学館 1997

三戸公『「家」としての日本社会』有斐閣 1994

宮崎駿アニメ研究会『『千と千尋』の謎 ～『ハイジ』『ルパン』から『千と千尋の神隠し』まで～』アミューズブックス 2002

米村みゆきの外『ジブリの森へ』森話社 2003

四方田犬彦『月はどちに出ているにまつわる1,2話』社會評論社 1994

脇田晴子『日本女性史』吉川弘文館 2000

『씨네21』한겨레신문사

『国史大辞典』吉川弘文館 1981~

『宗教學辭典』東京大学出版会 1989

『千尋と不思議の町』角川書店 2001

『ロマンアルバム・千と千尋の神隠し』徳間書店 2001

『日本民俗大辭典』吉川弘文館 1999

『シネマグラブ1』ぴあ 2001

영화 관련 각종 사이트